Es

Ceticismo e Ecletismo

Giovanni Reale

Estoicismo, Ceticismo e Ecletismo

História da Filosofia Grega e Romana
Vol. VI

Tradução
Marcelo Perine

Edições Loyola

Título original:
Storia della filosofia antica, in cinque volumi
1ª edição da obra completa: 1975-1980
10ª edição: março de 1992

Largo Gemelli, 1 – 20123 Milano
ISBN 88-343-2454-4

Dados Internacionais de Catalogação na Publicação (CIP)
(Câmara Brasileira do Livro, SP, Brasil)

Reale, Giovanni, 1931-2014.
Estoicismo, ceticismo e ecletismo / Giovanni Reale ; tradução Marcelo Perine. -- 2. ed. -- São Paulo : Edições Loyola, 2015. -- (História da filosofia grega e romana ; v. 6)

Título original: Storia della fisolofia antica.
ISBN 978-85-15-03785-8

1. Filosofia antiga - História I. Título. II. Série.

15-03579 CDD-180

Índices para catálogo sistemático:

1. Filosofia antiga 180

Edição de texto: Marcos Marcionilo
Capa: Mauro C. Naxara
Obra *A Escola de Atenas* (detalhe),
Raphael Sanzio

Edições Loyola Jesuítas
Rua 1822, 341 – Ipiranga
04216-000 São Paulo, SP
T 55 11 3385 8500/8501 • 2063 4275
editorial@loyola.com.br
vendas@loyola.com.br
www.loyola.com.br

ISBN 978-85-15-03785-8

2ª edição: 2015

108956

SUMÁRIO

Segunda parte

O CETICISMO E O ECLETISMO: DAS ORIGENS AO FIM DA ERA PAGÃ

Primeira seção / O ceticismo pirroniano e o ceticismo acadêmico

Segunda seção / O ecletismo da Academia, e Cícero

A meu filho, Alberto

ADVERTÊNCIA

Os volumes quinto e sexto desta História da Filosofia Grega e Romana *contêm a exposição dos sistemas das escolas filosóficas da era helenística, no arco de tempo que vai, aproximadamente, da época da grande conquista de Alexandre Magno até o fim da era pagã: período que os estudiosos da filosofia frequentemente descuidaram e pouco apreciaram, por causa de uma série de preconceitos de natureza variada (os quais tentaremos ilustrar) e também pela objetiva escassez de documentos (de pouquíssimos filósofos desse período chegaram-nos obras completas, e, da maior parte deles, possuímos apenas fragmentos e testemunhos, apenas em tempos recentes recolhidos e sistematizados).*

Tentamos reavaliar os sistemas filosóficos que surgiram e se desenvolveram nesse período, relendo-os segundo uma nova ótica e levando em consideração alguns resultados das novas pesquisas, que subvertem grande parte dos esquemas tradicionais nos quais foram aprisionados.

Partimos da grande expedição oriental de Alexandre e da análise das consequências revolucionárias que ela produziu. A Grécia viveu, então, a mais grave crise espiritual da sua história, com a ruína da polis e, portanto, da antiga tábua de valores morais e espirituais. Foi precisamente essa crise que tornou repentinamente ininteligíveis as grandes mensagens de Platão e de Aristóteles, a ponto de eles se tornarem mudos dentro de suas próprias Escolas. A Academia pós-platônica e o Perípato pós-aristotélico perderam rapidamente o sentido das descobertas metafísicas e, até mesmo, o sentido da dimensão especulativa, e não souberam dizer à sua época uma palavra adequada. Paralelamente exauriram-se as escolas fundadas pelos socráticos "menores", na medida em que, mesmo desenvolvendo algumas ideias que respondiam às necessidades da nova era, mostraram-se incapazes de dar razão delas e, portanto, de justificá-las e impô-las.

As novas mensagens espirituais vieram, portanto, das novas escolas que se formaram no final do século IV a.C.: do Jardim de Epicuro, do Pórtico de Zenão e do movimento cético iniciado por Pirro.

Depois de seguir os últimos desenvolvimentos das escolas socráticas até o seu esgotamento, e de esboçar a progressiva involução da primeira Academia e do primeiro Perípato, ilustramos o nascimento e os desenvolvimentos dos três grandes movimentos que constituem as três grandes linhas de força segundo as quais se desenvolveu o pensamento dessa época: o epicurismo, o estoicismo e o ceticismo pirroniano e acadêmico, para concluir com o ecletismo.

Comum a todos esses sistemas, como veremos, foi a tentativa de inverter os êxitos da "segunda navegação" platônica e a consequente tentativa de reconstruir uma visão materialista da realidade, utilizando conceitos e figuras especulativas elaboradas já na época pré-socrática, as quais comportam, como veremos, toda uma série de graves aporias. Todavia, não insistiremos nas carências especulativas, lógicas e metafísicas próprias desses sistemas como frequentemente se fez, porque isso acaba sendo um obstáculo à sua compreensão. Mostraremos, com efeito, que as éticas desses sistemas "avançam" nitidamente sobre as "físicas", apresentadas para a sua sustentação, e que as próprias "físicas", por sua vez, "avançam" sobre as relativas lógicas. As éticas desses sistemas são, na realidade, os verdadeiros pontos de força.

Portanto, impõe-se a necessidade de reler e reinterpretar essas éticas com parâmetros diferentes dos usuais.

O problema que se põe é o seguinte: se as lógicas e as ontologias, apresentadas como fundamento dessas éticas, revelam-se objetivamente inadequadas e, no limite, mais que fundantes, fundadas ou, pelo menos, derivadas daquelas éticas, qual é, então, a fonte da qual derivam essas novas éticas?

A nossa tese — e vamos documentá-la amplamente — é que essas éticas são, por assim dizer, verdadeiramente uma "fé leiga", amplamente assentada na razão. Elas nascem de intuições do sentido da vida, captadas antes de tudo emocionalmente e, em seguida, orgânica e racionalmente desenvolvidas.

É por esse motivo que as mensagens dessas escolas duraram cerca de meio milênio, quase ininterruptamente, ou seja, muito mais do que duraram as mensagens de todas as outras escolas: elas souberam dizer com uma linguagem clara e acessível, que fala exatamente à "fé", além de falar à razão, qual era a justa atitude espiritual a assumir diante das coisas, dos homens e dos Deuses, para poder alcançar a eudaimonia, a felicidade. É ainda esse fato que explica como, apesar da diversidade das lógicas e das físicas ou mesmo da sua negação cética, as diferentes escolas estavam de acordo sobre alguns princípios morais fundamentais e sobre o modo de conceber o "sábio". Enfim, é esse mesmo fato que explica por que os fundadores das escolas dessa época foram elevados quase ao posto de um nume: eles foram, na realidade, em certo sentido, os "santos" de uma fé e de religiões leigas.

O amadurecimento das teses aqui sustentadas ocorreu no arco de muitos anos. Da Academia pós-platônica (especialmente de Espêusipo e Xenócrates) ocupamo-nos longamente na redação do nosso comentário à Metafísica *de Aristóteles, o qual, como se sabe, polemiza continuamente com esses platônicos (Aristóteles,* La Metafisica, *2 vols., Loffredo, Nápoles 1978[2]). Do primeiro Perípato, ocupamo-nos no volume* Teofrasto e la sua aporetica metafisica *(La Scuola, Brescia 1964, no qual apresentamos também a primeira versão italiana com comentário da* Metafísica *do filósofo de Ereso). Por ocasião do trabalho:* Aristotele, Trattato sul cosmo per Alessandro *(Loffredo, Nápoles 1974), ocupamo-nos do estoicismo antigo e médio, que estiveram por muito tempo sob a suspeita de influxos estoicos, especialmente possidonianos (mas que, a nosso ver, devem ser situados na área do Perípato). Sobre algumas teses aqui sinteticamente apresentadas, voltamos de maneira analítica em outra sede. Particularmente, sobre Pirro, publicamos um amplo estudo com o título:* Ipotesi per una rilettura della filosofia di Pirrone di Elide, *in AA.VV.,* Lo sceticismo antico, *Bibliopolis, Nápoles 1981, pp. 243-336.*

Nas novas edições, introduzimos todas as oportunas referências às novas e numerosas edições críticas dos textos dos autores tratados, publicadas sobretudo na década de oitenta. Ademais, retocamos amplamente o capítulo sobre a Antiga Academia, tendo em conta não só os aprofundamentos que fizemos na metafísica dos princípios dos Acadêmicos antigos com relação às doutrinas não escritas de Platão, no nosso volume Per una nuova interpretazione di Platone *(1987[5]), mas sobretudo com relação às excelentes contribuições do estudo de H. Krämer,* Die Ältere Akademie*, contida na reelaboração do* Grundriss der Geschichte der Philosophie *de F. Ueberweg publicado por H. Flashar:* Die Philosophie der Antike*, Band 3:* Ältere Akademie — Aristoteles — Perípatos*, Basel/Stuttgart 1983.*

GIOVANNI REALE

PRIMEIRA PARTE

O ESTOICISMO: DAS ORIGENS AO FIM DA ERA PAGÃ

"Nulli praeclusa virtus est, omnibus patet, omnes admittit, omnes invitat, ingenuos, libertinos, servos, reges, exules. Non eligit domum nec censum, nudo homine contenta est."

"A virtude não é vetada a ninguém, é permitida a todos, acolhe a todos, chama todos a si, livres, libertos, escravos, reis, êxules. Não escolhe a casa ou o patrimônio, contenta-se com o homem nu."

Sêneca, *De beneficiis*, III, 18

STOICORUM VETERUM FRAGMENTA

COLLEGIT

IOANNES AB ARNIM

VOLUMEN I

ZENO ET ZENONIS DISCIPULI

MCMV.

LIPSIAE

IN AEDIBUS B. G. TEUBNERI

Frontispício da primeira antologia (e até agora a única existente) dos fragmentos de todos os estoicos antigos, feita por Hans von Arnim, em 3 volumes, no início do século (os volumes II e III foram publicados em 1903 e o I em 1905), ao qual seguiu-se o índice geral organizado por M. Adler, publicado em 1924. É o ponto de referência básico para todas as citações.

PRIMEIRA SEÇÃO

O ESTOICISMO ANTIGO

«σοὶ δὴ πᾶς ὅδε κόσμος, ἑλισσόμενος περὶ γαῖαν,
πείθεται, ᾗ κεν ἄγῃς, καὶ ἑκὼν ὑπὸ σεῖο
κρατεῖται.»

"A Ti todo o admirável universo,
Girando sempre em torno desta terra,
Obedece, deixando-se guiar por Ti,
Fazendo do Teu comando o seu querer."

Cleanto, *Hino a Zeus*, vv. 7s.
(von Arnim, *S.V.F.*, I, fr. 537)

«ἄγου δέ μ', ὦ Ζεῦ, καὶ σύ γ'ἡ πεπρωμένη, ὅποι
ποθ'ὑμῖν εἰμὶ διατεταγμένος,
ὡς ἕψομαί γ'ἄοκνος· ἢν δέ γε μὴ θέλω
κακὸς γενόμενος, οὐδὲν ἧττον ἕψομαι.»

"Guia-me, ó Zeus, e tu, Destino, ao termo,
Qualquer que este seja, que te aprouve atribuir-me.
Seguirei imediatamente, porque se me demoro,
Por ser vil, do mesmo modo deverei alcançar-te."

Cleanto (von Arnim, *S.V.F.*, I, fr. 527)

Conhecido busto de Zenão, fundador do Pórtico, conservado no Museu Arqueológico de Nápoles.

I. ZENÃO, A FUNDAÇÃO DO PÓRTICO E AS DIVERSAS FASES DO ESTOICISMO

1. Encontro de Zenão com Crátes e com o socratismo

Em 312/311 a.C., chegou a Atenas, proveniente da ilha de Chipre, um jovem de raça semítica, com a intenção de tomar contato direto com as fontes da cultura helênica e dedicar-se inteiramente à filosofia. Era Zenão, o homem que deveria fundar a que, talvez, tenha sido a maior das escolas da era helenística[1]. O pai, Mnasea, que viajava entre Chipre e Atenas como comerciante, levou-lhe, ao retornar de uma de suas viagens, alguns escritos socráticos:

1. "Zenão, filho de Mnasea, nasceu em Cício, na ilha de Chipre, cidade grega que recebera colonos fenícios" (Diógenes Laércio, VII, 1), cerca de 333/332 a.C. Não há atualmente dúvida de que, como Pohlenz demonstrou (*Die Stoa, Geschichte einer geistigen Bewegung*, tradução italiana, Florença 1967, pp. 26s.; cf. *infra* nota 30), Zenão era de sangue semita. Transferiu-se para Atenas aos 22 anos, não em consequência de um naufrágio (à versão do naufrágio o próprio Diógenes Laércio, que a relata [VII, 2], contrapõe opostas versões [VII, 5]), mas por uma opção espiritual. Sobre as relações que ele teve com os filósofos que então ensinavam em Atenas e a fundação do Pórtico falaremos adiante. Das suas obras, todas perdidas, Diógenes Laércio fornece um elenco bastante amplo (VII, 4). Zenão morreu em 262 a.C. O seu ensinamento mereceu-lhe grande estima e respeito, por causa do elevado senso moral. A sua retidão e morigeração tornaram-se proverbiais. Embora fosse estrangeiro, os atenienses conferiram-lhe grandes honras: "Depositaram nas suas mãos as chaves das muralhas da cidade, tributaram-lhe uma coroa de ouro e erigiram-lhe uma estátua de bronze" (Diógenes Laércio, VII, 6). Os fragmentos de Zenão, assim como os de todos os estoicos antigos, foram recolhidos e sistematizados por Hans von Arnim, *Stoicorum Veterum Fragmenta*, 4 vols., Lípsia 1903-1924. O volume I contém os fragmentos de Zenão e dos seus discípulos (Aristo, Apolófanes, Hérilo, Dionísio de Heracleia, Perseu, Cleanto, Sfero); o volume II contém os fragmentos lógicos e físicos de Crísipo; o volume III contém os fragmentos morais de Crísipo e dos seus sucessores (Zenão de Tarso, Diógenes de Babilônia, Antípatro de Tarso, Apolodoro de Selêucia, Arquidemo de Tarso, Boeto de Sídon, Basílides, Eudromo, Crini); o volume IV contém os índices preparados por M. Adler. Todas as referências das citações remetem-se a esta antologia de von Arnim, até agora única. Em italiano foi traduzido o volume I por N. Festa, dividido em dois tomos: Zenão ocupa o primeiro (Bari 1932), os discípulos de Zenão ocupam o segundo (Bari 1935); Festa, porém, reordenou segundo outros critérios o

Demétrio de Magnésia, nos *Homônimos*, refere que o seu pai, Mnasea, sendo comerciante, vinha frequentemente a Atenas e daí levava muitos livros socráticos a Zenão ainda criança. Por isso, antes mesmo de deixar a sua pátria, já tinha uma preparação filosófica[2].

Foram, muito provavelmente, esses "livros socráticos" que amadureceram no jovem a decisão de transferir-se para Atenas.

Na capital da cultura helênica, não foram os homens das grandes escolas da Academia e do Perípato que determinaram a orientação de Zenão, mas foi em primeiro lugar um representante das escolas socráticas menores: Crátes, discípulo de Diógenes, o Cínico, por sua vez discípulo, como sabemos, de Antístenes[3]. Mas o cínico Crátes ofereceu a Zenão sobretudo um exemplo prático de *vida filosófica*, que respondia só em parte às exigências que o jovem sentia urgir dentro de si. Em Crátes faltava uma justificação teórica adequada da sua escolha de vida. Portanto, no seu ensinamento, Sócrates estava presente apenas em parte. Sócrates ensinou fundamentalmente o seguinte: *a*) que o verdadeiro é o homem interior (é a *psyché*); *b*) que, portanto, bens não são os exteriores, mas unicamente os interiores; *c*) que a felicidade consiste exclusivamente na atuação desses bens; *d*) que os fatos, as circunstâncias e, em geral, tudo o que é externo, não podem impedir a atuação desses valores e, portanto, de alcançar a felicidade: os homens podem matar o nosso corpo, mas não podem fazer-nos *mal*, porque não podem *tocar a nossa alma*, se nós não queremos; *e*) que, para alcançar tal meta, são necessários a *ciência*, o verdadeiro *saber*. Platão acolheu todas essas premissas, desenvolveu e aprofundou a estrutura de tal saber, apenas esboçado em Sócrates (a Academia e o Perípato, posteriormente, seguiram nessa linha). Ao invés, as escolas socráticas menores (com a única exceção da escola megárica) acolheram todas as premissas socráticas, menos a última; por consequência, deram-lhes um significado nitidamente contrário ao que lhes deu Platão. Como dissemos, o socratismo, sobretudo com os cínicos, tornou-se uma prática de

---

material de von Arnim, elaborando inclusive um sucinto comentário. De notável importância é a reconstrução do pensamento zenoniano feita por A. Graeser, *Zenon von Kition*, Berlim-Nova Iorque 1975.

2. Diógenes Laércio, VII, 31 (= von Arnim, *S.V.F.*, I, fr. 6, p. 7, 10ss.).

3. Cf. vol. V, p. 36ss.

vida, e a reflexão restringiu-se à elaboração de alguns princípios e normas imediatamente aplicáveis, sem o suporte de uma adequada dedução teórica dos mesmos.

Zenão aproximou-se também de outra escola socrática menor, que naquele tempo ainda obtinha sucesso, a saber, a escola dos megáricos: é-nos, de fato, relatado que ele "foi aluno de Estílpon", o qual, como sabemos, por volta do fim do século IV a.C. já era uma grande celebridade[4]. Mas a doutrina megárica mutilava Sócrates ainda mais do que a cínica, exaltando o momento lógico-dialético e correndo o risco até mesmo, pelas razões acima explicadas, de se remeter a posições pré-socráticas. O encontro com Estílpon, todavia, incidiu sobre Zenão de modo profundo: a lógica e a dialética do Pórtico, como veremos, trazem indiscutíveis influxos de matriz megárica.

2. Repúdio da "segunda navegação"

Além da voz dos socráticos menores, Zenão quis escutar a dos acadêmicos. As nossas fontes relatam-nos, de fato, que Zenão foi discípulo também dos filósofos platônicos Xenócrates e Pólemon[5]. Ora, por mais que esse contato com a Academia o tenha influenciado e ajudado a amadurecer e a resolver problemas particulares, e a dar consistência e espessura especulativa ao seu filosofar, fato este que diferencia o Pórtico de todos os outros sistemas da era helenística, todavia não o impediu de tomar posição diante do problema metafísico em clara antítese a Platão. De resto, vimos que Xenócrates já comprometera as conquistas essenciais do mestre, e que Pólemon tendia inclusive a remeter-nos a posições em certo sentido pré-platônicas.

Zenão refutou os êxitos da "segunda navegação" e, não menos que Epicuro, *assumiu posições nitidamente materialistas.*

Negou não só a existência transcendente das Ideias, mas recusou-se a atribuir-lhes até aquela estatura ontológica que Aristóteles, mes-

4. Diógenes Laércio, VII, 2 (= von Arnim, *S.V.F.*, I, fr. 1). Sobre Estílpon ver *supra*, pp. 63ss.

5. Cf. Diógenes Laércio, VII, 2 (= von Arnim, *S.V.F.*, I, fr. 1).

mo refutando a sua transcendência, entretanto manteve. Para Zenão e para os estoicos, as Ideias tornaram-se simplesmente *pensamentos da mente humana*:

> As ideias são conceitos da nossa mente (ἐννοήματα ἡμετέρα)[6].

> Os conceitos não são nem substância nem qualidade, mas imagens mentais semelhantes às substâncias e às qualidades. *São o que os antigos chamavam "Ideias"*. De fato, pode-se falar de Ideias de qualquer coisa que se nos ofereça em forma de conceito, por exemplo, ideia de homens, de cavalos e, em geral, de todos os animais, e de todos os seres dos quais diz-se que existem Ideias. *As Ideias não têm uma existência em si*; somos nós que participamos na formação dos conceitos e encontramos os termos da linguagem, os assim chamados "apelativos"[7].

Zenão negou não só a existência de Ideias inteligíveis transcendentes, mas também a existência de uma alma espiritual, por sua natureza diferente do corpo, e também das Inteligências imateriais e transcendentes, como o platônico Demiurgo, o aristotélico Motor Imóvel e as aristotélicas Inteligências motoras das esferas celestes.

A alma é de natureza corpórea e material: se não fosse corpórea, precisa Cleanto, reportando uma argumentação que remonta a Zenão, não se poderia explicar, entre outras coisas, as múltiplas relações que ela tem com o corpo:

> Alterações e afecções não se comunicam de coisas corpóreas a incorpóreas e vice-versa; mas eis que a alma sofre junto com o corpo, participando da sua dor se este é espancado, ferido, chagado; e o corpo com a alma, participando da sua tristeza, se ela é afligida por preocupações, angústias, amores, sentindo desfalecer uma força a ela associada, pela qual, com o ruborizar e o empalidecer, atesta a vergonha e o medo. Portanto, a alma é corpo[8].

A alma é *pneuma* e fogo; ela sobrevive por certo período à morte do nosso corpo, mas depois dissolve-se no todo:

> Zenão de Cício define a alma como um sopro quente (πνεῦμα ἔνθερμον), que nos permite a respiração e o movimento[9].

---

6. Aécio, I, 10, 5 (= von Arnim, *S.V.F.*, I., 65).
7. Estobeu, *Anthol.*, I, 136, 21 (= von Arnim, *S.V.F.*, I, fr. 65).
8. Nemésio, *De nat. hom.*, p. 32 (= von Arnim, *S.V.F.*, I, fr. 518).
9. Diógenes Laércio, VII, 157 (= von Arnim, *S.V.F.*, I, fr. 135).

A alma é um sopro durável (πνεῦμα πολυχρόνιον), que sobrevive ao corpo, mas nem por isso pode ser dita eterna, porque, com o tempo, dissolve-se no todo[10].

Corpóreo é também Deus, o qual coincide com o princípio ativo do universo e é imanente ao próprio universo; Deus é o fogo eterno, como veremos adiante.

Para dar uma precisa ideia da antítese entre a posição platônica e a estoica, convém remeter-se a uma passagem do *Sofista*, na qual Platão, contrapondo-se provavelmente a Antístenes e aos primeiros cínicos, para refutar a sua identificação do ser (οὐσία) com o corpo e o corpóreo (σῶμα), reiterava as conquistas da "segunda navegação" do seguinte modo:

Estrangeiro — Procuremos, então, saber se ao falar de um vivo mortal afirmam alguma realidade.

Teeteto — Naturalmente sim.

Estrangeiro — Em sua opinião, esta realidade não é um corpo animado?

Teeteto — Certamente.

Estrangeiro — Colocam assim a alma no grupo dos seres?

Teeteto — Sim.

Estrangeiro — E não afirmam também que a alma é, às vezes justa, outras vezes injusta; umas vezes sensata, outras insensata?

Teeteto — Sem dúvida.

Estrangeiro — Ora, não é na posse e na presença da justiça que as almas tornam-se justas; e na posse dos contrários que se tornam o contrário?

Teeteto — Sim, ainda aí eles concordarão contigo.

Estrangeiro — Mas, na opinião deles, tudo o que pode começar ou deixar de ser presente em qualquer parte, será certamente um ser.

Teeteto — Efetivamente, eles assim reconhecem.

Estrangeiro — Uma vez que se concede o ser à justiça, à sabedoria e à virtude em geral, e a seus contrários e, finalmente, à alma, onde residem, afirmarão que alguma destas realidades é visível e tangível ou dirão que todas elas são invisíveis?

Teeteto — Dirão que quase nenhuma delas é visível.

Estrangeiro — E estas realidades invisíveis, terão elas, segundo eles, algum corpo?

Teeteto — A esse propósito, não se limitarão mais a uma única e mesma resposta. Segundo dizem, *a alma é, certamente, corpórea. Mas, quanto à*

10. Epifânio, *Adv. haeres.*, III, 2, 26 (= von Arnim, *S.V.F.*, I, fr. 146).

sabedoria e a todas as demais realidades a que se refere tua pergunta, o temor lhes impedirá de se atreverem tanto a negar-lhes, absolutamente, o ser, como a afirmar, categoricamente, que todas são corpos.

Estrangeiro — Isto prova claramente, Teeteto, que nossos homens tornaram-se mais razoáveis, pois nenhum temor impediria, pelo menos aos que, dentre eles, foram semeados e nasceram da terra, de sustentar o contrário até o fim, dizendo que tudo o que não possam apertar em suas mãos, por essa razão, absolutamente não existe.

Teeteto — O que dizes é quase palavra por palavra o que eles pensam.

Estrangeiro — Continuemos então a interrogá-los; pois, *por poucos que sejam os seres que admitam serem incorpóreos, já bastará*[11].

A passagem é verdadeiramente paradigmática, porque prova que os velhos cínicos, por coerência com o pressuposto de que o ser é corpo, admitiram a corporeidade da alma, mas não ousaram sustentar a "corporeidade" da inteligência e das virtudes. Ao contrário, Zenão e o Pórtico não só reafirmaram que o ser (ὄν, οὐσία) é corpo (σῶμα), mas levaram a afirmação às consequências mais extremas e afirmaram que *qualquer coisa*, sem distinção, se é ser, é corpo, *inclusive a inteligência, a ciência, as virtudes*, como documentaremos adiante[12].

A tentativa de inverter o discurso platônico é, pois, radical.

3. O repensamento de Heráclito e o conceito de "physis" como fogo artífice

Zenão não se limitou a ouvir filósofos contemporâneos seus, mas leu e meditou também os livros dos filósofos antigos, como nos é expressamente relatado:

Ecaton e Apolônio de Tiro, no primeiro livro *Sobre Zenão*, relatam que Zenão foi consultar o oráculo para saber o que devia fazer para viver do melhor modo, e o deus respondeu-lhe que devia igualar-se aos mortos. Ele entendeu corretamente e *dedicou-se à leitura dos antigos autores*[13].

---

11. Platão, *Sofista*, 246 e - 247 b.
12. Cf. adiante, pp. 42ss.
13. Diógenes Laércio, VII, 2 (= von Arnim, *S.V.F.*, I, fr. 1).

De fundamental importância foi, sem dúvida, sobretudo a leitura de Heráclito. Com efeito, a ideia heraclitiana do *fogo*, que é *physis, lógos, Deus*, repensada e oportunamente reelaborada, como veremos, tornou-se a ideia central da ontologia de Zenão e do Pórtico.

Dizia Heráclito:

Por fogo trocam-se todas (as coisas) e fogo por todas[14].

E ainda:

Este mundo (κόσμος), o mesmo de todos os (seres), nenhum deus, nenhum homem o fez, mas era, é e será um fogo sempre vivo, acendendo-se em medidas e apagando-se em medidas[15].

Esse fogo "dirige o curso de todas as coisas"[16] e é, portanto, "o conhecimento que tudo dirige através de tudo"[17], é o "logos que governa a totalidade das coisas"[18].

Eis alguns significativos fragmentos estoicos:

A natureza é um fogo artífice, que procede no seu caminho para a geração, isto é, um sopro ígneo e criativo[19].

Zenão define a natureza como fogo artífice que procede à geração dos seres segundo um método preciso [...]. Na realidade, a natureza do mundo, que envolve e estreita no seu abraço a todos os seres, não só procede com arte, mas é ela mesma, como diz Zenão, um verdadeiro artista: sua tarefa é prover e predispor tudo o que pode ser de utilidade e de vantagem [...]. Dado que assim é a mente do mundo, em consequência disso, se lhe atribui com justiça os apelativos de sabedoria e providência[20].

A respeito disso devemos reafirmar um traço essencial, como em parte já fizemos a respeito de Epicuro: a *physis* heraclitiana, repensada por Zenão, não podia mais manter o significado pré-socrático, vale dizer, arcaico, ou seja, um significado aquém das distinções de or-

---

14. Diels-Kranz, 22 B 90.
15. Diels-Kranz, 22 B 30.
16. Diels-Kranz, 22 B 64.
17. Cf. Diels-Kranz, 22 B 41.
18. Cf. Diels-Kranz, 22 B 72.
19. Diógenes Laércio, VII, 156 (= von Arnim, *S.V.F.*, I, fr. 171).
20. Cícero, *De nat. deor.*, II, 22, 57s. (= von Arnim, *S.V.F.*, I, frs. 171s.

gânico-inorgânico, matéria-espírito, corpóreo-incorpóreo, imanente-transcendente, sensível-suprassensível. Depois das aquisições platônicas e aristotélicas, a concepção da *physis* só podia ser determinada em função dessas distinções. E assim vimos que Zenão, como Epicuro, negou o espiritual, o imaterial, o suprassensível, e determinou a *physis* em sentido materialista, corpóreo e sensista. Mas, ao contrário de Epicuro, que, dos atomistas, tirou coerentemente consequências mecanicistas com todos os corolários a elas ligados, Zenão, de modo igualmente coerente, tirou do princípio heraclitiano no qual se inspirou consequências vitalistas, hilozoístas, orgânicas e panteístas.

Que tudo seja vivo, que a matéria seja intrinsecamente dotada de vida, que tudo seja organismo vivo, que tudo seja Deus e que Deus coincida com o cosmo, que *physis* e *theion* se identifiquem, são teses *implícitas* nos pré-socráticos, mas que *só com os estoicos tornam-se explícitas e temáticas*, pelas razões explicadas. Uma vez negada a transcendência platônico-aristotélica, Deus, se admitido como existente, devia ser necessariamente imanentizado e identificado com o cosmo e com a natureza. Como veremos melhor na exposição da física, *os estoicos são os primeiros panteístas*, isto é, os primeiros filósofos que identificaram Deus e Natureza com plena consciência teórica dos pressupostos e dos corolários que essa identificação comporta.

Mas disso falaremos amplamente mais adiante[21].

4. As relações com Epicuro

Um acontecimento que agiu de modo determinante sobre Zenão foi, sem dúvida, a fundação do Jardim por Epicuro, em 307/306 a.C. Esse acontecimento, como vimos, constituiu uma verdadeira revolução na vida espiritual de Atenas[22]. Com relação à nova escola, Zenão deve ter nutrido sentimentos contraditórios: um misto de atração e repulsa, de admiração e desprezo, de consenso e dissenso. Zenão certamente compreendeu que Epicuro buscava satisfazer às mesmas necessidades que também ele experimentava, buscava dar voz às instâncias que tam-

21. Cf. pp. 45ss.
22. Cf. vol. v, pp. 151ss.

bém sentia como imprescindíveis, pretendia e praticava a filosofia com o novo valor de "arte de viver", desconhecido às outras escolas ou por elas só imperfeitamente realizado. Mas se Zenão condividiu o conceito epicurista da filosofia, assim como o consequente modo de pôr os problemas filosóficos, não aceitou as soluções desses problemas e tornou-se logo ferrenho adversário dos dogmas do Jardim. Repugnavam-lhe profundamente as duas ideias básicas do sistema epicurista, vale dizer, a redução do mundo e do homem a mero amontoado de átomos e a identificação do bem moral com o prazer.

A abertura do Jardim, portanto, deve ter agido como estímulo sobre Zenão, em dois sentidos: de um lado, deve ter feito amadurecer no jovem fenício a ideia de fundar uma nova escola; de outro, com os seus dogmas, dever ter constituído um termo de referência polêmico para a solução de todo o arco dos problemas filosóficos.

Já pouco mais de um lustro depois da fundação do Jardim, Zenão sentia-se pronto para indicar aos seus contemporâneos uma visão do mundo que apelava não para os átomos, mas para o *lógos*, mesmo sem recorrer à metafísica platônica ou aristotélica, e sentia-se pronto para propor uma alternativa à solução epicurista do problema da vida, que, sem apelar para os valores tradicionais então considerados não mais dignos de fé, podia ensinar a viver como indivíduos, segundo um ideal mais nobre do que aquele pregado pelo Jardim, ou seja, sem cair no desenfreado individualismo e no crasso egoísmo, mas mantendo-se a serviço dos outros num constante empenho social, pois o *lógos* une e nunca divide. Zenão sentia-se, enfim, pronto para indicar um ideal de felicidade que não a degradasse no prazer, por mais purificado que fosse, um ideal de paz espiritual alcançada pela superação do peso e da adversidade das coisas e dos acontecimentos exteriores, e do obstáculo interno das paixões, justamente no *lógos e mediante o lógos*.

Entende-se, portanto, que não é possível compreender a filosofia do Pórtico prescindindo desse contraste com Epicuro, que agiu de maneira constante e determinante, como constatamos.

5. A gênese do Pórtico e o seu desenvolvimento

Zenão não era cidadão ateniense e, como tal, não tinha direito de adquirir um edifício; por este motivo dava as suas lições num Pórtico, que fora pintado pelo célebre Polignoto. Em grego, Pórtico se diz *Stoá*, e por esta razão a nova escola teve, justamente, o nome de *Stoá* ou Pórtico, e os seus seguidores foram chamados "os da *Stoá*" ou "os do Pórtico" ou ainda, simplesmente, "estoicos".

Relata Diógenes Laércio:

> [Zenão] costumava dar suas lições passeando de um lado para o outro no Pórtico Pintado [ἐν τῇ ποικίλῃ στοᾷ], Pecile, chamado também de Pisianate, designado como pintado [= Pecile, ποικίλη] pelos quadros de Polignoto [...]. Os que vinham escutá-lo — e eram em grande número — foram por isso chamados estoicos; assim foram chamados também os seus seguidores, que num primeiro tempo eram chamados zenonianos, como atesta também Epicuro nas Epístolas[23].

No Pórtico de Zenão, à diferença do Jardim de Epicuro, foi admitida a discussão crítica em torno dos dogmas do fundador da escola e, por esse motivo, eles foram submetidos a aprofundamentos, revisões e repensamentos. Consequentemente, enquanto a filosofia de Epicuro não sofreu modificações de importância e foi, na prática, apenas e predominantemente repetida e glossada, ficando, portanto, substancialmente inalterada, a filosofia de Zenão sofreu notáveis inovações, e sofreu considerável evolução.

Os estudiosos já esclareceram suficientemente que na história do Pórtico é necessário distinguir três períodos: 1) o período do *antigo Pórtico*, que vai do final do século IV a todo o século III a.C., no qual a filosofia do Pórtico é gradativamente desenvolvida e sistematizada por obra da grande tríade de escolarcas: Zenão, Cleanto[24] e, sobretudo, Crísipo

23. Diógenes Laércio, VII, 5 (= von Arnim, *S.V.F.*, I, fr. 2).

24. Cleanto, nativo de Assos, depois de ter sido membro do Pórtico por quase vinte anos, sucedeu a Zenão na direção do Pórtico em 262 a.C. e dirigiu a escola por cerca de trinta anos. Morreu entre 233 e 231 a.C. Antes de se tornar seguidor do Pórtico exercia o pugilato (Diógenes Laércio, VII, 168 [von Arnim, *S.V.F.*, I, fr. 463, p. 102, 2]). Tendo conhecido Zenão, apaixonou-se pela filosofia e, para cultivá-la não hesitou, sendo pobre, em submeter-se a duros e humildes trabalhos, regando hortas e misturando farinha para uma vendedora (Diógenes Laércio, *ibidem*). A liberdade de discussão que Zenão deixou aos discípulos, à diferença de Epicuro, produziu na escola notáveis abalos e uma crise, que Cleanto não conseguiu dominar perfeitamente, faltando-lhe a genialidade do fundador e a acuidade e habilidade de Crísipo. Diógenes Laércio diz-nos que "deixou belíssimos livros" e elenca cerca de cinquenta títulos (VII, 174ss.). Os fragmentos que restaram foram compilados por von Arnim, *S.V.F.*, I, pp. 103-139. Uma reconstrução completa do nosso filósofo é a de G. Verbeke, *Kleanthes van Assos*, Bruxelas 1949.

(foi sobretudo este último[25], ele também de origem semita, que, com mais de 700 livros, fixou de modo definitivo a doutrina da primeira estação da escola); 2) o período chamado de *médio Pórtico*, que se desenvolve entre os séculos I e II a.C. e se caracteriza por infiltrações ecléticas na doutrina original; 3) o período do Pórtico romano ou do *novo Pórtico*, que se situa já na era cristã, no qual a doutrina torna-se essencialmente meditação moral e assume fortes tons religiosos, em conformidade com o espírito e as aspirações dos novos tempos[26].

As distinções entre esses três períodos comporta, portanto, a necessidade de examiná-los separadamente, pois cada um deles revela características particulares, só explicáveis com as instâncias que, no curso de quinhentos anos, os novos tempos paulatinamente impuseram.

---

25. Crísipo nasceu em Sôli, na Cilícia, entre 281 e 277 e morreu entre 208 e 204 a.C., como se deduz de Diógenes Laércio (VII, 184 = von Arnim, *S.V.F.*, II, fr. 1, p. 2, 16s.), que se reporta a Apolodoro. Como bem evidenciou Pohlenz (*La Stoa*, I, pp. 39s.), Crísipo deve ter sido de origem semita, como se deduz dos traços do seu rosto, pelo fato de ter aprendido o grego sendo já adulto e de cometer erros de expressão (cf. von Arnim, *S.V.F.*, II, frs. 24 e 894). Foi discípulo de Cleanto, depois de ter estado por um tempo na Academia e ter escutado Arcesilau e Lácides (Diógenes Laércio, VII, 183 [=4 von Arnim, *S.V.F.*, II, fr. 1, p. 2, 8s.]), dos quais aprendeu a arte dialética, para a qual tinha acentuadas tendências: "Adquiriu tal renome na dialética — relata Diógenes Laércio (VII, 180 [= von Arnim, *S.V.F.*, II, fr. 1, p. 1, 12ss.]) — que muitos creram que se os deuses tivessem necessidade de dialética, não outra senão a de Crísipo teriam adotado". E, justamente em virtude dessas excepcionais capacidades dialéticas, ele podia dizer ao mestre Cleanto que lhe "faltava somente o ensinamento da doutrina [do Pórtico], pois as demonstrações as teria encontrado sozinho" (VII, 179). Apesar de alguns dissensos com Cleanto relativos à doutrina, da consciência da própria superioridade e do notável sucesso das suas lições, Crísipo permaneceu fiel ao mestre e à escola, e à morte de Cleanto tornou-se dirigente do Pórtico. Sob a guia de Crísipo, o Pórtico superou todas as crises internas e se impôs externamente de maneira decisiva, tanto que dele logo se disse: "Sem Crísipo, não teria existido o Pórtico" (Diógenes Laércio, VII, 183 [= von Arnim, *S.V.F.*, II, fr. 6]). Crísipo foi escritor fecundíssimo. Diógenes Laércio (VII, 189ss. [= von Arnim, *S.V.F.*, II, fr. 13]) fornece um imponente catálogo de títulos de obras, todas perdidas para nós. Essa imensa produção eclipsou a de Zenão e a de Cleanto, e a formulação da doutrina estoica dada por Crísipo se impôs como paradigmática. Os fragmentos que nos chegaram estão compilados nos vols. II e III da obra de von Arnim (volume II, frs. 1-1216, volume III, frs. 1-777). O volume III (que contém os fragmentos morais) foi traduzido para o italiano por R. Anastasi (Pádua 1962). Para uma reconstrução do pensamento de Crísipo ver: E. Bréhier, *Chrysippe*, Paris 1910 (reeditado em 1951 com o título *Chrysippe et l'ancien stoïcisme*). J. B. Gould, *The Philosophy of Chrysippus*, Leiden 1970.

26. Sobre os expoentes individuais do médio e do novo Pórtico falaremos adiante, quando expusermos o seu pensamento (pp. 107ss.).

O pensamento dos representantes individuais do antigo Pórtico é dificilmente diferenciável, porque aqueles que no-lo transmitiram beberam das inumeráveis obras de Crísipo, as quais, conduzidas com dialética e habilidade refinadas, obscureceram toda a produção dos precedentes pensadores do Pórtico, chegando a fazê-la quase desaparecer. Com efeito, se Crísipo não tivesse existido, como já recordamos[27], o Pórtico teria desaparecido depois de Cleanto, tanto mais que se tinham verificado com Aristo[28] e com Hérilo[29] tendências heterodoxas que se desdobraram em verdadeiros cismas. Por isso a exposição da doutrina do antigo Pórtico é, sobretudo, uma exposição da doutrina na formulação crisipiana. Também no que diz respeito aos pensadores do médio Pórtico, Panécio e Possidônio, os testemunhos precisos são escassos, mas os dois pensadores são nitidamente diferenciáveis. Ao invés, quanto ao estoicismo romano, possuímos obras completas, numerosas e muito ricas.

Iniciemos com a ilustração sistemática dos pontos fundamentais do antigo Pórtico[30].

---

27. Cf. *supra,* nota 25.

28. Os fragmentos de Aristo de Quio foram compilados por von Arnim, *S.V.F.*, I, frs. 333-403, pp. 75-90; sobre ele cf. o artigo do próprio von Arnim na Pauly-Wissowa, II, col. 957.

29. Os fragmentos de Hérilo de Cartagena encontram-se na antologia de von Arnim, *S.V.F.*, I, fr. 409-421, pp. 91ss.; sobre ele ver o artigo de von Arnim na Pauly-Wissowa, VIII, col. 683.

30. Depois da antologia de von Arnim, as contribuições mais importantes à justa compreensão do estoicismo foram feitas por Max Pohlenz, que dedicou ao assunto toda a sua vida de estudioso, publicando uma série de trabalhos culminando na grandiosa síntese, já citada, *Die Stoa, Geschichte einer geistigen Bewegung*, concluída em 1943 e publicada em 1947. A edição italiana (preparada por O. De Gregorio e B. Proto, La Nuova Italia, Florença 1967, com uma *Apresentação* de V. E. Alfieri) é melhor que a original, pois contém modificações, acréscimos e atualizações aprovados pelo próprio Pohlenz. O trabalho de Pohlenz superou e tornou em grande parte dispensáveis muitos trabalhos precedentes, a começar pela síntese de Zeller, e aquela muito feliz de P. Barth, que teve várias edições (*Die Stoa*, sechste Auflage, völlig neu bearbeitet, von A. Goedeckemeyer, Stuttgart 1946). Pohlenz se aproximou dos estoicos com nova sensibilidade e com notável interesse simpático, e soube superar o antigo preconceito que via no estoicismo (assim como nas correntes helenísticas) apenas uma "filosofia pós-aristotélica", filosofia de epígonos em certo sentido; preconceito estreitamente ligado ao que via na era helenística apenas decadência da grecidade. A síntese de Pohlenz distingue-se sobretudo pela reconstrução do Pórtico antigo; o seu ponto mais frágil é a reconstrução do médio Pórtico, pelas razões que veremos. Depois de Pohlenz apareceram bons estudos sobre setores específicos da filosofia estoica, dos quais daremos conta gradativamente, mas nenhuma síntese nem de longe comparável à de Pohlenz, com a única exceção do livro de J. M. Rist, *Stoic Philosophy*, Cambridge 1969 (que chega até o médio estocismo), o qual contém ótimas intuições. Muito útil é também a antologia de ensaios de vários autores preparada por A. A. Long, *Problems in Stoicism*, Londres 1971.

II. A TRIPARTIÇÃO DA FILOSOFIA E O *LÓGOS*

Zenão e o Pórtico também aceitam a tripartição da filosofia estabelecida pela Academia (que foi substancialmente aceita também por Epicuro, como vimos acima); mais ainda, acentuam-na e não se cansam de criar novas imagens para ilustrar, de modo mais eficaz, a relação que liga entre si as três partes. O todo da filosofia é comparado por eles a um pomar no qual a *lógica* corresponde ao muro que delimita o seu âmbito e serve, ao mesmo tempo, de baluarte de defesa; as árvores representam a *física*, porque são como a estrutura fundamental, ou aquilo sem o qual não existiria o pomar; enfim os frutos, o que é visado por todo o conjunto, representam a *ética*. Outra célebre imagem é a do ovo: a casca protetora representa a lógica, a clara, a física, a gema, a ética. Possidônio acrescentará, ao invés, a imagem dinâmica do organismo vivo: a lógica é o esqueleto, a física, o sangue e a carne, enquanto a ética é a alma[1]. Essas imagens exprimem bem tanto a primazia da ética e a sua privilegiada posição, como a imprescindibilidade das outras duas partes da filosofia.

Mas os estoicos, à diferença das outras escolas que admitiram a tripartição da filosofia (e à diferença dos próprios epicuristas, os quais, além da tripartição, admitiram a subordinação hierárquica proposta pelos estoicos), souberam indicar, de maneira original, no princípio do *lógos*, o fundamento que solidamente liga as três partes. O *lógos* é *princípio de verdade* na lógica, é *princípio criador* do cosmo na física, é *princípio normativo* na ética.

A respeito disso é muito significativo que os estoicos, para indicar este princípio de espiritualidade imanente e de racionalidade que está no fundamento do seu sistema, não tenham escolhido o *Nous* (νοῦς), isto é, *pensamento* ou *inteligência*, que já tinha uma gloriosa história, de Xenofonte a Parmênides, a Anaxágoras, a Platão e a Aristóteles (este último — recordemos — indicou inclusive o princípio primeiro como νόησις νοήσεως), mas tenham preferido o termo heraclitiano *lógos*, porque, pelas razões que indicamos no parágrafo

---

1. Cf. Sexto Empírico, *Contra os matem.*, VII, 16ss. (= von Arnim, *S.V.F.*, II, fr. 38); Diógenes Laércio, VII, 40 (= von Arnim, *S.V.F.*, II, fr. 38); Filo, *De agricultura*, § 14 (= von Arnim, *S.V.F.*, II, fr. 39).

precedente, eles sustentavam que nele se expressa uma polivalência de significados reunindo o momento subjetivo e o objetivo, o antropológico e o cosmológico, o gnosiológico e o ontológico, e, portanto, podendo servir de denominador comum entre sujeito e objeto.

Pohlenz, como vimos, é o estudioso que mais completa e atentamente examinou e interpretou a filosofia estoica em todo o arco do seu desenvolvimento e dos seus problemas. Ele esclarece da seguinte maneira o sentido do *lógos* estoico: "[...] para os gregos, a essência do *lógos* não se esgota no conhecer e no falar. Não se pode só dizer que uma coisa é, mas também que uma coisa deve ser. O *lógos* não termina no conhecimento, mas contém ainda um impulso para o agir. Somente partindo dessa função podemos compreender por que o *lógos* tornou-se o conceito fundamental da filosofia de Zenão e teve um significado que o *nous* nunca pôde alcançar. Para Zenão, o *lógos* não representa somente a razão pensante e cognoscente, mas também o princípio espiritual que dá forma a todo o universo, racionalmente e com base num plano rigoroso, e fixa para cada criatura singular a sua destinação. Para Zenão, como para Heráclito, o *lógos* reina tanto no cosmo como no homem e fornece-nos a chave para captar não só o significado do mundo, mas também o da nossa existência espiritual, e para conhecer o nosso destino efetivo. Desse modo, ele indicava também a via para chegar a uma compreensão do devir cósmico, de modo a satisfazer em igual medida o pensamento racional de Zenão e o seu sentimento religioso"[2].

Assim fica esclarecido o que dissemos acima, a saber, que o *lógos* constitui um princípio unitário que, com os seus três valores distintos, gera as três partes da filosofia: o *lógos* como princípio de verdade, com as suas leis do pensar, do conhecer e do falar, constitui o objeto específico da lógica; o *lógos* como princípio ontológico do cosmo constitui o objeto da física (entendida no sentido original, pré-socrático, de doutrina da *physis*), e, enfim, o *lógos* como princípio finalizador, ou seja, como princípio que determina o sentido de todas as coisas e, portanto, também o fim e o dever-ser do homem, constitui o objeto da ética.

---

2. Pohlenz, *La Stoa*, I, p. 54s. Sobre o conceito de *lógos* continua ainda útil o livro de M. Heinze, *Die Lehre vom lógos in der griechischen Philosophie*, Oldenburg 1872 (Aalen 1961, 2ª ed.).

III. A LÓGICA DO ANTIGO PÓRTICO

1. O papel e as articulações da lógica estoica

Se, do ponto de vista axiológico, ou seja, do valor, o primeiro lugar na hierarquia do saber cabe à ética, do ponto de vista ontológico à física, do ponto de vista metodológico e didático cabe à lógica. Se os seguidores do estoicismo manifestaram diversidade de opiniões e oscilações sobre esse ponto, a convicção dos fundadores, isto é, Zenão e Crísipo, foi que a lógica devia, metodologicamente, ser tratada por primeiro, a física em seguida e a ética depois[1].

Com efeito, como em parte já dissemos acima, se é verdade que o que preocupa os estoicos (como a todos os filósofos da era helenística) é a solução do problema da vida e a busca da paz do espírito, e se é verdade que para resolver o problema da vida humana é preciso estabelecer as dimensões cósmico-ontológicas nas quais o homem se situa e, portanto, elaborar uma física, é também verdade que, para poder resolver tais problemas, é necessário dispor de instrumentos adequados, e esses instrumentos só podem ser fornecidos pela lógica, a qual, portanto, deve ser preliminarmente conhecida.

Por outro lado, os estoicos, muito mais do que os epicuristas, estão firmemente convencidos de que o homem tem a possibilidade de alcançar a certeza e a verdade absolutas e que a paz do espírito só pode vir do acesso e da posse plena delas: e a lógica, no seu momento culminante é, justamente, elaboração e fundação do critério da verdade e da certeza absolutas.

O estoico não só sente que está na verdade em qualquer momento do seu sistema, mas orgulhosamente proclama ser capaz de demonstrá-lo logicamente a si e aos outros. Compreende-se, pois, que os céticos tenham escolhido exatamente os estoicos como seu alvo preferido: estes, de fato, são os filósofos mais dogmáticos da era

1. Diógenes Laércio, VII, 40 (= von Arnim, *S.V.F.*, I, fr. 46: II, fr. 43): "Outros dão o primeiro posto à lógica, o segundo à física, o terceiro à ética: entre aqueles está Zenão no livro *Sobre a lógica*, além de Crísipo...".

helenística. E, arrastados na polêmica cética, eles desenvolveram ainda mais as suas armas dialéticas e acabaram dando ainda mais peso à lógica, diferenciando-se assim sempre mais dos epicuristas, os quais, como vimos, mostraram interesse muito escasso por essa disciplina e nela alcançaram resultados muito modestos.

Na verdade, até o final do século passado, embora reconhecendo a grande diferença de empenho entre o Pórtico e o Jardim no âmbito das pesquisas lógicas, foram valorizados de modo nitidamente negativo os resultados desse empenho[2]. O Pórtico teria simplificado e empobrecido as posições platônico-aristotélicas, teria simplesmente revestido com nova terminologia a lógica aristotélica, teria inoportunamente desenvolvido algumas partes desta em prejuízo de outras, e, às vezes, as teria até mesmo distorcido. Ao contrário, os novos estudos puseram à luz que, na verdade, a lógica estoica é muito diferente da aristotélica, e que ela se move em direções até mesmo opostas, retomando elementos de matriz pré-aristotélica elaborados no âmbito das escolas socráticas menores, particularmente da escola megárica[3].

Com efeito, a lógica aristotélica, como vimos, depende da ontologia aristotélica e, em particular, da concepção do primado da categoria da substância sobre as outras categorias, da relação de inerência que liga estas últimas à primeira e, enfim, da concepção do primado ontológico da forma ou da essência (entendida como *separada ou separável do pensamento* e como causa metafisicamente privilegiada). Ora, grande parte das acusações de contradição e de ingenuidade movidas contra a lógica estoica nascem, justamente, do fato de não se ter levado na devida conta aquela dependência, e de não se ter observado que o novo horizonte ontológico do Pórtico devia necessariamente comportar uma mudança do horizonte lógico. Relida, pois, no âmbito do novo horizonte ontológico, a lógica do Pórtico, à diferença da do Jardim, apresenta uma fisionomia precisa, uma coerência e originalidade próprias, embora, como veremos, caia em aporias insolúveis.

---

2. Cf. Zeller, *Die Philosophie der Griechen*, III, 1, pp. 117-118, e, Prantl, *Geschichte der Logik im Abendlande*, 2 vols., Leipzig 1972^2, vol. I, p. 408.

3. M. Mignucci retoma as etapas essenciais desta reavaliação em *Il significato della logica stoica*, Bolonha 1965, pp. 19ss. Outros estudos de relevo sobre o assunto são: A. Virieux Reymond, *La logique et l'épistémologie des Stoïciens*, Lausanne 1949; B. Mates, *Stoic Logic*, Berkely-Los Angeles 1961^2.

Já a distinção das partes da lógica propugnada pelos estoicos indica claramente a sua matriz não aristotélica. Zenão, de fato, com uma perspectiva até mesmo pré-aristotélica, dividia a lógica em *dialética* e *retórica*, enquanto reconhecia só duas possibilidades para o discurso: a de *proceder por argumentos* e a de desenvolver-se de maneira oratória:

> O discurso é de duas maneiras: raciocinativo e oratório. Vale dizer: ou dialética ou retórica. Com o punho fechado, Zenão costumava indicar o caráter conciso e cerrado da dialética, com a palma da mão aberta e com os dedos esticados a amplidão da retórica[4].

Somos, ademais, informados de que alguns estoicos atribuíam também ao tratamento lógico a tarefa de fornecer os cânones ou critérios de verdade[5], analogamente aos epicuristas. Antes, algumas fontes dizem-nos que, justamente, a doutrina do critério da verdade tinha o primeiro lugar no ensinamento:

> Os estoicos concordam em dar o primeiro lugar à doutrina da representação e da sensação, enquanto o critério, com o qual se discerne a verdade das coisas, é, em geral, representação, e enquanto a teoria do assenso, da compreensão e da inteligência, que precede todas as outras, não pode ter um ponto fixo sem representação. A representação tem, de fato, a precedência; a ela segue-se o pensamento que, enquanto é capaz de enunciar o que recebe da representação, exprime-o por meio da palavra[6].

Com efeito, uma filosofia pode exprimir dogmas, ou seja, certezas absolutas, somente se e na medida em que fornece os critérios que permitam alcançar essas certezas: daqui deriva a prioridade dada à doutrina do *critério da verdade*, da qual deve, portanto, partir a nossa exposição.

2. O critério da verdade: a sensação e a representação cataléptica

A alma é, originariamente, como uma "tabula rasa", e por ação da experiência adquire pouco a pouco os seus conhecimentos:

---

4. von Arnim, *S.V.F.*, I. fr. 75.
5. Cf. Diógenes Laércio, VII, 41.
6. Diócles de Magnésia, *apud* Diógenes Laércio, VII, 49 (= von Arnim, *S.V.F.*, II, fr. 52).

Os estoicos dizem: quando o homem nasce, tem a parte hegemônica da alma como uma folha em branco, pronta para receber a escritura. Sobre essa parte registra todos os conceitos. O primeiro modo dessa transcrição é mediante os sentidos[7].

Compreende-se, pois, que, sendo a sensação e a representação sensoriais o momento inicial, ou seja, o ingresso na alma do conhecimento, os estoicos lhes dedicassem atentas análises e, levando-se em conta a têmpera fundamentalmente sensística e materialista da sua gnosiologia, acabassem por indicar, como veremos, se não a sensação, como fizeram os epicuristas, que eram ainda mais acentuadamente sensistas, exatamente a *representação* como o critério da verdade.

Base do conhecimento, portanto, é a sensação (*aísthesis*), que é uma impressão provocada pelos objetos sobre os nossos órgãos sensoriais. Essa impressão se transmite à alma através dos sentidos e nela se exprime, gerando assim a representação (*phantasía*). Explica Diógenes Laércio:

A representação é *uma impressão na alma*: aqui é adotado, traduzindo-o, o termo exato enquanto a impressão é propriamente o efeito das marcas que o anel com o timbre imprime na cera[8].

O materialismo de base do Pórtico devia, porém, comportar não poucas dificuldades ao determinar *a natureza de tais marcas sobre a alma*. Com efeito, Zenão e Cleanto entenderam a impressão como verdadeira marca material na alma, enquanto o mais refinado e menos ingênuo Crísipo falou de *alteração qualitativa*. Relata-nos Sexto Empírico:

A representação, segundo os estoicos, é uma *impressão* ou *marca* na alma. Mas logo discordam quanto ao que entender por tal marca. Com efeito, Cleanto [como também Zenão] entendeu a impressão como depressão e relevo, tal qual a marca feita pelos timbres na cera. Ao invés, Crísipo, reteve como absurda essa interpretação. Em primeiro lugar, de fato, diz ele, quando a mente representa ao mesmo tempo um triângulo e um quadrado, será preciso que o mesmo corpo [isto é, a mente ou a alma que, como toda outra coisa, para os estoicos, é corpo], ao mesmo tempo tenha em si diferentes

---

7. Aécio, *Plac.*, IV, 11 (Diels, *Doxographi graeci*, p. 400, 4ss. = von Arnim, *S.V.F.*, II, fr. 83).

8. Diógenes Laércio, VII, 45 (= von Arnim, *S.V.F.*, II, fr. 53).

figuras e torne-se, simultaneamente, triângulo e quadrado, e também círculo, o que é absurdo. Ademais, dado que em nós estão presentes, juntas, muitas representações, a alma deverá ter inúmeras figuras, o que é ainda pior. Crísipo supunha, então, que Zenão tivesse usado o termo *impressão* em lugar de *alteração*, de modo que a definição seria a seguinte: *representação é uma alteração da alma*, pois não é absurdo que o mesmo corpo [isto é, a alma], no mesmo momento, existindo em nós muitas representações, receba várias alterações. De fato, como o ar, quando muitos falam simultaneamente, recebendo ao mesmo tempo numerosas e diferentes percussões, sofre muitas alterações, assim também a parte regente da alma, recebendo numerosas representações, sofrerá algo análogo[9].

É claro que a correção de Crísipo desloca a dificuldade, mas absolutamente não a resolve. De fato, também a alteração, uma vez que se substitua ao exemplo dado por Crísipo outros exemplos de contrários, choca-se com as idênticas dificuldades nas quais ele acusa Cleanto de cair: quando temos representações simultâneas de contrários ou, pelo menos, de coisas que se excluem reciprocamente, a nossa alma deveria ter, respectivamente, simultâneas alterações contrárias, de modo a se excluírem reciprocamente. Se ficarmos no âmbito de uma psicologia materialista, não resolveremos tal dificuldade.

Mas, continuemos o exame da doutrina estoica. Critério da verdade não é a mera sensação, mas a *representação*, e, antes, não qualquer representação, mas só a *representação cataléptica ou compreensiva*. Vejamos com exatidão em que ela consiste, porque, além de ser fundamental para a compreensão da filosofia do Pórtico, é fundamental também para a compreensão das posições dos seus adversários, em particular dos céticos e dos acadêmicos.

A representação verdadeira, segundo os estoicos, não implica só um sentir, mas postula também *um assentir, um consentir e um aprovar provenientes do lógos que está na nossa alma*. A impressão não depende de nós, já que depende da ação que os objetos exercem sobre os nossos sentidos, e nós não somos livres para acolhê-la ou evitá-la; todavia nós somos, em certa medida, livres para tomar posição diante das impressões e representações que se formam em nós, dando-lhes o assenso do nosso *lógos*, ou recusando-lhes esse *assenso* (συγκατά-

9. Sexto Empírico, *Contra os matem.*, VII, 227ss. (= von Arnim, *S.V.F.*, I, frs. 58, 484; II, fr. 56).

θεσις). Só quando damos o nosso assentimento acontece a *apreensão* (κατάληψις), e a representação que recebeu o nosso assentimento torna-se *representação compreensiva* ou *cataléptica* (καταληπτικὴ φαντασία), e só esta é critério e garantia de verdade.

Eis um claro testemunho de Cícero quanto a isso:

> Nem todas as imagens [ou representações] mentais são confiáveis, mas só as que apresentam certa evidência e podem ser reportadas à realidade. Tal imagem, quando se contempla em si mesma, é "compreensível" [ou "apreensível"] (καταληπτόν); quando se aceita e se reconhece (como real), temos a "compreensão" [ou "apreensão"] (κατάληψις), isto é, o ato de "aferrar" a realidade [...]. Com a mão aberta e os dedos esticados, Zenão indicava a *imagem* [ou representação] mental; depois dobrava um pouco os dedos, e com isso representava o *assenso*; depois cerrava os dedos e fechava o punho, para figurar a compreensão [ou *apreensão*]. Enfim, aproximando a mão esquerda e com ela envolvendo e apertando fortemente aquele punho, dizia: "Assim é a ciência"[10].

A espontaneidade do assentimento, proclamada pelos estoicos, é o ponto mais difícil de compreender, mas também o mais importante. Leiamos três testemunhos a respeito. Escreve ainda Cícero:

> Zenão acrescenta o assenso da alma às representações recebidas dos sentidos, afirmando que ele *é posto em nós e é voluntário*[11].

Escreve Sexto Empírico:

> Segundo os estoicos, a compreensão é o assenso da representação compreensiva, o qual é aparentemente duplo: de um lado parece ter algo de involuntário e, de outro, *parece voluntário e dependente do nosso juízo*. Com efeito, o fato de ter representações é involuntário, porque não depende do sujeito que representa, mas do objeto representado, que o faz ser naquele estado, tal como o fato de ver branco quando se lhe faça ver a cor branca ou de sentir o doce quando o doce seja posto em contato com o paladar. Mas *o assenso a esse movimento depende daquele que recebe a representação*[12].

Enfim, escreve o neoestoico Epicteto:

> [...] mostrar-te-ei primeiro no campo do assenso. Quem pode impedir-te de aderir ao verdadeiro? Ninguém. Quem pode coagir-te a aceitar o falso?

10. Cícero, *Acad. post.*, I, 41 e *Acad. pr.*, II, 144 (= von Arnim, *S.V.F.*, I, frs. 60 e 66).
11. Cícero, *Acad. post.*, I, 40 (= von Arnim, *S.V.F.*, I, fr. 61).
12. Sexto Empírico, *Contra os matem.*, VIII, 397 (= von Arnim, *S.V.F.*, II, fr. 91).

Ninguém. Vê que nesse campo a tua faculdade de escolha é livre da constrição, da necessidade, dos impedimentos [...][13].

Na verdade, essa liberdade do assenso é fortemente ambígua e volatiliza-se até quase desaparecer, tão logo se experimente a consistência. Os estoicos estão bem longe de pensar que o *lógos* tenha, com relação à sensação, uma autonomia ou uma função reguladora do tipo da que encontramos nas modernas gnosiologias, e estão longe de pensar que a representação cataléptica seja uma espécie de síntese ou um tipo de mensuração que o espírito opera sobre os dados sensoriais. A liberdade do assenso não é, em última análise, senão o ato de reconhecer e dizer sim à *evidência objetiva*, e o ato de rejeitar e dizer não à *não evidência*. Extremamente reveladora a esse respeito é a seguinte passagem de Diógenes Laércio:

Existem dois tipos de representações: uma (compreensiva), que capta imediatamente a realidade (φαντασία καταληπτική), outra (não compreensiva), que capta a realidade com pouca ou nenhuma distinção (ἀκατάληπτος). A primeira, que eles definem como critério da realidade, é *determinada pelo existente, conforme o próprio existente e é impressa e estampada na alma*. A outra não é determinada pelo existente ou, se procede do existente, não é determinada conforme o próprio existente: não é, pois, nem clara nem distinta[14].

Com essa passagem concorda perfeitamente o que relata Sexto Empírico:

A representação compreensiva é *aquela impressa e bem assinalada de uma coisa que realmente subsiste e no modo como subsiste, e é de tal modo que não poderia surgir de uma coisa que não subsiste*[15].

Como bem se vê, a pressuposta convicção dos estoicos é que, na realidade, *quando estamos efetivamente diante de algum objeto*, produzem-se em nós uma impressão e uma representação dotadas de tal força e evidência[16], que, naturalmente, nos levam ao assenso e, portanto, à representação compreensiva; e, portanto, ao contrário, quando temos representações compreensivas e damos o assenso a uma re-

---

13. Epicteto, *Diatribes*, I, 17, 22.
14. Diógenes Laércio, VII, 46 (= von Arnim, *S.V.F.*, II, 53).
15. Sexto Empírico, *Contra os matem.*, VII, 248 (= von Arnim, *S.V.F.*, I, 59).
16. Cf. *supra*, nota 12.

presentação, encontramo-nos certamente diante de um objeto real. Portanto, o pressuposto da plena correspondência entre a presença real do objeto e a representação evidente que nos leva ao assenso acaba sendo, na realidade, predominante nessa concepção do critério da verdade. E assim não será difícil aos céticos descobrir nesse ponto da doutrina estoica um emaranhado de contradições, e mostrar que nenhuma representação, enquanto tal, apresenta-se com tais conotações de modo a merecer ou não merecer, sem possibilidade de equívoco, o nosso assentimento[17].

Em suma, para os estoicos, a verdade ou veracidade que é própria da representação cataléptica deve-se a que esta é uma ação e uma modificação material e "corpórea" da nossa alma. Pelas razões que esclareceremos mais adiante, a verdade, segundo os estoicos, é algo material, "é um corpo"[18].

3. O conhecimento intelectivo, as prolepses e os conceitos universais

O conhecimento não se esgota no âmbito da sensação e, tampouco, da experiência em geral, que não é senão o consolidar-se de recordações de representações sensíveis da mesma espécie. Os estoicos reconhecem que o homem tem também a capacidade de pensar e de raciocinar, ou seja, de formar representações intelectivas ou conceitos (ἔννοιαι); de conectar essas representações e de proceder assim a "inferências" de diversos modos. Ora, os epicuristas, na sua canônica, preocuparam-se sobretudo com reportar as "opiniões" à experiência e, para estabelecer a validade de uma opinião, não indicaram outros critérios que não fossem a simples "confirmação" e o "não desmentido" pelas sensações e pela experiência. Eles limitaram gravemente ou, pelo menos, não reconheceram a importância e a fecundidade da "autonomia" própria do pensar e do raciocinar, e, consequentemente, não elaboraram uma teoria das formas do pensar

17. Para um aprofundamento da problemática estoica da representação e do assenso cf. Bréhier, *Crysippe...*, pp. 80-107; Rist, *Stoic Philosophy*, pp. 133-151; F. H. Sandbach, *Phantasia Kataleptike*, in A. A. Long, *Problems...*, pp. 9-21.

18. Cf. Sexto Empírico, *Contra os matem.*, VII, 38 (= von Arnim, *S.V.F.*, II, fr. 132).

e do raciocinar, ou seja, uma verdadeira lógica[19]. Ao contrário, os estoicos reconheceram ao pensamento a autonomia e, portanto, puderam elaborar uma verdadeira lógica, por eles denominada "dialética". Para entender essa dialética, é preciso compreender a doutrina estoica da gênese, da natureza e do significado do universal (ou melhor, daquilo a que os estoicos reduziram o universal).

Como se dá a passagem da sensação e da representação sensível à "intelecção" (νόησις, ἔννοια), ou seja, ao conceito? Relata Sexto Empírico:

> Toda intelecção deriva de uma sensação ou não (se dá) sem uma sensação, e de um contato (περίπτωσις) ou não (se dá) sem um contato[20].

Outros textos especificam ulteriormente que, além desse "contato" (περίπτωσις), que é o modo mais imediato pelo qual se passa da representação empírica à intelectiva, existem outros não imediatos e mais complexos. O próprio Sexto Empírico escreve:

> Em geral, tudo o que é concebido no intelecto, é concebido de dois modos: ou por *um contato e por uma imediata evidência* [κατὰ περίπτωσιν ἐναργῆ] ou por uma *passagem* [ou inferência] a partir de coisas evidentes [κατὰ μετάβασιν ἀπὸ τῶν ἐναργῶν], e esta última acontece de três modos: ou por via de *semelhança* ou por via de *composição* ou por via de *analogia*. Por contato e imediata evidência, concebem-se com o intelecto o branco e o preto, o doce e o amargo. Por passagem [ou inferência] a partir de coisas evidentes, concebem-se as noções ou por via de semelhança como, por exemplo, da imagem de Sócrates, Sócrates mesmo, ou por via de composição como, por exemplo, do cavalo e do homem ao centauro: de fato, misturando membros de cavalo a membros humanos temos forjada a representação do centauro. Por via de analogia, concebemos ulteriormente noções de dois modos: por aumento ou por diminuição como, por exemplo, partindo de homens comuns como agora os temos, por acréscimo concebemos a

---

19. Cf. vol. V, pp. 155ss.

20. Sexto Empírico, *Contra os matem.*, VIII, 56 (= von Arnim, *S.V.F.*, II, fr. 88). O termo *períptosis* é dificilíssimo de traduzir e, normalmente, é mal entendido. Acolhemos a proposta de tradução de M. Mignucci (*Il significato della logica stoica*, p. 81); este estudioso esclarece (p. 84, nota 48): "A expressão 'contato através da sensação'[...] não deve induzir ao erro de pensar que com ela o autor pretenda referir-se ao conhecimento sensível. A expressão explica-se observando que a intelecção por contato, à diferença de todas as outras, consiste numa reelaboração que opera diretamente sobre o conteúdo da sensação".

noção de Ciclope [...], ou por diminuição a do pigmeu, que não colhemos por imediata evidência[21].

Se primeiro não temos sensações, não podemos ter representações intelectivas e conceitos. Da sensação passa-se à intelecção, em primeiro lugar, com uma operação imediata. Por exemplo, *deste* branco que vejo à noção (geral) de branco, desta cor à noção de cor (é esta a passagem κατὰ περίπτωσιν). Em segundo lugar, por passagem *mediada*, ou seja, operando por via de associação, combinação ou divisão sobre as noções obtidas por imediata evidência e, assim, transformando-as de várias maneiras.

Deve-se notar, ademais, que (provavelmente acolhendo a terminologia epicurista) também os estoicos admitiram a existência de "prolepses", concebendo-as como "natural concepção dos universais"[22], ou seja, como um processo que acontece de modo natural já na criança, e que chega à maturidade em torno dos sete anos:

> Quanto aos conceitos, alguns se constituem naturalmente segundo os modos ditos e sem qualquer arte, outros, ao invés, mediante a nossa doutrina e engenho. Somente estes, pois, são chamados conceitos, os outros, ao contrário [que se constituem naturalmente] são ditos também *antecipações*. Dizem que a razão, pela qual somos definidos racionais, alcança a sua maturidade quanto às antecipações no primeiro setênio. O conceito é visão intelectiva num animal racional. De fato, quando a visão ocorre numa alma racional, então é chamada conceito, tomando tal nome do intelecto[23].

Aquelas prolepses e noções que se encontram em todos os homens são "conceitos ou noções universais" (κοιναὶ ἔννοιαι, *communes notitiae*)[24]. Os estoicos falaram até mesmo de "noções ou prolepses congênitas na natureza humana" (ἔμφυτοι προλήψεις) a propósito de alguns conceitos morais[25].

---

21. Sexto Empírico, *Contra os matem.*, III, 40; cf. também Diógenes Laércio, VII, 52s. (= von Arnim, *S.V.F.*, II, fr. 87) e Cícero, *De finibus*, III, 10, 33.

22. Diógenes Laércio, VII, 54.

23. Aécio, IV, 11, 3s. (= von Arnim, *S.V.F.*, II, fr. 83).

24. Cf. por exemplo von Arnim, *S.V.F.*, II, fr. 473 (p. 154, 29) e III, fr. 218.

25. Cf. von Arnim, *S.V.F.*, III, p. 69. Para um aprofundamento dessas doutrinas cf. F. H. Sandbach, *Ennoia and Prolepsis in the Stoic Theory of Knowledge*, in A. A. Long, *Problems...*, pp. 22-27.

Essa linguagem, que pode fazer pensar num inatismo pelo menos "virtual", não combina com a afirmação de que a alma é uma "tabula rasa". Ademais, deve-se notar que, como veremos, o *lógos* do homem não é senão uma parte e um momento do *lógos* universal e, como tal, não só deve ser capaz de alcançar a verdade, mas deve também ter em si, de certo modo, algum germe da verdade.

4. Os "exprimíveis" (λεκτά) e sua "incorporeidade"

Qual é a natureza dos "universais", ou seja, daquilo que o pensamento pensa, reúne e separa de vários modos? A resposta a esse problema comportou, para os estoicos, notáveis dificuldades, por causa das premissas materialistas e sensísticas do seu sistema.

Epicuro, como vimos, era radical: só admitia as coisas que são corpóreas e individuais e as palavras que são igualmente corpóreas e individuais, e sustentava que as palavras se referem imediatamente às coisas (assim como as sensações e as prolepses, que são marcas materiais). Epicuro, portanto, suprimia o problema do universal[26]. Os estoicos, ao invés, deram-se conta de que aquela era uma solução simplista e admitiram, além das coisas existentes e das palavras significantes, também um *tertium quid*, ou seja, *os conteúdos de pensamento*, "os significados" (σημαινόμενα), que afirmaram ser simples λεκτά, ou seja, para usar uma expressão que entrou em voga, meros "exprimíveis" (melhor seria traduzir o termo por "coisas expressas" ou "enunciadas" ou, ainda, "ditas"), e afirmaram que tais coisas são "incorpóreas" (ἀσώματα). Relata Sexto Empírico:

> Os estoicos sustentaram que "são conjugadas entre si três coisas, ou seja, a coisa significada, a significante e a-que-existe" e que, entre estas, a coisa significante é a voz (por exemplo a palavra "Díon"), a significada é o próprio objeto-que-é-indicado — objeto que percebemos na sua apresentação real por meio do pensamento, enquanto os bárbaros, mesmo ouvindo a voz que o indica, não o compreendem —; enfim, o-que-existe é o que está fora de nós (por exemplo, Díon em pessoa). Destas coisas, *duas são corpos*, isto é, a voz e o-que-existe, e *uma é incorpórea*, enquanto objeto significado, *e*

26. Cf. vol. V, pp. 161ss.

é um "exprimível" [λεκτόν = expresso, dito, significado], sendo que, justamente, este último é verdadeiro ou falso. Este, porém, não é em qualquer caso totalmente verdadeiro ou falso, mas em parte incompleto, em parte completo-por-si. E, do completo-por-si, é verdadeiro ou falso o assim chamado juízo, que os estoicos descrevem dizendo: "Juízo é o que é verdadeiro ou falso"[27].

A passagem lida se esclarece ulteriormente com outra do próprio Sexto Empírico:

Eles [os estoicos] afirmam que é "exprimível" [λεκτόν = expresso, dito, significado] *o que subsiste em conformidade com uma representação racional*, e é racional a representação em conformidade com a qual é possível estabelecer racionalmente o objeto representado[28].

Que os conteúdos do pensamento, fruto da nossa atividade racional, que exprimimos e comunicamos com as palavras (isto é, os universais), sejam, para os estoicos, meros *exprimíveis* (*lektá*) e *incorpóreos*, explica-se facilmente tendo-se em conta o seguinte. *O ser é sempre e somente corpo* e, como tal, *individual*; os conteúdos do pensamento predicam-se de muitos indivíduos e, portanto, não são individuais e não podem ser *corpos* e, assim, *realidade*. Consequentemente, eles são não corpóreos, não no significado espiritual e, portanto, positivo, mas no sentido negativo de *falta da característica que é típica da realidade e do ser, que, para os estoicos, só é a corporeidade*. Ademais, são *lektá*, enquanto só existem conjuntamente ao *legein* e ao *dia-legein* humano, ou seja, em dependência do nosso dizer, pensar e raciocinar. A posição dos estoicos é, pois, conceitualístico-nominalista, enquanto reconhece o universal como algo que depende do nosso pensar e falar, mas recusa-lhe uma existência real ou, pelo menos, um fundamento na realidade.

Com esta concepção do *lektón imaterial* como conceito (como "*semainómenon*") cruza-se uma segunda, atestada por outras fontes e pelo próprio Sexto Empírico, que é muito mais complexa, mas não menos importante para a reta compreensão da filosofia do Pórtico em geral e da dialética em particular, e que, portanto, é necessário referir.

---

27. Sexto Empírico, *Contra os matem.*, VIII, 11s. (= von Arnim, *S.V.F.*, II, fr. 166).

28. Sexto Empírico, *Contra os matem.*, VIII, 70 (= von Arnim, *S.V.F.*, II, fr. 187).

No contexto do materialismo e corporeísmo estoico, que, como já acenamos, é de caráter hilozoísta e vitalista, a concepção da relação causa-efeito é particular e não possui uma exata correspondência em todo o pensamento antecedente. Só a causa é realidade, é ser, é "corpo"; o efeito é, ao contrário, mero acidente, desprovido de realidade corpórea e, portanto, "incorpóreo". Os efeitos são considerados simples "predicados" (κατηγορήματα) e, portanto, "incorpóreos" e "exprimíveis" (λεκτά)[29].

Eis os textos mais significativos:

Zenão diz que causa é "aquilo pelo qual", enquanto aquilo de que é causa é *um acidente*. E a causa é corpo, aquilo de que é causa é *um predicado* (κατηγόρημα)[30].

Crísipo diz que causa é "aquilo pelo qual". E a causa é *ser e corpo*, enquanto aquilo de que é causa *não é nem ser nem corpo*[31].

Os estoicos afirmam que toda causa é corpo e torna-se causa num corpo de *algo incorpóreo* (ἀσωμάτου τινός); por exemplo a faca, que é um corpo, é causa na carne, que também é um corpo, do *predicado incorpóreo* (ἀσωμάτου κατηγορήματος) *de ser cortado*; ainda, o fogo, que é corpo, na madeira, que também é corpo, é causa do *predicado incorpóreo de ser queimado*[32].

Cleanto e Arquidemo chamam *exprimíveis* (λεκτά) os *predicados* (κατηγορήματα)[33].

As tentativas de explicar essa desconcertante concepção dos estoicos são diversas e não alcançaram resultados concordantes.

Na realidade, são muitas as razões que a explicam.

Contudo, a razão pela qual o efeito produzido por uma causa é considerado um *acidente* ou um mero *evento*, como acenamos, deve ser buscada no materialismo monístico-panteísta estoico, e no novo sistema categorial dele decorrente, o qual, como veremos adiante ao tratar da física, reconhece ser e realidade só à *substância-substrato* e

29. Esta doutrina não tem precedentes.
30. Ário Dídimo, fr. 18 Diels (= von Arnim, *S.V.F.*, I, fr. 89).
31. Ário Dídimo, fr. 18 Diels (= von Arnim, *S.V.F.*, II, fr. 336).
32. Sexto Empírico, *Contra os matem.*, IX, 211 (= von Arnim, *S.V.F.*, II, fr. 341).
33. Clemente de Alexandria, VIII, 9, 26 (= von Arnim, *S.V.F.*, I, fr. 488).

à *qualidade*, que são "corpos", e considera todo o resto simples *modos*, e *modos relativos*, que estão num plano totalmente diferente. Ora, o efeito não pode nunca ser substância-substrato, como é óbvio, mas tampouco uma *qualidade*, pois substância-substrato e qualidade são monisticamente concebidas como "inteiramente penetradas entre si"[34]: a qualidade é um corpo que penetra e impregna outro corpo. Se é assim, o que a força intrínseca de um corpo produz no seu exterior ou o que um corpo produz sobre outro, sem penetrá-lo intrinsecamente, não pode ser mais do que um "evento" exterior, uma modalidade acidental e, portanto, também privado de verdadeira realidade e de ser, isto é, na linguagem estoica, "incorpóreo".

Mas, por que o efeito-acidente-incorpóreo é dito "predicado" (κατηγόρημα)? É evidente que, ao qualificá-lo desse modo, os estoicos remeteram-se a outra ordem de considerações, que o significado do termo "predicado" poderá nos revelar. O "predicado" é definido como "o que é conjugado a uma ou mais coisas"[35]; ora, se é conjugado a *mais coisas*, não é individual e, portanto, tem uma universalidade e, por esta razão — parece-nos — é contado entre os exprimíveis (λεκτά) que são universais[36].

Em conclusão, entre os "exprimíveis" (λεκτά) entram tanto os "significados" como os "predicados", pelas razões referidas. Esses complexos esclarecimentos eram indispensáveis para compreender a natureza da dialética estoica, a sua novidade e também o seu alcance, dado que ela verte por inteiro sobre os exprimíveis (λεκτά).

5. A dialética

Os estoicos definiam a dialética, como já acenamos, de maneira socrática:

34. Cf. von Arnim, *S.V.F.*, I, fr. 92.

35. Cf. Diógenes Laércio, VII, 64 (= von Arnim, *S.V.F.*, II, fr. 183).

36. A mais profunda explicação da concepção estoica do incorpóreo continua sendo a de E. Bréhier, *La théorie des incorporels dans l'ancien stoïcisme*, Paris 1962[3], (em forma reduzida ver o conteúdo deste ensaio também em Bréhier, *Études de philosophie antique*, Paris 1955, pp. 105-116), embora peque por unilateralidade. Úteis são também os esclarecimentos de Mignucci, *Il significato della logica stoica*, pp. 88-103.

A dialética é ciência do discutir (διαλέγεσθαι) retamente sobre argumentos através de pergunta e resposta[37].

Ora, o discutir, o *dia-legein*, tem a ver com palavras e com noções ou, para usar uma linguagem estoica, com coisas *significantes* (σημαίνοντα) e com *significados* (σημαινόμενα); por consequência, a dialética ocupa-se destas duas coisas. Crísipo definia, consequentemente, a dialética da seguinte maneira:

A dialética refere-se ao significante e ao significado[38].

A dialética estoica divide-se, portanto, em duas grandes seções: uma diz respeito *à linguagem* e à sua *estrutura*, a outra *às formas do pensamento*.

No estudo da linguagem, os estoicos lançaram as premissas para o estudo científico da gramática. A teoria da declinação com a determinação dos "casos" foi, provavelmente, a sua mais significativa descoberta nesse campo[39]. Deve-se notar que, na seção da dialética sobre a linguagem, os estoicos, como relata Diógenes Laércio[40], não se limitaram a tratar das partes do discurso (que, para eles, são: o nome próprio, o nome comum, o verbo, a conjunção e o artigo), da sua estrutura, e das conexas questões de estilo. Eles incluíram aí também as questões sobre a *definição*, o *gênero*, a *espécie*. São estes problemas que deveriam entrar na seção sobre os *semainómena*. Mas isso, porquanto possa causar espanto à primeira vista, se bem refletido, tem uma precisa motivação no sistema. O repúdio da estrutura eidética do real, isto é, da estrutura metafísica que privilegia a forma e a espécie (e, portanto, dá particular relevo à essência e à definição), e o consequente *conceitualismo*, que assume até mesmo aspectos de *nominalismo*, sem dúvida alguma levaram os estoicos a considerar esses problemas prioritariamente como problemas de palavras e de linguagem.

Na outra seção da dialética, os estoicos ocuparam-se das formas do pensamento, como nos diz ainda Diógenes Laércio:

---

37. Diógenes Laércio, VII, 42 (= von Arnim, *S.V.F.*, II, fr. 48).

38. Diógenes Laércio, VII, 62 (= von Arnim, *S.V.F.*, II, fr. 122).

39. Uma boa exposição sintética da doutrina estoica da linguagem encontra-se em Pohlenz, *La Stoa*, I, pp. 58-81.

40. Cf. Diógenes Laércio, VII, 55-62.

Na seção relativa às coisas e aos significados, é posta a teoria dos "exprimíveis" (τῶν λεκτῶν), dos exprimíveis completos, dos juízos e dos silogismos, e também a teoria dos exprimíveis elípticos e dos predicados ativos e passivos[41].

Essa segunda seção da dialética, portanto, além dos juízos e dos silogismos, ocupava-se dos "predicados", que, segundo os estoicos, são os *verbos*. São exatamente estes os "exprimíveis elípticos" ou "incompletos", como por exemplo: "Escreve", "discorre", "corre"[42].

As razões pelas quais os estoicos deslocaram todo o seu interesse do sujeito ao predicado, privilegiando-o de modo claro, devem ser buscadas na sua ontologia e, precisamente, nas doutrinas que tentamos esclarecer nos parágrafos precedentes. O sensismo e o materialismo deviam levá-los a entender o sujeito de um juízo prioritariamente como um *indivíduo* (e não como um conceito), e o predicado como uma ação e um efeito produzido pelo sujeito (e não como outro conceito). O juízo preferido pelos estoicos é o *singular*, como: "Sócrates escreve", "Sócrates discorre", "Sócrates corre", ou ainda: "Este escreve", "este discorre" e assim por diante.

Portanto, na sua lógica, os estoicos buscaram estabelecer não os laços que unem entre si conceitos, mas os laços que unem entre si eventos. E já sabemos que os verbos exprimem, exatamente "eventos" e são, pelas razões vistas, "incorpóreos".

A proposição ou juízo[43] é um "exprimível completo", ou seja, um exprimível que tem sentido determinado e completo, enquanto liga o predicado a um sujeito. Como para Aristóteles, também para os estoicos o verdadeiro e o falso são ligados estruturalmente ao juízo:

> O juízo, de fato, é o que, expresso em palavras, torna-se uma afirmação do que é verdadeiro ou falso[44].

Mas, também sobre esse ponto, os estoicos não cessam de causar admiração: com efeito, eles consideraram diferentes o estatuto ontoló-

---

41. Diógenes Laércio, VII, 63.

42. Para a compreensão e aprofundamento deste ponto cf. Bréhier, *La théorie des incorporels...*, pp. 20ss.

43. A proposição é indicada com o termo ἀξίωμα (axioma), que os estoicos afirmavam derivar de ἀξιόω, que significa reputar, julgar (em Aristóteles os axiomas eram os primeiros princípios); cf. Diógenes Laércio, VII, 65.

44. Diógenes Laércio, VII, 66.

gico da “verdade” e o do “verdadeiro”. A verdade é *corpórea*, o verdadeiro, ao invés, *incorpóreo*, no sentido que conhecemos, como precisamente nos relata Sexto Empírico:

> Entre *o verdadeiro* e a *verdade* há diferença, na substância, na conformação e no valor. Na substância: a verdade é *corpo*, o verdadeiro é, ao invés, *incorpóreo*. Essa distinção explica-se assim: o verdadeiro é um juízo, o juízo é um enunciável, portanto, incorpóreo. Por outro lado, a verdade parece ser a ciência que afirma todos os verdadeiros, mas a ciência não é senão um modo de ser da parte principal da razão, como o punho é considerado um modo de ser da mão, e a razão é corpo, portanto, a verdade é, no seu gênero, corpórea [...][45].

Deve-se notar que os estoicos interessaram-se sobretudo pelos *juízos hipotéticos* e *disjuntivos*, transcurados por Aristóteles, mas sobre os quais o primeiro Perípato fixou a atenção[46].

Também no estudo dos raciocínios, os estoicos privilegiaram os silogismos hipotéticos e disjuntivos, porque esses são os mais idôneos para ligar eventos e não conceitos.

Crísipo buscou individuar as figuras ou os esquemas fundamentais de dedução, aos quais se reduzem todos os raciocínios, e determinou cinco deles, chamados “anapodíticos”, porque são evidentes por si, ou seja, não têm necessidade de ulterior demonstração[47].

Eis o esquema, com as relativas exemplificações, dos cinco anapodíticos:

[1] Se *A* é, também *B* é;
mas *A* é;
portanto também *B* é.
Exemplo: Se é dia (*A*), é claro (*B*);
mas é dia (*A*);
logo é claro (*B*).

[2] Se *A* é, também *B* é:
mas *B* não é;

---

45. Sexto Empírico, *Contra os matem.*, VII, 38 (= von Arnim, *S.V.F.*, II, fr. 132).

46. Sobre a doutrina estoica da proposição e do juízo cf. Mignucci, *Il significato della logica stoica*, pp. 119-155.

47. Cf. von Arnim, *S.V.F.*, II, frs. 231-269. Para um aprofundamento dos anapodíticos cf. Mignucci, *Il significato della logica stoica*, pp. 166-178.

portanto tampouco *A* é.
Exemplo: Se é dia (*A*), está claro (*B*);
mas não está claro (*B*);
portanto não é dia (*A*).

[3] *A* e *B* não podem ser ao mesmo tempo;
mas *A* é;
logo *B* não é.
Exemplo: Não pode ser ao mesmo tempo dia (*A*) e noite (*B*);
mas é dia (*A*);
logo não é noite (*B*).

[4] Ou *A* é ou *B* é;
mas *A* é;
logo *B* não é.
Exemplo: Ou é dia (*A*) ou é noite (*B*);
mas é dia (*A*);
logo não é noite (*B*).

[5] Ou *A* é ou *B* é;
mas *B* não é;
logo *A* é.
Exemplo: Ou é dia (*A*) ou é noite (*B*);
mas não é noite (*B*);
logo é dia (*A*).

Esses tipos de silogismos hipotéticos foram considerados, por alguns estudiosos, mais "modernos" e mais fecundos do que os aristotélicos. Na realidade, eles não se inserem muito bem no sistema estoico. Com efeito, uma vez excluída a essência como princípio do silogismo, no âmbito do sistema estoico, os meros eventos ("incorpóreos") ficam soltos ou, se são ligados, o laço que os une, quando não se reduz à mera identidade, acaba sendo sub-repticiamente introduzido, como demonstrou Bréhier: "Aos olhos do puro dialético [estoico] que recolhe os acontecimentos isolados, não há laço possível ou, antes, não há outro laço senão o da identidade. A dialética fica na superfície do ser. Certamente os estoicos esforçaram-se para superar o raciocínio tautológico: '*Si lucet, lucet; lucet autem ergo lucet*'. Mas eles não puderam fazê-lo senão ao preço de inconsequências e arbítrios [...]. Nenhuma doutrina estável jamais pôde impor-se aos seus olhos. A sua dialética, por paradoxal que isso possa parecer, é demasiado ligada aos fatos para ser fecunda. Ela não é capaz de sair do fato bruto e do dado nem mediante a ideia [isto é, a essência], que ela nega, nem mediante a lei [i.é: a lei que liga os fenômenos, descoberta pelas ciências modernas], que ela ainda não conhece, mas deve contentar-se com repetir indefinidamente o dado factual"[48].

6. A retórica

Como notamos acima, a retórica, segundo os estoicos, é um modo fundamental do falar, do *legein*, isto é, do *lógos*, e, enquanto tal, faz parte de direito da lógica.

Por outro lado, é também verdade que os estoicos atribuíram à retórica um valor nitidamente subordinado à dialética. De fato, a retórica é ciência que permite expor bem e claramente o verdadeiro, mas este se descobre mediante a dialética.

Eis dois significativos testemunhos:

> Definem a retórica como a ciência do falar bem sobre argumentos expostos de maneira clara e unitária, e a dialética como a ciência do discutir retamente sobre argumentos através de pergunta e resposta. Por isso dão também essa outra definição: a ciência do que é verdadeiro e do que é falso, e do que não é nem verdadeiro nem falso[49].

> Só com o estudo da dialética o sábio poderá raciocinar sem incorrer em erro: de fato, por meio da dialética distingue-se o verdadeiro do falso e discerne-se o que é persuasivo do que é expresso de modo ambíguo. Ademais, sem a dialética não é possível interrogar e responder metodicamente[50].

Como se vê, de onipotente instrumento político de convencimento e comoção dos ânimos — tal como Górgias a exaltara e Platão[51]

48. Bréhier, *La théorie des incorporels...*, pp. 35s.
49. Diógenes Laércio, VII, 42.
50. Diógenes Laércio, VII, 47 (= von Arnim, *S.V.F.*, II, fr. 130, p. 39, 28ss.).
51. Ver o *Górgias* de Platão, *passim.*

a caracterizara —, a retórica torna-se simplesmente a arte do falar com elegância, isto é, a arte de dizer de modo sistemático a verdade: a dialética exprime a verdade de modo seco e sintético, a retórica exprime-a de modo apropriado e ornamentado. De resto, com a morte das *poleis* e das democracias livres, e com o advento das monarquias helenísticas, explica-se bem que à retórica, em sentido clássico, não restava mais qualquer espaço político, e que ela não podia mais manter senão um significado literário mais modesto.

E eis, segundo os estoicos, os elementos e as partes constitutivas da retórica:

> A retórica é constituída pelos seguintes elementos: invenção dos argumentos, sua expressão em palavras, sua disposição e viva representação. Constituem o discurso retórico as seguintes partes: o proêmio, a narração dos fatos, a refutação da parte adversária e o epílogo[52].

O epílogo, entendido aqui — note-se — como resumo, não como conclusão e efeito patético e emotivo: a retórica, de fato, deve apoiar-se no *lógos*.

Em suma: para os estoicos a retórica é *a forma bela do verdadeiro*. É uma purificada concepção da retórica, esta, que o próprio Platão não poderia desprezar.

7. Conclusões: relações entre a lógica e a realidade

A canônica dos epicuristas limitava-se a elaborar uma doutrina do "critério da verdade" e, reduzindo-a à sensação, não deixava espaço para uma verdadeira lógica. Ao contrário, o Pórtico, por causa da valorização do *lógos*, não limita à representação sensível a capacidade cognoscitiva do homem, admite um conhecimento intelectivo, admite a validez das operações da razão e, portanto, elabora uma verdadeira lógica, como vimos. Mas que incidência tem a lógica dos estoicos sobre a realidade ou, pelo menos, sobre a realidade tal como concebida por eles, e, em geral, sobre a construção do sistema? E, sobretudo, que papel desempenha na elaboração da ética?

---

52. Diógenes Laércio, VII, 43.

Digamos logo que tal incidência é mínima, mesmo inexistente; e compreender a razão desse fato é muito importante tanto para a compreensão da evolução do estoicismo que, como veremos, tenderá progressivamente a desinteressar-se pela lógica, até eliminá-la, como para a compreensão da que, a nosso ver, é uma das características essenciais dos sistemas da era helenística, vale dizer, o seu *intuicionismo* de base.

A dialética estoica *não* capta o ser e a essência das coisas, mas só dos "incorpóreos", no sentido negativo que determinamos (os incorpóreos são *irreais*) e, portanto, passa pela superfície das coisas e só capta os "acidentes" delas; o próprio silogismo hipotético, que, para ser fecundo, pretende deslocar-se das essências e dos conceitos aos "eventos" e aos "fatos", como notamos, mesmo quando consegue fugir das puras tautologias, não sai do âmbito do incorpóreo e do acidental.

Portanto, a representação cataléptica, que é conhecimento sensível, é *a única forma de conhecimento que nos faz captar a realidade*, porque, como vimos, é um contato íntimo e imediato com as coisas corpóreas e é, ela mesma, corpórea. O pensamento e a razão, portanto, na doutrina estoica, não captam o ser: apenas o tocam.

Assim, o único sistema da era helenística a elaborar uma lógica, esvaziou-a de autêntica validez, atribuindo-lhe como objeto um "incorpóreo" ontologicamente desarticulado.

As consequências, que são de fundamental importância, foram muito bem determinadas por Bréhier: "A cisão completa entre esse modo de conhecer [o da representação cataléptica] e o pensamento racional e lógico, cisão que deriva da teoria dos incorpóreos, devia ter, na evolução do estoicismo, uma influência imensa [...]. Os sucessores do primeiro estoicismo, deixando completamente de lado a dialética estéril e o raciocínio hipotético, que giravam indefinidamente sobre si mesmos, deviam aplicar-se a desenvolver as consequências do *conhecimento intuitivo*, único ativo e real"[53]. Em última análise, como nota ainda Bréhier, foi "'o desprezo pelos incorpóreos' assinalado por Proclo como uma característica dos estoicos, que produziu na sua escola o abandono da lógica discursiva em benefício dos desenvolvimentos da atividade moral e religiosa"[54].

53. Bréhier, *La théorie des incorporels...*, p. 63.
54. *Idem, ibidem.*

Acrescentaremos também que, já no âmbito do antigo Pórtico, a incompreensão da dimensão ontológica do incorpóreo (o enfraquecimento da "segunda navegação") e a maciça redução da incidência da lógica sobre o real provocam as seguintes consequências: a física, como já no âmbito do epicurismo, também no estoicismo acaba por sobrepor-se notavelmente à lógica, e a própria ética acaba por sobrepor-se, não só à lógica, também à física. Na elaboração da física, em certa medida, socorre a representação cataléptica, mas, além desta, é uma intuição religiosa (que veremos ser de caráter panteísta) que dá coerência ao conjunto, enquanto na elaboração da ética a verdadeira mola é um novo sentimento da vida, uma nova *intuição emocional dos valores*. Também no antigo Pórtico, portanto, a lógica, mesmo elaborada e estudada acuradamente (e, por Crísipo, até mesmo de modo obstinado), fica estruturalmente à margem e na superfície do sistema.

IV. A FÍSICA DO ANTIGO PÓRTICO

1. Características da física estoica e as suas relações com a física epicurista

Como para os epicuristas, também para os estoicos, a física não é de modo algum uma doutrina concernente a um setor da realidade, mas uma doutrina da *physis* em sentido pré-socrático, vale dizer, uma doutrina que pretende conhecer a totalidade da realidade, apontando os princípios e as leis que constituem o seu fundamento. Ela é, pois, uma verdadeira ontologia, uma metafísica da imanência, como veremos[1]. Como para os epicuristas, a física, para os estoicos, tem a tarefa de determinar os espaços ontológicos nos quais pode-se situar a ética, e é constituída em função da ética. As analogias entre a física do Jardim e a do Pórtico encontram-se até mesmo na formulação e no enfoque dos problemas particulares.

Sob essas analogias, porém, inserem-se contrastes radicais, que resultam tanto mais intensos e gritantes, justamente pelo fato de derivarem de soluções opostas para os *mesmos problemas*, ademais, enfocados *para alcançar um mesmo fim*. Pode-se dizer, em geral, que as soluções físicas adotadas pelos estoicos são, na maioria dos casos, exatamente opostas às dos epicuristas.

Afirmou-se até mesmo que se trata "não tanto de diferenças quanto de reações e, por assim dizer, de um corpo a corpo entre duas filosofias"[2].

Epicuro repropôs o pluralismo atomista, os estoicos propõem, ao invés, o monismo; Epicuro sustentou a absoluta falta de finalismo, os estoicos sustentam calorosamente a teleologia; Epicuro afirmou o

---

1. Sobre a física estoica existe um trabalho de S. Sambursky, *Physics of the Stoics*, Londres 1959, que aconselhamos vivamente porque mostra o diferente enfoque que assume a física estoica, lida em chave "científica", ou melhor, cientificista. O autor interpreta a física do Pórtico com a mentalidade do cientista moderno, e os resultados da sua pesquisa mostram, justamente na sua clareza e precisão, que, dentro de tal perspectiva, não é possível captar a autêntica mensagem do Pórtico.

2. Robin, *Storia del pensiero greco*, p. 415.

mecanicismo, os estoicos reafirmam o hilozoísmo e o vitalismo; Epicuro defendeu a infinidade dos mundos, os estoicos defendem a existência de um único mundo e, ademais, finito; Epicuro sustentou a existência do átomo e, portanto, a impossibilidade de divisão ao infinito da matéria, os estoicos sustentam, ao contrário, a doutrina do contínuo dinâmico e a possibilidade da divisão ao infinito; Epicuro fez do vazio um princípio, os estoicos negam categoricamente que no mundo exista o vazio e o confinam fora do mundo; Epicuro negou a penetrabilidade dos corpos, os estoicos afirmam a penetrabilidade dos corpos; Epicuro pôs os Deuses totalmente fora do mundo e sem qualquer relação com ele, os estoicos identificam Deus com o princípio constitutivo do mundo e com o próprio mundo; Epicuro negou categoricamente qualquer Providência, os estoicos fazem da Providência um dogma fundamental; Epicuro negou o destino com o seu *clínamen*, os estoicos fazem do Destino a outra face da Providência, tão essencial quanto a Providência. E o elenco das oposições poderia estender-se ulteriormente.

Na verdade, tais oposições brotam coerentemente de duas opostas visões do mundo: as mais opostas que possamos imaginar *num espaço deixado à comum negação da transcendência*. A física epicurista e a física estoica representam as duas formas entre si mais distantes do materialismo antigo, mas são, ambas, um materialismo que recusa *in toto* os êxitos da "segunda navegação" de Platão.

Só tendo bem presente as analogias acima indicadas, junto com esta última, compreende-se plenamente o sentido das oposições específicas, assim como o exato alcance do ininterrupto afrontamento das duas escolas.

2. O materialismo e o corporeísmo do Pórtico

A primeira característica que diferencia a física do Pórtico não só da do Jardim, mas, em certo sentido, também da física de todos os pensadores gregos, é a seguinte: o seu *materialismo* configura-se nitidamente como *monismo panteísta*. De fato, se alguns dos sistemas pré-socráticos, sob certos aspectos, podem parecer monistas e panteístas, é só porque nós os interpretamos usando esclarecimentos e descobertas posteriores, e os julgamos em função de categorias das quais não sabemos e não podemos prescindir, mas que os pré-socráticos certamente não possuíam. No caso dos estoicos, ao invés, a questão é completamente diferente. Os conceitos de corpóreo e incorpóreo, matéria e espírito, imanência e transcendência, monismo e pluralismo já tinham sido claramente elaborados e assimilados pelo conhecimento filosófico; e o Pórtico constrói a sua visão da realidade exatamente na base de um consciente aproveitamento de tais aquisições, como agora veremos.

Para começar, é importante esclarecer o sentido que deve ser dado ao termo *materialismo* no contexto estoico: sem esse preliminar esclarecimento escapar-nos-ia o sentido peculiar do monismo panteísta do Pórtico.

Os estoicos, como os epicuristas, negam a existência de qualquer realidade que seja puramente espiritual. E, como os epicuristas, dirigem contra Platão as mesmas armas que ele, no *Sofista*, usou para refutar os pensadores materialistas, os quais sustentavam que só existe o que é corpo[3]. De fato, Platão disse, no *Sofista*, que só pode ser considerado real o que é *capaz de agir e de padecer,* e que tal é o ser ideal[4]. Como os epicuristas[5], também os estoicos apropriam-se dessa definição e afirmam que a *capacidade de agir e de padecer* pertence *somente* ao que é corpóreo e material:

> Tudo o que age ou padece é corpóreo[6].
>
> O ser se diz só do que é corpo[7].
>
> Ser e corpo são idênticos[8].

O ser, enquanto tal, *é materialidade e corporeidade.* Na base desse pressuposto, compreende-se que os epicuristas considerassem corpóreo tudo o que tem realidade, sem qualquer exceção. Corpo é

---

3. Cf. Platão, *Sofista*, 247 d ss.

4. Ver o vol. III, pp. 49s.

5. Cf. no vol. V, a exposição que fizemos dos pontos fundamentais da física epicurista. Pohlenz (*La Stoa*, I, p. 120) nota, justamente, que o materialismo estoico é medido por uma inversão da posição de Platão, mas não reconhece que isso já fora feito por Epicuro (ver, por exemplo, *Epístola a Heródoto*, 67).

6. Cf. von Arnim, *S.V.F.*, I, fr. 90 (p. 25, 36s.), e III, fr. 84 (p. 20, 37); cf. também I, frs. 342, 363, 387.

7. Cf. von Arnim, *S.V.F.*, II, fr. 329 (p. 117, 5s.).

8. Cf. von Arnim, *S.V.F.*, II, fr. 359 (p. 123, 17s.).

Deus, corpo é a alma, corpo é o bem, corpo é o saber, corpos são as paixões, corpos são os vícios e corpos são as virtudes. E dado que sobre os primeiros voltaremos repetidamente, leiamos uma passagem esclarecedora da redução a corpos das virtudes e vícios. Escreve Sêneca, relatando o pensamento do antigo Pórtico:

> O bem é um corpo? O bem age, de fato traz benefício. O que age é um corpo. O bem age sobre a alma e, de certo modo, forma-a, dirige-a, atividades, estas, próprias de um corpo. Os que são bens do corpo são corpo. Portanto, o são também os que são próprios da alma. De fato, também esta é um corpo. O bem do homem é necessariamente corpóreo, enquanto ele é dotado de corpo. Eu mentiria se dissesse que tudo o que o alimenta, o conserva, restitui-lhe a saúde não é corpo; portanto, também o seu bem é um corpo. Não penso que poderias duvidar do fato de serem corpos as paixões [...] como, por exemplo, a ira, o amor, a tristeza: se duvidas, pensa como elas nos fazem mudar o rosto, como nos fazem enrugar a fronte, como tornam serena a face, como nos fazem enrubescer e como nos fazem empalidecer. E então? Por que pensas que estes sinais tão manifestos são provocados no corpo, senão por um corpo? Se as paixões são um corpo, o são também os males da alma: avareza, crueldade, vícios inveterados, que chegaram a ponto de não poder mais ser curados. Portanto, são corpos também a iniquidade e todas as suas formas, a maldade, a inveja, a soberba. Segue-se daí que também os bens são corpos, em primeiro lugar porque estão em contraste com aqueles, depois porque dão-te os mesmos indícios. Ou não vês quanto vigor dá aos olhos a fortaleza? Quanta atenção a prudência? Quanta moderação a calma e verecúndia? Quanta serenidade a alegria? Quanto rigor a severidade? Quanta remissão a moderação? São corpos, portanto, os que mudam a cor e o aspecto dos corpos e agem sobre eles como se fossem seu domínio. Todas essas virtudes citadas são bens e bem é tudo o que delas deriva. Pode-se duvidar de que seja corpo aquilo por que alguma coisa pode ser tocada? Todas essas coisas que citei não poderiam determinar mudanças num corpo se não o tocassem; portanto, são corpóreas. E ainda, o que tem força para empurrar, constranger e comandar, é um corpo. E então? Por acaso o temor não detém? A audácia não impulsiona? A fortaleza não excita e não dá ímpeto? A moderação não freia e não contém? A alegria não eleva e a tristeza não deprime? Enfim, tudo o que fazemos, fazemo-lo sob o impulso da malícia ou da virtude: o que comanda um corpo é um corpo, o que pode fazer violência a um corpo é corpo. O bem do corpo é algo corpóreo. O bem do homem também é bem do corpo: portanto, é coisa corpórea[9].

---

9. Sêneca, *Epist.*, 106, 2 (= von Arnim, *S.V.F.*, III, 84). Ver também, de Sêneca, a *Epist.* 113.

3. O monismo panteísta

"Corpo" é, porém, para os estoicos, um conceito complexo. Com efeito, na determinação desse conceito eles percorrem a via exatamente oposta com relação à via pluralista-atomista-mecanicista dos epicuristas. Corpo é, para os estoicos, *matéria* e *qualidade* (ou *forma*), unidas entre si de tal maneira, que uma é estruturalmente inseparável da outra e vice-versa. A qualidade-forma é a causa ou o princípio ativo, enquanto a matéria é o princípio passivo; a primeira é sempre e somente imanente à segunda e em nenhum caso pode ser dela separada e subsistir independentemente. Relata Sêneca:

> Como sabes, os nossos estoicos afirmam que na realidade dois são os princípios essenciais dos quais nascem todas as coisas, a causa e a matéria. A matéria jaz como substância inerte, pronta para todas as mutações, mas firme se nada a move; a causa, ao invés, isto é, a razão, informa a matéria, reelabora-a como quer, extraindo-lhe a variedade das suas obras. É, portanto, necessário que exista um princípio do qual uma coisa é extraída e um princípio do qual a coisa é feita: esse primeiro princípio é a causa, o outro primeiro princípio é a matéria[10].

Uma numerosa série de testemunhos insiste na "inseparabilidade" do princípio ativo e do princípio passivo[11]. Parece-nos que a seguinte passagem de Calcídio exprime bem o conceito da coeterna e estrutural união dos dois princípios:

> Essa essência [a matéria] é finita, única e comum substância de toda coisa existente; divisível e sujeita a toda espécie de mutação. Deslocam-se, de fato, as suas partes, mas não perecem. Prestando-se à composição de toda espécie de figura, como cera que se pode informar de mil modos, não tem uma qualidade própria; e também *nunca se apresenta senão juntamente e inseparavelmente ligada a alguma qualidade*. Não tendo nem princípio nem fim, pois não surge do nada nem se reduz ao nada, *não está privada de um espírito e vigor eterno, que a move segundo a razão*, às vezes inteiramente, às vezes em parte, e é causa de tão frequente e impetuosa mutação do universo. Ora, esse espírito movente não é a natureza, mas a alma, e, bem entendido, racional, que dá vida ao mundo sensível e imprime-lhe a beleza da qual ele resplende [...][12].

---

10. Sêneca, *Epist.*, 65, 2 (= von Arnim, *S.V.F.*, II, fr. 303).
11. Cf. von Arnim, *S.V.F.*, II, frs. 306ss.
12. Calcídio, *In Tim.*, cap. 292 (= von Arnim, *S.V.F.*, I, fr. 88).

Esse princípio que penetra toda a matéria, informa-a e plasma, a move e agita inteiramente é, além dos diferentes nomes que assume (mente, alma, natureza e semelhantes), o próprio Deus. Escreve Diógenes Laércio:

> Segundo os estoicos, os princípios do universo são dois, o ativo e o passivo. O princípio passivo é a substância sem qualidade, a matéria; o princípio ativo é *a razão na matéria, isto é, deus*. E deus, que é eterno, é demiurgo criador de todas as coisas no processo da matéria[13].

E Temístio:

> Os discípulos de Zenão sustentam concordemente que Deus penetra toda a realidade, e que ora é inteligência, ora alma, ora natureza [...][14].

A penetração de Deus (que é corpóreo) através da matéria e de toda a realidade (que também é corpórea) é possível no estoicismo, em virtude do dogma da "comistão total dos corpos" (κράσις δι' ὅλων). Recusando a teoria dos átomos dos epicuristas, os estoicos admitiram a divisibilidade ao infinito dos corpos e, portanto, a possibilidade de que as partes dos corpos possam, entre si, unir-se intimamente, de modo que dois corpos possam fundir-se em um. É evidente que tal tese comporta a afirmação da *penetrabilidade dos corpos* e, mais ainda, coincide com ela. Por aporética que seja essa tese (não é o caso de nos deter nas dificuldades que ela apresenta, pois são evidentes), ela é, contudo, exigida pela forma do materialismo panteísta adotado pelo Pórtico[15].

Das passagens lidas e das observações feitas podemos extrair as seguintes conclusões:

a) A concepção de fundo da física estoica é uma forma de corporeísmo e de materialismo, porque reduz o ser à corporeidade e à materialidade.

b) Esse materialismo, em vez de tomar a forma do mecanicismo e do pluralismo atomista, como nos epicuristas, configura-se em sentido hilemórfico, hilozoísta e monista. O corpo é sempre matéria unida à

---

13. Diógenes Laércio, VII, 134 (= von Arnim, *S.V.F.*, I, fr. 85).

14. Temístio, *In Arist. De anim.*, pp. 35, 32ss. Heinze (= von Arnim, *S.V.F.*, I, fr. 158).

15. Sobre a concepção da mistura total dos corpos e da penetrabilidade dos corpos cf. von Arnim, *S.V.F.*, II, frs. 463-481.

qualidade, inseparáveis uma da outra; e todo corpo é sempre um momento incindível do todo do qual é parte. Existe uma única matéria, a qual traz em si o princípio da vida e da racionalidade, que faz germinar da matéria todas as coisas. Princípio passivo e princípio ativo, matéria e Deus, *não são*, pois, *duas entidades separadas*; são lógica e conceitualmente distinguíveis, mas ontologicamente inseparáveis: constituem, portanto, uma única realidade. Consequentemente, todas as coisas múltiplas e singulares referem-se aos dois princípios que coexistem ontologicamente, assim como os múltiplos membros referem-se ao organismo uno. E porque una é a matéria e uno é o princípio ativo, uno é o cosmo que abarca em si tudo. A concepção monista é claríssima.

c) Dado que o princípio ativo, Deus, é incindível da matéria, e dado que não há matéria sem forma, Deus está em tudo e Deus é tudo. Deus coincide com o cosmo. Escreve Diógenes Laércio:

> Como substância de Deus, Zenão indica todo o cosmo e o céu[16].

E ainda:

> Cosmo tem, para os estoicos, um tríplice significado: primeiro, *Deus mesmo*, cuja qualidade é idêntica à de toda substância do universo; ele é, por isso, incorruptível e ingênito, criador da ordem universal, que, em determinados períodos de tempo, absorve em si toda a substância do universo e, por sua vez, a gera de si[17].

Confirma-o outro testemunho:

> Chamam Deus a todo o cosmo e suas partes[18].

Portanto, também o panteísmo da concepção estoica é claríssimo.

4. O esvaziamento ontológico do incorpóreo

Com base no que foi dito até aqui, é possível compreender plenamente a curiosa posição que os estoicos assumiram com relação ao

16. Diógenes Laércio, VII, 148 (= von Arnim, *S.V.F.*, I, fr. 163).
17. Diógenes Laércio, VII, 137 (= von Arnim, *S.V.F.*, II, fr. 526).
18. Ário Dídimo, *apud* Eusébio, *Praep. evang.*, XV, 15 (= Diels, *Doxographi graeci*, 29, p. 464 = von Arnim, *S.V.F.*, II, fr. 528).

"incorpóreo". Dissemos[19] que a redução do ser a corpo comporta, como necessária consequência, a redução do in-corpóreo (do que é privado de corpo) a algo que é *privado de ser*. O incorpóreo, carecendo justamente da corporeidade, carece dos conatos que são distintivos do ser, ou seja, *não pode nem agir nem padecer*:

> Nada pode ser produzido do que é incorpóreo[20].

> O incorpóreo por sua natureza não é capaz de agir, nem de padecer[21].

Os incorpóreos não são, todavia, o nada, e, tampouco se esgotam no âmbito da dialética, vale dizer, no âmbito dos *lektá*, dos "exprimíveis", dos quais falamos acima[22]. De fato, é-nos relatado que, além dos *lektá*, os estoicos afirmavam ser "incorpóreos" também o *lugar*, o *tempo* e o *infinito*[23].

As razões pelas quais os *exprimíveis* são "incorpóreos" já foram explicadas quando tratamos da lógica[24].

O *lugar*, que é entendido como "o que é ocupado inteiramente por um corpo"[25], é incapaz de agir ou padecer, e é, por assim dizer, *um efeito do ser-aí do corpo* e, por isso, é in-corpóreo (recorde-se que, para os estoicos, os efeitos produzidos pelos corpos não são corpos)[26].

O *tempo* é o "intervalo [ou a dimensão] do movimento"[27] ou, como afirmava Crísipo, "o intervalo do movimento do cosmo"[28]. Como tal, o tempo não pode ter nenhuma capacidade de agir ou padecer; ele é o efeito do ser-aí, do viver e do mover-se dos corpos e, em geral, do cosmo, e, como tal, é "incorpóreo". Ademais, ele é incorpóreo

19. Cf. *supra*, § 2.
20. Cf. von Arnim, *S.V.F.*, I, fr. 90 (p. 25, 35s.).
21. Sexto Empírico, *Contra os matem.*, VIII, 263 (= von Arnim, *S.V.F.*, II, fr. 363).
22. Cf. *supra*, pp. 29ss.
23. Cf. Sexto Empírico, *Contra os matem.*, X, 218 (= von Arnim, *S.V.F.*, II, fr. 331).
24. Cf. *supra*, pp. 30ss.
25. Cf. von Arnim, *S.V.F.*, II, frs. 501-508.
26. Cf. sobre a teoria estoica do lugar, Bréhier, *La théorie des incorporels...*, pp. 37-44.
27. Cf. von Arnim, *S.V.F.*, I, fr. 93.
28. Cf. von Arnim, *S.V.F.*, II, frs. 509-521.

pela ulterior razão de que é *infinito* (nas dimensões do passado e do futuro) e nenhum corpo, para os estoicos, pode ser infinito[29].

O *vazio*, concebido como "ausência de corpo"[30], é posto fora do cosmo e também concebido como infinito (justamente porque a absoluta ausência de corpo comporta a ausência de limites), é "incorpóreo" pelas mesmas razões[31].

Esta concepção do "incorpóreo" suscita numerosas aporias, das quais, em parte pelo menos, os próprios estoicos foram conscientes. De fato, surge espontaneamente a questão: se o "incorpóreo" não tem ser porque não é corpo, então é não-ser, é nada. Para fugir a tal dificuldade, os estoicos foram constrangidos a negar o *ser* como o gênero supremo e predicável de qualquer coisa, e a afirmar que o gênero mais amplo de todos é o "τί", o "algo".

Escreve Alexandre:

> [Os estoicos afirmam] que o ser se predica somente dos corpos [...]. Por isso dizem que o "algo" é um gênero mais amplo do que ele, predicado não só dos corpos, mas também dos incorpóreos[32].

Essa doutrina deve ter suscitado não poucas perplexidades[33]. Sêneca, que, pessoalmente, não a aceitou, diz-nos expressamente que ela foi sustentada não por todos, mas só por *alguns estoicos*:

> Aquele gênero universal do ser (τὸ ὄν) não tem nada acima de si; é o início das coisas, todas estão sujeitas a ele [...]. Os Estoicos verdadeiramente querem superpor a este um gênero ainda mais compreensivo [...]. A *alguns estoicos* [*stoicis quibusdam*] parece que o gênero primeiro seja o "algo" (*quid*)[34].

É claro que tal doutrina, subvertendo o próprio estatuto da ontologia clássica, devia fatalmente cair num emaranhado de contradições, donde a perplexidade dos próprios estoicos.

---

29. Sobre a doutrina do tempo cf. Bréhier, *La théorie des incorporels...*, pp. 44-53.

30. Sobre o vazio cf. os fragmentos citados na nota 25.

31. Sobre a concepção estoica do vazio cf. Bréhier, *La théorie des incorporels...*, pp. 44-53.

32. Alexandre, *In Arist. Top.*, 301, 19 Wallies (= von Arnim, *S.V.F.*, II, fr, 329).

33. Basílides e os seus seguidores recusaram-se até mesmo a admitir a existência do incorpóreo assim entendido, como nos relata Sexto Empírico, *Adv. math.*, VIII, 258 (= von Arnim, *S.V.F.*, III, p. 268, 5-8).

34. Sêneca, *Epist.*, 58, 12 e 15 (= von Arnim, *S.V.F.*, II, fr. 332).

Plotino observa justamente:

Este "algo" é tal, que se torna incompreensível e impensável até mesmo para eles e não se liga nem ao incorpóreo nem ao corpóreo; e eles não deixaram nenhum caráter discriminante de modo a poder-se, em seguida, com ele, subdividir o "algo"; além disso, "algo" ou é ser ou é não-ser: então, se é ser, é uma das suas espécies; se é não-ser, é o ser que não é — e assim por diante na interminável série de absurdos[35].

Naturalmente, nesse contexto, perdia todo sentido a tábua aristotélica das categorias, que são as supremas "divisões" ou os supremos "gêneros" do ser.

Os estoicos reduziram as categorias a duas fundamentais, às quais acrescentaram outras duas que, porém, situam-se num plano muito diferente. As duas categorias fundamentais são: a substância, entendida como *substrato material* (ὑποκείμενον), e a *qualidade* (ποιόν), entendida como qualidade que, unida ao substrato, determina a essência das coisas individuais. Ambas são materiais e corpóreas e são indistinguíveis uma da outra (como vimos no parágrafo precedente)[36]. As duas outras categorias são constituídas pelos *modos* (πώς ἔχοντα) e pelos *modos relativos* (πρὸς τί πως ἔχοντα)[37]. Essas duas categorias, na medida em que exprimem efeitos e eventos das coisas, deveriam situar-se entre os "incorpóreos".

Com efeito, alguns estudiosos afirmam poder tirar tais conclusões[38], que, contudo, são contraditas expressamente pelos textos.

Em todo caso, é evidente a fragilidade especulativa desse ponto, ademais, essencial, da ontologia do Pórtico. Também o materialismo vitalista estoico, assim como o materialismo mecanicista epicurista, não consegue justificar os seus pressupostos de base.

---

35. Plotino, *Enéadas*, VI, 1,25.

36. Sobre as categorias estoicas cf. von Arnim, *S.V.F.*, II, frs. 369ss.

37. Sobre essas duas categorias cf. von Arnim, *S.V.F.*, II, frs. 399-404.

38. Cf. Bréhier, *La théorie des incorporels...*, p. 43 (Para um aprofundamento dessa teoria estoica das categorias cf. J. M. Rist, *Categories and their Uses*, in A. A. Long, *Problems...*, pp. 38-57.

5. Ulterior determinação da concepção estoica de Deus e do Divino

Antes de proceder, devemos voltar ao conceito de Deus, que constitui o eixo em torno do qual gira toda a física estoica, e aprofundá-lo ulteriormente.

a) Já explicamos acima o que significa a identificação de Deus e *physis*, seja do ponto de vista histórico, seja do ponto de vista especulativo.

Todavia, é necessário afirmar ainda o seguinte. Para os pré-socráticos, *physis* era o princípio material, para Platão, *physis* no sentido mais elevado indicava até mesmo a Ideia; para Aristóteles, *physis* indicava, na acepção mais qualificada, o *eidos* ou a essência imanente das coisas, assim como o princípio imanente do qual brota o crescimento das coisas. Para os estoicos, *physis* implica matéria, mas implica também o princípio intrínseco agente que é, que dá e que se torna forma de todas as coisas, isto é, o princípio que faz tudo nascer, crescer e ser. A *physis* estoica subsume em si seja os significados materialistas, seja os espiritualistas, desenvolvidos paulatinamente na precedente especulação. Compreende-se, portanto, que ela só possa verdadeiramente significar Deus concebendo-o de maneira imanentista e panteísta[39].

b) O Deus que é *Physis*, é também *lógos*, vale dizer, princípio de inteligência, racionalidade e espiritualidade. E compreende-se que, uma vez negada a existência de qualquer realidade e de qualquer substância que não seja material e corpórea, esse princípio de inteligência e de racionalidade só pode ser imanente à matéria e não pode, ontologicamente, ser diferente da matéria e da corporeidade. Leiamos, *ad abundantiam*, dois testemunhos a respeito:

> Crísipo e Zenão [...] puseram como princípio de todas as coisas Deus e o entenderam como o *corpo mais puro* [...][40].

---

39. Sobre a *physis* estoica e sobre os seus diferentes significados ver: E. Grumach, *Physis und Agathon in der alten Stoa*, Berlim 1932; Heinrich und Marie Simon, *Die alte Stoa und ihr Naturbegriff*, Berlim 1956; Pohlenz, *La Stoa*, I, pp. 126ss.

40. Hipólito, *Philosoph.*, 21, 1 (Diels, *Doxographi graeci*, p. 571 = von Arnim, *S.V.F.*, I, fr. 153).

Platão e Zenão, o estoico, tratando da essência de Deus, não a conceberam do mesmo modo, mas Platão pensou Deus como incorpóreo, Zenão, ao invés, pensou-o *como corpo*[41].

Essa conclusão dos estoicos era necessária, porque o que não é corpo, para eles, não é realidade e não é ser; e se Deus é, é corpo, como é corpo todo ser.

c) Compreende-se bem, desse modo, que os estoicos podiam identificar o seu Deus-*physis-logos* com o *fogo* artífice, com o heraclitiano "raio que tudo governa"[42], ou também com o *pneuma*, que é "sopro ardente", ou seja, ar dotado de calor[43]. O fogo, com efeito, é o princípio que tudo transforma e penetra; o quente é o princípio *sine qua non* de qualquer nascimento, crescimento e, em geral, de qualquer forma de vida.

Escreve Cícero:

Todos os seres que se nutrem e crescem contêm em si energia calorífica sem a qual não poderiam nem nutrir-se nem crescer; de fato, tudo o que tem em si fogo e calor move-se com o seu próprio movimento; mas tudo o que se nutre e cresce caracteriza-se por um movimento contínuo e constante, e quanto mais tempo ele permanece em nós, tanto mais permanecem em nós a sensibilidade e a vida, sendo que, quando o calor se enfraquece e se extingue, também nós perecemos e extinguimos. Cleanto prova isso demonstrando o quanto de energia calorífica existe em cada corpo. Para ele não há alimento maciço que não queime em seguida, dia e noite, depois de ingerido; e o calor que dele deriva conserva-se ainda nos refugos dos quais a natureza se desfaz. Ademais, as veias e as artérias não param nunca de pulsar como se fosse o fogo a imprimir-lhes o movimento e, frequentemente, observou-se que o coração, arrancado a um animal, palpitava de modo a imitar o rápido movimento da chama. Portanto, tudo o que vive, seja animal ou vegetal, vive por força do calor que traz em si. Do que se deve deduzir que a substância que constitui o calor possui uma força vital que se estende a todo o universo[44].

---

41. Ps. Galeno, *Hist. philos.*, 16 (Diels, *Doxographi graeci*, p. 608 = von Arnim, *S.V.F.*, I, fr. 153).

42. Diels-Kranz, 22 B 64.

43. Cf. Alexandre, *De an.*, 26, 13 (= von Arnim, *S.V.F.*, II, fr. 786); Id., *De mixtione*, 224, 32ss. (= von Arnim, *S.V.F.*, II, fr. 310, p. 112, 35s.): *ivi*, 224, 14 (= von Arnim, *S.V.F.*, II, fr. 442).

44. Cícero, *De nat. deor.*, II, 9, 23s. (a passagem é parcialmente apresentada em von Arnim, *S.V.F.*, I, fr. 513).

E depois de ter demonstrado que todos os elementos naturais que constituem o mundo implicam calor, Cícero conclui:

> Porque todos os elementos que constituem o mundo são *sustentados pelo calor*, também o mundo no seu conjunto *deve a sua conservação por tão longo lapso de tempo ao mesmo e idêntico elemento*; e tal conclusão é tanto mais válida quanto mais se deve admitir que esse mesmo elemento, *identificando-se com o calor e com o fogo, penetra toda a natureza e leva consigo a força criadora e a causa da geração, em virtude da qual todos os animais e os seres, cujas raízes são sustentadas pela terra, estão sujeitos às leis do nascimento e do crescimento*[45].

Alexandre de Afrodísia confirma:

> É opinião de Crísipo [...] que toda a realidade é unificada por um *pneuma* que a invade inteiramente e pelo qual o todo é mantido unido, permanece e consente consigo mesmo[46].

E numerosos outros testemunhos confirmam plenamente a doutrina[47].

d) Essa concepção panteísta-materialista de Deus *não exclui o politeísmo*. Também para os estoicos, de fato, como para todos os gregos, as concepções de Deus uno e de Deus múltiplo não se excluem mutuamente, e monoteísmo e politeísmo não parecem posições antitéticas. Eles, de fato, falam de Deus uno e, ao mesmo tempo, de Deuses múltiplos, e, por fim, falam de "Demônios" e de "Heróis" intermediários entre Deuses e homens. O Deus é o *lógos*-fogo, é o princípio ativo supremo ou, noutra perspectiva, é a totalidade do cosmo. Os Deuses múltiplos são os Astros, isto é, partes privilegiadas do cosmo, e são concebidos como seres vivos e inteligentes[48].

Relata Diógenes Laércio:

> Os estoicos afirmam existir alguns *demônios* que têm afetos e sentimentos comuns com a humanidade e que *vigiam sobre o curso das coisas humanas*. Creem também nos heróis, que são *as almas sobreviventes dos homens virtuosos*[49].

---

45. Cícero, *De nat. deor.*, II, 9, 28.
46. Alexandre, *De mixtione*, 216, 14 (= von Arnim, *S.V.F.*, II, fr. 473).
47. Cf. o índice de M. Adler para os *S.V.F*, de von Arnim, vol. IV, p. 124ss.
48. Cf. von Arnim, *S.V.F.*, II, frs. 92, 613, 685, 1027, 1076.
49. Diógenes Laércio, VII, 151 (= von Arnim, *S.V.F.*, II, fr. 1102).

Deve-se, porém, notar que só o *lógos* é verdadeiramente Deus eterno; os outros são Deuses de longa vida, mas nascem e morrem junto com as evoluções cíclicas do cosmo, que, como veremos, no grande ano recorrente, é devorado pelo fogo e, em seguida, regenerado:

Todos os Deuses nascem e morrem, exceto o Deus supremo, que se identifica com o fogo eterno e permanece através das conflagrações e das sucessivas renovações do universo[50].

e) A mitologia politeísta, alegoricamente interpretada, isto é, considerada como expressão poética de uma verdade física, podia assim ser acolhida pelos estoicos e considerada conciliável com a sua doutrina. Eis como Diógenes Laércio relata esse ponto da doutrina do Pórtico:

Deus é um ser imortal, racional, perfeito e inteligente, feliz, não suscetível de qualquer mal, solícito, por sua providência, pelo cosmo e tudo o que nele existe; mas não é antropomorfo. É o demiurgo do universo e, como pai de todas as coisas, é o que penetra em tudo ou em parte e é chamado com muitos nomes segundo os modos do seu poder. É chamado Dia (Διά) porque tudo advém por meio (διά) dele; é chamado Zeus (Ζῆνα) porque é autor do viver (ζῆν) ou porque penetra toda a vida; é chamado Atena (Ἀθηνᾶν) porque a sua hegemonia se estende até o éter (αἰθέρα); Hera (Ἥραν) porque domina o ar (ἀέρα); Efesto, porque é senhor do fogo criador; Possêidon porque domina todas as águas; Demetra porque domina todas as terras. Do mesmo modo, impuseram-lhe também outros nomes, para destacar outras propriedades particulares[51].

f) O Deus estoico, na lógica do sistema, à medida que se identifica com a natureza, *não pode ser pessoal*. Consequentemente, a oração não tem sentido, se Deus é o impessoal *lógos* e a natureza: tanto mais que, como veremos, o homem, para realizar a sua vida, não tem nenhuma necessidade da ajuda de Deus. Todavia, na história do Pórtico, Deus tenderá sempre mais a assumir traços espirituais e pessoais, a religiosidade tenderá sempre mais a penetrar fortemente o sistema, e a oração vai adquirir um sentido preciso. De resto, é destino fatal do panteísmo o fato de não poder manter em justo equilíbrio a identificação de Deus

---

50. Plutarco, *De comm. not.*, 31, p. 1066 a (= von Arnim, *S.V.F.*, I, fr. 536).
51. Diógenes Laércio, VII, 147 (= von Arnim, *S.V.F.*, II, fr. 1021).

e Natureza, e tender a dissolver-se, em última análise, no ateísmo ou no teísmo. O Pórtico inclinar-se-á, particularmente na sua última fase, para o teísmo, mesmo sem poder alcançá-lo plenamente. Em todo caso, já no âmbito do primeiro Pórtico, com Cleanto, manifestou-se um vivo sentimento religioso, que encontrou plena expressão no célebre *Hino a Zeus* (o único amplo fragmento direto que possuímos do antigo Pórtico), que leremos integralmente, por ser a síntese de tudo o que os estoicos antigos pensaram sobre Deus, nos seus tons religiosos, o que era uma prerrogativa exclusiva de Cleanto:

Ó glorioso, mais que todos os outros,
Ó suma potência eterna, Deus dos muitos nomes,
Ó Zeus, guia e senhor da Natureza,
Que governas com Lei o universo,
Salve! Todos os mortais devem louvar-te,
Pois somos da tua estirpe, e possuímos a palavra
Como reflexo da tua mente,
Únicos entre todos os viventes
Que sobre a nossa terra têm vida e movimento.
A Ti se eleve dos meus lábios o hino,
E que eu cante sempre o teu poder!
A Ti todo o admirável universo,
Girando sempre em torno dessa terra,
Obedece, deixando-se guiar por Ti,
Fazendo do Teu comando o seu querer:
Como instrumento, nas invencíveis mãos,
Tens em teu poder o raio de duplo fio,
Ígneo, sempre aceso e vivo,
Sob cujos golpes toda a Natureza
Cumpre todas as suas obras.
Com ele diriges a Razão comum,
Que tudo penetra, tocando igualmente
Os grandes e os pequenos luzeiros;
Por isso, Tu, ó grande Senhor,
Dominas tudo em todo tempo.
Sem ti, nada se cumpre sobre a terra,
Ó espírito divino; nem na sagrada esfera celeste,
Nem entre os abismos marinhos;
Salvo o que fazem os espíritos perversos
Seguindo estultos conselhos.
Mas até os excessos tu sabes nivelar,

E dar ordem à desordem;
São caras a Ti as criaturas que Te são inimigas:
Juntaste no todo, em harmonia, Senhor,
O bem e o mal, de modo que a Razão única,
Em todos desenvolve-se e vive eternamente.
Dela fogem os mortais de alma corrompida,
Míseros! que em todo tempo
Desejam possuir o seu bem,
Mas não veem a Lei universal de Deus,
E não ouvem mais a sua voz;
Embora se a seguissem com prudência,
Poderiam gozar uma vida feliz.
Porém, na sua estultice,
Tendem uns a tal vício, outros a outro,
Outros, para conquistar a fama,
Em duras lutas e ambiciosas ocupações
São totalmente envolvidos,
Outros, ainda, dirigem seus pensamentos ao lucro,
Sem medida e sem qualquer decoro;
E outros buscam uma vida inoperosa,
Para gozar de todo prazer carnal,
Arrastados ora a um, ora a outro,
Insaciados, sempre insatisfeitos,
Fazendo, no entanto, com cálculo e cuidado,
Todo o contrário do que busca o seu desejo.
Mas Tu, dispensador de todos os bens,
Senhor das nuvens e do cintilante raio,
A todos os homens libertas do erro,
E a ignorância que os faz sofrer,
Tu, Ó Pai, dissipas de todas as almas.
Dá-nos a todos alcançar o Teu pensamento,
Com o qual reges todo o universo com justiça,
Para que, honrados por Ti,
Rendamos-Te a devida honra,
Celebrando em hinos sem fim as Tuas obras,
Como é devido a todo mortal.
Pois não há mais alta estima,
Para os homens como para os Deuses,
Do que louvar como se deve,
A lei universal que governa o mundo[52].

---

52. von Arnim, *S.V.F.*, I, fr. 537.

6. O finalismo e a Providência (*prónoia*)

Contra o mecanicismo dos epicuristas, os estoicos defendem com todas as armas uma rigorosa concepção finalista. Já Platão e Aristóteles tinham formulado uma concepção nitidamente teleológica do cosmo; mas os estoicos vão mais além. Com efeito, se todas as coisas, sem exceção, são produzidas pelo imanente princípio divino que é *lógos*, inteligência e razão, tudo é rigorosa e profundamente racional, tudo é como a razão quer que seja e como não pode não querer que seja, tudo é como deve ser e como é bom que seja, e o conjunto de todas as coisas é perfeito: não há obstáculo ontológico à ação do artífice imanente, pois a própria matéria é o veículo de Deus, e assim tudo o que existe tem o seu significado exato e é feito do melhor modo possível; o todo é em si perfeito: as coisas individuais, mesmo sendo consideradas imperfeitas em si, têm a sua perfeição no conjunto do todo. Relata Cícero:

> Não há nada, exceto o mundo, ao qual nada falte e que seja perfeitamente realizado e idôneo às suas funções em todos os mínimos pormenores. Com singular penetração Crísipo sustenta que, como para o escudo inventou-se uma cobertura e para a espada uma bainha, assim todos os seres, com exceção do mundo no seu conjunto, foram criados por causa de outros. As messes e os frutos que a terra produz teriam sido criados para servir aos animais, criados por sua vez para servir ao homem: o cavalo para transportá-lo, o boi para arar a terra, o cão para ajudá-lo na caça e para protegê-lo. O homem, em si imperfeito, mas partícipe do que é perfeito, teria nascido para contemplar e imitar o mundo. Mas o mundo, dado que abarca em si todas as coisas e nada existe que não faça parte dele, é absolutamente perfeito[53].

E Sêneca, a favor do finalismo universal e da perfeição do mundo, acrescenta um argumento que se tornará famoso com Leibniz, mas que o estoicismo, como logo veremos, formulou perfeitamente:

> Nenhum animal é perfeitamente igual a outro. Observa os corpos de todos: cada um tem algo de próprio na cor, na forma e no tamanho. Entre todas as outras coisas nas quais é admirável a sabedoria do divino artífice, creio que se deve observar também que no infinito número das realidades existentes, não existem duas perfeitamente iguais: mesmo as que parecem

53. Cícero, *De nat. deor.*, II, 14, 37s., parcialmente apresentado em von Arnim, *S.V.F.*, II, fr. 1153.

semelhantes, postas em confronto mostram-se diferentes. Ele criou tantas espécies de folhas: cada uma leva o sinal de uma forma própria. Criou tantos animais: nenhum é igual ao outro no tamanho, sempre se encontra alguma diferença entre eles. Impôs a si mesmo que as múltiplas realidades viventes fossem entre si dessemelhantes e irredutíveis a um fundo de igualdade[54].

Logicamente, em consequência da afirmação do finalismo, também a questão da Providência (*prónoia*) emerge ao primeiro plano. No âmbito das filosofias pré-socráticas, não existe o conceito de Providência. O próprio Aristóteles não relacionou a concepção do fim com a doutrina da Providência. Ao invés, essa doutrina encontra-se nos *Memoráveis* de Xenofonte[55], e encontra-se ligada à concepção do Demiurgo no *Timeu* platônico[56]. Mas só com os estoicos a Providência vem ao primeiro plano e ocupa um lugar importantíssimo no sistema. A Providência estoica — note-se — não tem nada a ver com a Providência de um Deus pessoal. Ela, em última análise, não é mais que o *finalismo universal* que examinamos: ela exprime o fato de todas as coisas (mesmo as menores) terem sido feitas pelo *lógos*, como se deve e como é melhor que sejam. *É uma Providência imanente e não transcendente*, que coincide com o artífice imanente, com a alma do mundo, com o próprio mundo panteisticamente entendido. Sobre isso, eis dois belos testemunhos de Cícero. O primeiro já o conhecemos em parte, mas convém lê-lo na sua totalidade:

Zenão define a natureza como fogo artífice que preside à geração dos seres segundo um método preciso. Tarefa própria e peculiar da atividade artística é, de fato, segundo o nosso filósofo, prover à geração e à criação das coisas, e aquilo que nas nossas criações artísticas é obra das mãos do homem, com arte muito mais refinada realiza-o a natureza, isto é, como se disse, aquele fogo artífice, mestre de todas as artes. E a razão pela qual toda a natureza é dotada de faculdade artística é que ela segue as diretrizes metódicas de uma escola bem definida. Na realidade, a natureza do mundo, que envolve e estreita no seu abraço todos os seres, não só procede com arte, mas é, ela mesma, como diz Zenão, um verdadeiro artista: sua tarefa é prover e predispor tudo o que pode ser de utilidade e de proveito. E como as outras

54. Sêneca, *Epist.*, 113, 15s.
55. Xenofonte, *Memoráveis*, I, 4 e IV, 3.
56. Cf. o vol. III, pp. 130ss. cf. também o livro X das *Leis*.

criaturas naturais são geradas, cada uma da própria semente e se desenvolvem contendo-se dentro dos limites da própria espécie, assim a natureza do mundo realiza todos os seus movimentos como consequência de um ato de vontade, e é sujeita a tendências e instintos (os ὁρμαί dos gregos) aos quais inspira as próprias ações tal como fazemos nós, que nos deixamos guiar pela sensibilidade e pelo intelecto. Dado que assim é a mente do mundo e que, em consequência disso, se lhe atribui com justiça os apelativos de "sabedoria" e "providência" (os gregos dizem πρόνοια), aquilo a que ela tende prioritariamente e pelo qual se empenha a fundo é que no mundo existam os melhores pressupostos para a sua conservação, para que nada lhe falte e, sobretudo, para que nele brilhe uma suprema beleza e estejam presentes todos os elementos próprios para aumentar o seu fascínio[57].

Eis o segundo testemunho:

Vós afirmais amiúde que não há nada que um deus não possa fazer e, ademais, sem qualquer fadiga. Como os membros do homem movem-se sem qualquer esforço sob o impulso do pensamento e da vontade, assim ao aceno divino qualquer coisa pode tomar forma, mover-se e sofrer transformações. E isso afirmais, não movidos por frágeis superstições, mas com base em leis naturais precisas. De fato, é vossa convicção que a matéria primitiva da qual derivam, e que constitui todos os seres é, por si mesma, suscetível de dobrar-se e transformar-se de tal modo, que nada há que ela não possa formar ou transformar, mesmo num tempo mínimo, mas existe a providência divina a dar-lhe uma forma e uma regra. Ela é, portanto, capaz de fazer o que quer, onde quer que seja[58].

Como a Providência é imanente e física, não é de admirar que ela proveja mais à espécie que ao indivíduo e, portanto, não se ocupe dos *homens individuais* enquanto individuais: só uma concepção da Divindade e da Providência como pessoais poderia permitir um avanço nesse sentido[59].

---

57. Cícero, *De nat. deor.*, II, 22, 57s. (= von Arnim, *S.V.F.*, I, frs. 171 e 172.

58. Cícero, *De nat. deor.*, III, 39, 92 (= von Arnim, *S.V.F.*, II, fr. 1107).

59. Só na última fase do estoicismo, o domínio do interesse religioso levará a uma abertura nesse sentido, ademais, não teoricamente fundada. O *lógos* = fogo = *physis* ou natureza = alma do mundo é princípio impessoal e só pode, portanto, ser *providência impessoal*, ou seja, lei impessoal, razão impessoal que só pode prover o indivíduo como a um momento ou membro da totalidade, nivelando-o absolutamente com relação a todos os outros momentos ou membros da totalidade.

7. O Destino (*heimarméne*)

Mas essa Providência imanente dos estoicos, vista noutra perspectiva, *devia revelar-se como "destino"* (*heimarméne*), ou seja, *como necessidade inelutável*. Os estoicos entenderam esse *Destino* como a série irreversível das causas, a ordem natural e necessária de todas as coisas, o indissolúvel nó que liga todos os seres, o *lógos* segundo o qual as coisas passadas aconteceram, as presentes acontecem e as futuras acontecerão. E dado que tudo depende do *lógos imanente*, tudo é necessário, mesmo o evento mais insignificante. Estamos nos antípodas da visão epicurista que, com a "declinação dos átomos", ao invés, lançara todas as coisas ao acaso e ao fortuito.

Leiamos alguns testemunhos sobre a doutrina estoica da *heimarméne*. Relata Estobeu:

> O estoico Zenão, no livro *Sobre a natureza*, escreve que o destino é potência que move a matéria segundo os mesmos modos e de maneira semelhante, e que não faz nenhuma diferença chamá-lo providência e natureza. O estoico Antípatro afirmou que deus é o destino [...]. Crísipo explica a essência do destino como potência espiritual que governa com ordem o todo. Isso ele escreve, pois, no segundo livro da obra *Sobre o cosmo*. No segundo livro das *Definições*, nos livros *Sobre o Destino* e alhures, esporadicamente, exprime-se de outro modo dizendo que o destino é o *lógos* do cosmo, ou o *lógos* das coisas que no cosmo são governadas pela providência, ou o *lógos* pelo qual as coisas que aconteceram aconteceram, as que acontecem acontecem, e as que acontecerão acontecerão. No lugar do termo "lógos" adota também os termos "verdade", "causa", "natureza", "necessidade", acrescentando também outras denominações, referidas por ele à mesma essência, segundo sempre novas intuições de conceitos[60].

Diógenes Laércio precisa:

> O destino é uma concatenação de causas do que existe ou a razão (λόγος) que dirige e governa o cosmo[61].

E Cícero, referindo-se a tais conceitos, escreve:

> A razão obriga-nos a admitir que tudo acontece por vontade do destino, e destino eu chamo aquilo a que os gregos dão o nome de εἱμαρμένη, isto é, uma

---

60. Estobeu, *Anthol.*, I, 78, 18ss (= von Arnim, *S.V.F.*, I, fr. 176 e II, fr. 913 = Diels, *Doxographi graeci*, p. 322, 5 e p. 323, 4).

61. Diógenes Laércio, VII, 149 (= von Arnim, *S.V.F.*, I, fr. 175).

série concatenada de causas e efeitos da qual tem origem todas as coisas. Esta é uma verdade eterna, enraizada na eternidade; e por isso, dado que assim é, nada jamais aconteceu que não devesse acontecer e, do mesmo modo, nada acontecerá do qual já não existam, contidas na natureza, as causas que provocarão a sua verificação. Daí compreende-se claramente por que o destino é a fonte da qual têm origem todas as coisas, existente *ab aeterno* e entendida não segundo as tolas crenças dos supersticiosos, mas segundo as teorias dos filósofos que estudaram a natureza, e pelo qual aconteceram todas as coisas no passado, pelo qual acontecem as presentes e acontecerão as futuras [...][62].

Sobre tais bases é claro que os estoicos deviam defender a arte de adivinhação: se tudo é determinado e pré-determinado, com oportuna arte o futuro pode ser escrutado e, de algum modo, previsto[63].

Pohlenz levantou a hipótese de que Zenão, que era de origem semita, teria tirado do patrimônio espiritual da sua raça e da sua pátria os germes de algumas das ideias que acabamos de examinar. Em particular a ideia da Providência, em geral tênue na tradição filosófica grega, poderia ser um eco da Providência bíblica, imanentisticamente interpretada, assim como a ideia da *Heimarméne* poderia ser um eco do fatalismo, profundamente desenvolvido entre os povos orientais, em particular entre os árabes.

Deve-se ainda observar que os *Memoráveis* de Xenofonte, a obra na qual a doutrina da Providência (que, como sabemos, é posta na boca de Sócrates) tem considerável desenvolvimento, foram certamente lidos por Zenão. Ao invés, a primazia que a Ideia do Destino tem no sistema estoico parece ir além das convicções da grecidade e, portanto, não se lhe vê a gênese. Assim, senão para explicar a concepção da Providência, pelo menos para explicar a particular concepção estoica do Destino, a tese de Pohlenz pode ter sua plausibilidade[64].

---

62. Cícero, *De div.*, I, 55, 125 (= von Arnim, *S.V.F.*, II, fr. 921).

63. Cf. von Arnim, *S.V.F.*, II, frs. 1187ss.

64. Cf. Pohlenz, *La Stoa*, I, pp. 215s. No prefácio da edição italiana, pp. XIXs., Pohlenz chama firmemente a atenção do leitor para que não interprete mal a sua tese (como alguns fizeram): ele não quer de modo algum fazer do pensamento do Pórtico um produto do sangue semita, mas apenas destacar algumas componentes estoicas que são ou podem ser de origem semita. De resto é característica própria de todo o helenismo apropriar-se das ideias orientais e helenizá-las. As passagens dos *Memoráveis* (I, 4 e IV, 3) às quais nos referimos foram apresentadas por nós no vol. II e consideradas como testemunhos fiéis do pensamento teológico socrático (cf. pp. 122ss.).

8. A necessidade e a liberdade

Os adversários do estoicismo perceberam que no contexto dessa concepção fatalista não é possível abrir espaço para a liberdade humana. Se todo acontecimento é rigidamente determinado, e até a queda de um cabelo não pode ser casual, o empenho moral não tem mais qualquer sentido, justamente porque o êxito da ação é predeterminado em qualquer caso, e não tem mais sentido a responsabilidade, porque não de nós, mas da necessária e inalterável série de causas dependem, como todas as coisas, também as nossas ações.

Crísipo tentou resolver a aporia, mas com pouco sucesso. Ela é, de fato, *estruturalmente insolúvel*. Não é possível admitir a *Heimarméne* no sentido estoico e, ao mesmo tempo, salvar a liberdade humana: uma, com efeito, destrói a outra, e vice-versa, inelutavelmente.

Mas vejamos brevemente o raciocínio de Crísipo, pois é muito interessante. Ele distingue duas espécies de causas: *a*) as causas auxiliares e externas e *b*) as causas principais e perfeitas, isto é, as que podem por si produzir o efeito. A cadeia das causas da *Heimarméne* que nos envolve é a cadeia das causas auxiliares não dependentes de nós. As causas próximas e capazes de produzir por si o efeito, ao contrário, dependem de nós. Exemplifiquemos. O surgimento em nós de determinada representação depende de causas auxiliares e externas a nós e, portanto, é fatal. Mas o *assenso* que damos ou não a tal representação e, portanto, também que se segue ao assenso não depende de causas auxiliares, mas de uma causa interna a nós, que é a única capaz de produzir o efeito; mas é uma causa que depende da nossa natureza interior e, portanto, livre.

Já vimos a forte carga de ambiguidade própria do *assenso estoico*: ele é, substancialmente, liberdade de dizer sim à evidência e de dizer não à não evidência; e dado que à evidência não se pode dizer não, é bem difícil compreender o que significa a liberdade de assentir à evidência. A aporia torna-se ainda mais premente a partir desse exemplo com o qual Crísipo, referindo-se à distinção das duas causas, pretende ilustrar a liberdade humana. Se alguém dá um empurrão num cilindro num plano inclinado, o cilindro rola; mas o empurrão é só a causa externa e auxiliar, enquanto a verdadeira causa, a causa próxima, que leva ao efeito, é a *natureza redonda* do cilindro:

> Portanto, como aquele que empurrou o cilindro deu-lhe o início do movimento, mas não a propriedade de rotação, assim a imagem que se apre-

senta imprimirá e assinalará, por assim dizer, a sua forma na nossa alma, mas o assenso estará em nosso poder, e este, como se disse do cilindro, uma vez produzido por um impulso externo, mover-se-á daí em diante *por efeito da sua força e da sua natureza*. Se algo se produzisse sem uma causa antecedente, seria falso o princípio de que tudo acontece por obra do destino; se, ao invés, é verossímil que tudo o que acontece é precedido por uma causa, que razão se poderia aduzir para não admitir que tudo acontece por obra do destino? *Basta compreender a distinção e a diferença entre as causas*[65].

Como fica evidente, a dificuldade não é resolvida, mas simplesmente deslocada: pode-se objetar a Crísipo que o cilindro rola por causa da sua natureza, depois de ter recebido o empurrão; mas, dada justamente a sua natureza, ele não pode senão rolar *necessariamente*, pois a sua natureza torna-se inexoravelmente um desejo da necessária série causal do Destino[66]. Analogamente, como já notamos, não se vê em que sentido seja livre a faculdade que o homem tem de *assentir*; de fato, uma vez que se apresente uma representação carregada de evidência, o assenso não pode não ser necessariamente dado. Em todo caso, diante da psicologia materialista dos estoicos, não se compreende de modo algum como o assenso possa subtrair-se à cadeia das causas da *Heimarméne*. De resto, o rígido determinismo implicado necessariamente na doutrina estoica é expresso de maneira até mesmo paradigmática na teoria do eterno retorno, da qual falaremos abaixo: o mundo reformar-se-á em ciclos alternados, e cada homem retornará à terra e fará exatamente tudo o que fez nas existências precedentes, até nos mínimos pormenores, com absoluta necessidade[67].

Ao contrário, muito mais claro é o discurso dos estoicos quando explicam que a verdadeira liberdade do sábio está em conformar os próprios quereres aos do Destino, em querer com o Destino o que o Destino quer. E esta é "liberdade" enquanto racional aceitação do Destino, que é racionalidade: de fato, o Destino é o *lógos* e, por isso, querer os quereres do Destino é querer os quereres do *lógos*. Liberdade, portanto, é levar a vida em total sintonia com o *lógos*.

Cleanto exprimia perfeitamente esse conceito de "liberdade" nos seguintes versos:

---

65. Cícero, *De fato*, 19, 43 (= von Arnim, *S.V.F.*, II, fr. 974, p. 283, 24ss.).
66. Cícero, *De fato*, 17, 39 - 20, 46.
67. Ver mais adiante o § 10.

Guia-me, ó Zeus, e tu, Destino, ao termo,
Qualquer que este seja, que te aprouve atribuir-me.
Seguirei imediatamente, porque se me demoro,
Por ser vil, do mesmo modo deverei alcançar[68].

Eis uma bela passagem referida por Hipólito, que exemplifica muito bem esse conceito:

Também estes [os estoicos] afirmam com certeza que todas as coisas são por destino, e servem-se do seguinte exemplo: quando um cão está amarrado a um carro, se quer segui-lo, é arrastado e segue-o, fazendo com necessidade aquilo que faz também por vontade própria; se, ao invés, não quer segui-lo, será coagido em todo caso a fazê-lo. A mesma coisa, na verdade, acontece com os homens. Mesmo que não queiram seguir, serão coagidos em todo caso a chegar aonde foi estabelecido pelo destino[69].

Sêneca dirá, traduzindo um verso de Cleanto, com lapidar sentença:

Ducunt volentem fata, nolentem trahunt[70].

Esse ponto de força da sabedoria estoica causou grande impressão porque ensinava que, em certo sentido, era possível libertar-se do Destino por via oposta à que fora indicada por Epicuro. Inútil, como pretendia Epicuro, rir do Destino, porque ele logo nos agarra de maneira implacável. Há, porém, um modo de libertar-se do Destino, compreendendo-lhe as razões, as leis internas e, consequentemente, sintonizando com elas. E assim, em vez de força que nos dobra e abate, o Destino torna-se força que nos conduz e guia, com absoluta certeza, ao termo que nos foi assinalado.

9. O cosmo e o lugar do homem no cosmo

O mundo e as coisas do mundo nascem da única matéria-substrato qualificada progressivamente pelo imanente *lógos*, que é, também ele, uno, e, contudo, capaz de diferenciar-se nas infinitas coisas.

---

68. Apresentados em Epicteto, *Manual*, 53 (= von Arnim, *S.V.F.*, I, fr. 527).
69. Hipólito, *Philosoph.*, 21 (Diels, *Doxographi graeci*, p. 571 = von Arnim, *S.V.F.*, II, fr. 975).
70. Sêneca, *Epist.*, 107, 10.

O *lógos* é como a *semente de todas as coisas*, uma semente que contém muitas sementes (os *logoi spermatikoí*, que os latinos traduzirão com a expressão *rationes seminales*). Relata Aécio:

Os estoicos afirmam que deus é inteligente, fogo artífice, que metodicamente procede à geração do cosmo, *e inclui em si todas as razões seminais, segundo as quais as coisas são geradas de acordo com o destino*[71].

Diógenes Laércio reafirma:

Deus é [...] a razão seminal do *cosmo*[72].

As Ideias ou Formas platônicas e as formas aristotélicas são assim assumidas no único *lógos*, que se manifesta em infinitas sementes criativas, forças ou potências germinativas, que agem no interior da matéria, estruturalmente imanentes à matéria.

Do original *lógos*-fogo formam-se os quatro elementos: o elemento fogo[73], o elemento ar que, aquecido pelo fogo, como sabemos, é chamado *pneuma* (espírito); em seguida formam-se o elemento líquido e o sólido, e todo o cosmo e as coisas do cosmo, por obra do próprio fogo e do *pneuma* que circulam em todas as coisas. Grande importância deram os estoicos ao conceito de *tónos* ou tensão do fogo, ou melhor, do *pneuma*, que seria uma espécie de força propulsora que vai do centro aos extremos limites e, depois, retorna ao centro, assegurando assim unidade às coisas particulares e ao todo[74].

O *pneuma* estende-se pelo universo com intensidade e pureza diferentes e, portanto, gera as várias coisas com uma precisa graduação hierárquica, mesmo permanecendo uno. Nascem assim as coisas inorgânicas, nas quais o *pneuma* age e se manifesta como *héxis* (ἕξις), ou seja, como força que garante às coisas coesão e duração; nascem depois os organismos vegetais nos quais o *pneuma* age e se manifesta

---

71. Aécio, *Plac.*, I, 7, 33 (Diels, *Doxographi graeci*, pp. 305s. = von Arnim, *S.V.F.*, II, fr. 1027).

72. Diógenes Laércio, VII, 136 (= von Arnim, *S.V.F.*, I, fr. 102, p. 28, 26. Cf. também fr. 98, p. 27, 17ss.).

73. O elemento fogo que vemos não é o fogo-princípio, mas um elemento derivado, como os outros, do primeiro princípio. Aristocles, *apud* Eusébio, *Praep. evang.*, XV, 14, 1 (= von Arnim, *S.V.F.*, I, fr. 98) precisa: "O fogo é elemento universal *cujos princípios são Deus e a matéria*, ambos corpóreos".

74. Cf. Sambursky, *Physics of the Stoics*, p. 5.

como capacidade de nutrição, de crescimento e de reprodução e, portanto, como *physis* (no significado específico de princípio de crescimento); nascem enfim os animais, nos quais o *pneuma* se manifesta como *psyché*, vale dizer, como princípio de vida em sentido pleno e, portanto, manifesta-se como sensação e instinto e, no homem, como *lógos*[75].

O universo tem a forma esférica: na periferia estão os astros, feitos de fogo (e não de éter como, ao invés, queria Aristóteles), e que, como sabemos, são seres animados, vivos e divinos. No centro está a terra, que é como o foco (a sagrada Héstia) do divino edifício do universo[76].

O universo, contrariamente ao que sustentava Epicuro, é finito, mas circundado pelo vazio infinito. Relata Sexto Empírico:

> Segundo os filósofos do Pórtico, *o universo* e *o todo* são entre si diferentes. Dizem, de fato, que *o universo* é o cosmo, enquanto *o todo* é o vazio externo junto ao cosmo e, por isso, o universo é finito, enquanto o todo é infinito, sendo infinito o vazio que está fora do cosmo[77].

Plantas e animais da terra existem em função do homem: para o homem foi criado tudo o que está no mundo sublunar, como já vimos[78]. Compreende-se bem, portanto, a definição dada pelos estoicos: o universo é o sistema constituído pelos Deuses e pelos homens e pelas coisas criadas por eles[79].

Essa concepção *antropocêntrica* professada pelos estoicos, segundo Pohlenz, não seria de origem grega, uma vez que afirmações de sabor antropocêntrico só se encontram em passagens dos *Memoráveis* de Xenofonte e da *Política* aristotélica[80]. Escreve o estudioso alemão: "Estamos, pois, diante de um sentimento da vida realmente novo, quando o Pórtico põe no centro da sua cosmologia, exatamente, a ideia de *que o homem constitui o único fim da formação do mundo e que tudo foi criado para ele*. E esse sentimento era tão estranho à

75. Cf. von Arnim, *S.V.F.*, II, frs. 458-462, 714-716.
76. Cf. von Arnim, *S.V.F.*, I, fr. 500 e Pohlenz, *La Stoa*, I, p. 160.
77. Sexto Empírico, *Contra os matem.*, IX, 332 (= von Arnim, *S.V.F.*, II, fr. 524).
78. Para a concepção antropocêntrica cf. von Arnim, *S.V.F.*, II, frs. 1152-1167.
79. Cf. von Arnim, *S.V.F.*, II, frs. 527, p. 168, 11ss.; p. 169, 21ss.; 529, p. 169, 39s.
80. Cf. Xenofonte, *Memoráveis*, I, 4 e IV, 3; Aristóteles, *Política*, A 8, 1256 b.

antiga grecidade, quanto nos é familiar pelo Antigo Testamento [...]". Pohlenz conjetura, portanto, que Zenão tenha levado consigo da sua pátria essa concepção antropocêntrica juntamente com a ideia de Providência[81]. Mas também nesse caso os documentos mencionados, de Xenofonte e de Aristóteles, vetam essas conclusões. Ao contrário, é verdade que, em todo caso, só com os estoicos essa concepção se impôs.

10. A conflagração universal e o eterno retorno

Mas há ainda um ponto essencial da cosmologia do estoicos a ser esclarecido. Como os pré-socráticos, os estoicos consideraram o mundo gerado e, portanto, corruptível (o que nasce deve, em certo ponto, morrer). De resto, era a própria experiência a dizer-lhes que, assim como existe um fogo que cria, existe também um fogo ou um aspecto do fogo que consome, carboniza e destrói. E em todo caso era impensável que as coisas particulares do mundo fossem sujeitas à corrupção e não o mundo que é constituído por elas. A conclusão era, portanto, obrigatória: o fogo cria em certa medida e em certa medida destrói: consequentemente, ao fatídico cumprimento dos tempos, advirá uma conflagração universal, ou seja, uma geral combustão do cosmo (*ekpyrosis*), que será também uma espécie de universal purificação, e tudo será fogo[82]. Seguir-se-á um novo nascimento (*palingénesi*) e tudo se reconstruirá exatamente como antes (*apokatástasi*). Renascerá o cosmo, esse mesmo cosmo que eternamente continuará a ser destruído e a reproduzir-se não só na sua estrutura geral, mas também nos acontecimentos particulares (o eterno retorno): renascerá cada homem sobre a terra e será tal como foi na precedente vida, até nos mínimos pormenores. De resto, idêntico é o *lógos*-fogo, idêntica a semente, idênticas as razões seminais, as leis do seu desenvolvimento, as conexões das causas pelas quais as razões seminais se desenvolvem em geral e em particular. Relata Nemésio:

Os estoicos dizem que quando os planetas voltam ao mesmo signo, seja quanto à longitude seja quanto à latitude em que cada um estava no princípio,

81. Pohlenz, *La Stoa*, I, p. 197.
82. von Arnim, *S.V.F.*, I, frs. 98ss. e 497; II, frs. 585ss. e 596ss.

quando o universo se constituiu na origem, nesses períodos de tempo advém uma conflagração e uma destruição dos seres; e novamente o cosmo se refaz do princípio; e de novo, movendo-se os astros no mesmo modo, cada evento acontecido no precedente período outra vez se realiza, invariavelmente. E existirão de novo Sócrates e Platão e cada um dos homens com os seus mesmos amigos e cidadãos; e as mesmas coisas serão acreditadas e as mesmas coisas serão tratadas, e toda cidade e vila e campo igualmente voltarão. E este retorno de todas as coisas advirá não uma só, mas muitas vezes; antes, ao infinito e sem fim as mesmas coisas voltarão [...]. Nada acontecerá de estranho ao que antes aconteceu, mas tudo voltará do mesmo modo, invariavelmente, até nos mínimos pormenores[83].

E Taciano confirma:

Através da conflagração, o mundo renova-se e recomeça do princípio, repetindo-se em todos os pormenores, com as mesmas pessoas e nas mesmas condições e atividades, como Anito e Meleto serão de novo delatores, Burísides matará os hóspedes, Hércules sustentará suas fadigas[84].

11. O homem

No âmbito do mundo, como vimos, o homem ocupa uma posição proeminente. Esse privilégio lhe deriva, em última análise, do fato de participar do *lógos* divino mais do que qualquer outro vivente. Com efeito, o homem é constituído, além de corpo, também de alma, que é um fragmento da alma cósmica[85] e, portanto, um fragmento de Deus, já que a alma universal, como sabemos, é Deus.

Naturalmente, no contexto da ontologia estoica, que agora conhecemos, a alma não é substância imaterial, mas corpo[86], embora corpo privilegiado, ou seja, fogo ou *pneuma:*

Para Zenão, a semente da vida é fogo, que é alma e inteligência[87].

---

83. Nemésio, *De nat. hom.*, 38, p. 277 (= von Arnim, *S.V.F.*, II, fr. 625).
84. Taciano, *Adv. Gr.*, 5 (= von Arnim, *S.V.F.*, I, fr. 109).
85. Diógenes Laércio, VII, 143 (= von Arnim, *S.V.F.*, II, fr. 633, p. 191, 39s.).
86. Cf. von Arnim, *S.V.F.*, I, frs. 137, 142, 518; II, frs. 790ss.
87. Varrão, *De lingua lat.*, V, 59 (= von Arnim, *S.V.F.*, I, fr. 126).

Segundo Zenão, a alma é *pneuma* ígneo[88].

A alma alimenta-se do sangue, e a sua natureza é *pneuma*[89].

A alma penetra todo o organismo físico, vivificando-o; o fato de ser material não é impedimento, pois os estoicos admitem a penetrabilidade dos corpos. Justamente enquanto penetra todo o organismo humano e preside às funções essenciais, a alma é dividida pelos estoicos em oito partes: uma central, chamada *hegemônico*, isto é, a parte dirigente que coincide essencialmente com a razão, cinco partes constituem os cinco sentidos, mais a que preside à fala e, enfim, a que preside à geração[90]. Além das oito "partes", os estoicos distinguiram em uma mesma parte, algumas diferentes "funções": assim o hegemônico ou parte principal da alma tem em si a capacidade de perceber, assentir, apetecer, raciocinar[91].

A morte é separação da alma do corpo[92], mas não é uma separação metafísica como admitia Platão[93], e sim uma separação física, como já para os epicuristas. Mas, enquanto os epicuristas afirmavam que a alma, separando-se do corpo, dispersa-se imediatamente, os estoicos admitem uma sobrevivência dela, ainda que temporária.

12. Os destinos da alma

A posição que os estoicos assumiram diante da sobrevivência da alma está, pois, a meio caminho entre Platão e Epicuro. Diógenes Laércio relata:

A alma [...] *permanece depois da morte* e é, todavia, *corruptível*[94].

Cícero confirma:

---

88. Diógenes Laércio, VII, 157 (= von Arnim, *S.V.F.*, I, fr. 135).
89. Galeno, *De plac. Hippocr. et Pl.*, II, 8 (= von Arnim, *S.V.F.*, I. fr. 140, p. 38, 32s.).
90. Cf. von Arnim, *S.V.F.*, I, frs. 143ss.; II, frs. 823ss.
91. Cf. von Arnim, *S.V.F.*, I, fr. 143; II, frs, 837ss.
92. Cf. von Arnim, *S.V.F.*, I, frs. 138, 145, 146; II, frs. 837ss.
93. Cf. Platão, *Fédon*, 67 d.
94. Diógenes Laércio, VII, 156 (= von Arnim, *S.V.F.*, II, fr. 774).

Os estoicos dizem que as almas durarão por muito tempo, mas não para sempre[95].

Até quando perdura a alma depois da morte? O *terminus ad quem* último é dado pelo momento da conflagração universal. Mas sobre esse ponto, os filósofos do Pórtico dividiram-se: alguns, como Cleanto, pensavam que todas as almas indistintamente durassem até o momento da conflagração universal:

As almas dos que morreram continuam a viver até a [próxima] conflagração[96].

Outros, ao contrário, como Crísipo, pensavam que só as almas dos sábios teriam o privilégio de tão longa duração. Escreve Diógenes Laércio:

Crísipo sustenta que só as almas dos sábios sobrevivem até a conflagração do mundo[97].

Relata Aécio:

Os estoicos dizem que a alma, saindo dos corpos, não morre, mas permanece certo tempo em si e para si. E a alma mais débil (isto é, a dos incultos) permanece por pouco tempo, a mais forte, como a alma dos sábios, permanece até a conflagração[98].

O lugar destinado às almas, que assumem forma esférica[99], parece situar-se sob a lua[100]. Elas mantêm as suas faculdades cognitivas, têm determinado papel na adivinhação e nos sonhos, e as melhores dentre elas dão origem aos assim chamados "Heróis"[101].

Mas mesmo quando, ao advir o ano cósmico, as almas são absorvidas na alma universal e no fogo eterno, não desaparecem a não ser em sentido relativo. De fato, com a *palingénesi*, cada alma, assim como

95. Cícero, *Tusc. disp.*, I, 31, 77 (= von Arnim, *S.V.F.*, II, fr. 822).

96. Diógenes Laércio, VII, 157 (= von Arnim, *S.V.F.*, I, fr. 522).

97. Diógenes Laércio, VII, 157 (= von Arnim, *S.V.F.*, II, fr. 811).

98. Aécio, *Plac.*, IV, 7, 3 (= von Arnim, *S.V.F.*, II, fr. 810).

99. Cf. von Arnim, *S.V.F.*, II, fr. 815.

100. Cf. Tertuliano, *De anima*, 54s. (= von Arnim, *S.V.F.*, II, fr. 814); cf. também Sexto Empírico, *Adv. math.*, IX, 71 (= von Arnim, *S.V.F.*, II, fr. 812).

101. Diógenes Laércio, VII, 151 (= von Arnim, *S.V.F.*, II, fr. 1102).

cada coisa, volta a reconstituir-se infinitamente. E, nesse sentido, a existência de cada alma e de cada homem recomeça ao infinito.

Deve-se, todavia, observar que, para os estoicos, a sobrevivência da alma (assim como o renascimento nas sucessivas *palingénesi*) não tem qualquer importância em vista da determinação da conduta moral da vida sobre a terra. O destino de algum modo privilegiado da alma do sábio depois da morte não deve incidir sobre a escolha da vida virtuosa, mesmo se se configura em certo sentido como prêmio, assim como a sorte parcialmente diferente do não sábio configura-se de algum modo como pena.

Um testemunho de Lactâncio afirma:

> Zenão, o estoico, ensinou que existem os infernos e que os lugares dos bons são separados dos lugares dos ímpios: uns habitam lugares tranquilos e amenos, os outros pagam as penas em horrendos pântanos[102].

Mas trata-se de um testemunho suspeito. É certo, em todo caso que, para os estoicos, o prêmio e o castigo estão estruturalmente ligados à virtude e ao vício já nessa vida: a virtude, como veremos, tem já aqui o seu paraíso e o vício o seu inferno[103]. Substancialmente, aos estoicos interessava o aquém, e, mesmo tendo admitido o além, não lhe deram um alcance tal que reduzisse o aquém a simples lugar de passagem: a vida terrena, para os filósofos do Pórtico, era a verdadeira vida, assim como a felicidade alcançável na terra era a verdadeira felicidade, como agora veremos.

---

102. Lactâncio, *Div. Instit.*, VII, 7, 20 (= von Arnim, *S.V.F.*, I, fr. 147; cf. também II, fr. 813).

103. Sobre o problema da imortalidade na filosofia estoica, jamais tratado no passado com a devida precisão, existe agora um estudo exato e acurado de R. Hoven, *Stoïcisme et Stoïciens face au problème de l'au-delà*, Paris 1971, ao qual remetemos o leitor. Recordamos, ademais, que Pohlenz, dadas as suas pessoais convicções teóricas, sobre este problema da filosofia estoica, é demasiado evasivo e tende a dar-lhe um importância nitidamente menor do que a que o Pórtico efetivamente lhe atribuía.

V. A ÉTICA DO ANTIGO PÓRTICO

1. O *lógos* como fundamento da ética

A parte mais significativa e mais viva da filosofia do Pórtico não é a original e audaciosa física, mas a ética: foi, de fato, com a sua mensagem ética que os estoicos, por mais de meio milênio, souberam dizer aos homens uma palavra verdadeiramente eficaz, ouvida como particularmente iluminadora do sentido da vida, profundamente consoladora dos males do homem e libertadora das ilusões.

Para os estoicos, assim como para os epicuristas, o fim do viver é a *aquisição da felicidade*. E a ética deve, justamente, determinar em que consiste exatamente a felicidade e quais os meios apropriados para alcançá-la. Antes, exatamente como para os epicuristas, como sabemos, a solução desse problema não constitui apenas, como para os sistemas clássicos, o fim de um *setor* da filosofia, mas o *fim principal e único* de todas as partes da filosofia.

Para os estoicos, bem como para os epicuristas, a posição e a solução dos problemas éticos são buscadas fora dos esquemas helênicos tradicionais, em função de novos parâmetros extraídos de uma nova interpretação da *physis*. Também o lema dos estoicos é: "viver conforme à natureza" ou "viver segundo os ditames da natureza"[1], e, por "natureza" deve-se entender seja a *physis* universal, seja a *physis* específica do homem, como um momento e uma parte da *physis* universal[2].

Mas o desacordo com os epicuristas manifesta-se, e de modo muito acentuado, tão logo se passa à determinação específica dessa natureza. Impossível, para os estoicos, admitir que o instinto fundamental do homem seja o sentimento do prazer junto com o seu contrário, o sentimento da dor: se assim fosse, o homem e o animal estariam no mesmo plano e não se diferenciariam de modo algum.

---

1. Cf. von Arnim, *S.V.F.*, III, frs. 2-19.

2. Cf. sobre isso o já citado estudo de Grumach, *Physis und Agathon in der alten Stoa*, *passim*, e Pohlenz, *La Stoa*, I, pp. 223-227.

Uma objetiva consideração da natureza do homem mostra que a sua especificidade consiste em ser dotado de razão: uma razão cujo alcance vai muito além do simples cálculo dos prazeres. A diferente visão metafísica do homem, que dá à alma racional e ao *lógos* do homem uma importância ontológica nitidamente superior à que lhe dá o epicurismo (o *lógos* humano é um fragmento e um momento do *lógos* divino), permite a Zenão e a seus seguidores darem uma densidade ontológica mais consistente à característica que diferencia o homem de todas as outras coisas. Lemos num testemunho de Sêneca, que repete nesse ponto a doutrina do antigo Pórtico:

> O que é próprio do homem é a razão. Por ela o homem precede os animais e vem logo depois dos deuses. Uma razão perfeita é, pois, o bem próprio do homem; todos os outros são bens comuns aos animais e às plantas. Todo ser, tendo alcançado a perfeição do que é o seu bem, é digno de louvor e toca o limite máximo da sua própria natureza. *Se, portanto, o homem tem por seu bem a razão, se a leva à perfeição, alcança o fim último da sua natureza*[3].

Num testemunho de Cícero, igualmente explícito, lemos:

> E como os membros que nos foram dados apresentam-se de modo a parecer que o foram para certo sistema de vida, assim a inclinação da alma, que os gregos chamam ὁρμή, parece que nos foi dada, não para conduzir um gênero qualquer de vida, mas para um bem determinado sistema de vida; *do mesmo modo a razão, e a razão que alcançou a sua perfeição.* Como, de fato, o ator não tem a liberdade de escolher os gestos que quer, e o dançarino, qualquer passo, assim é preciso viver de modo bem determinado e não de qualquer maneira, isto é, do modo que dizemos ser conveniente e consentâneo. Não pensamos, com efeito, que *a sabedoria* seja semelhante à arte do timoneiro e à do médico, mas à do ator, do qual falei há pouco, e do dançarino, enquanto ela é *tal, que encontra em si mesma, sem dever buscar fora de si, o seu fim e a sua perfeição*[4].

Portanto, a *physis* característica do homem é o *lógos*, a *razão*, e como o fim de todo ser é atuar a própria *physis*, assim o objetivo e fim do homem será *atuar a razão*; e, por consequência, dos modos e das maneiras nas quais a razão atua perfeitamente devem-se deduzir todas as normas da conduta moral.

---

3. Sêneca, *Epist.*, 76, 9 (= von Arnim, *S.V.F.*, III, fr. 200 a).
4. Cícero, *De finibus*, III, 7, 23 (= von Arnim, *S.V.F.*, III, fr. 11).

2. O primeiro instinto

Mas voltemos um pouco atrás e vejamos melhor como, na esfera da *physis* geral, situa-se a particular *physis* do homem.

Se observamos o ser vivo, constatamos, em geral, que ele é caracterizado pela constante tendência *a conservar-se a si mesmo*, a *apropriar-se* do seu próprio ser e de tudo o que é apto a conservá-lo, evitando o que lhe é contrário e *conciliando-se* consigo mesmo e com as coisas que são conformes à sua própria essência. Essa fundamental característica dos seres é indicada pelos estoicos com o termo *oikeíosis* (οἰκείωσις = aprovação, atração = *conciliatio*). Da *oikeíosis* procede a dedução do princípio da ética.

Nas plantas e nos vegetais em geral, essa tendência é totalmente inconsciente, nos animais ela é ligada a um preciso *instinto* ou *impulso primigênio*, enquanto no homem esse impulso é ulteriormente especificado e sustentado pela *intervenção da razão*. Eis, pois, como se determina o sentido da fórmula da qual falamos no parágrafo anterior. Viver segundo a natureza significa *viver realizando plenamente a apropriação ou conciliação do próprio ser e do que o conserva e atua*, e, em particular, dado que o homem não é simplesmente ser vivente, mas ser racional, viver segundo a natureza será *viver "conciliando-se" com o próprio ser racional, conservando-o e atuando-o plenamente*[5].

---

5. Cf. von Arnim, *S.V.F.*, I, frs. 197s.; II, fr. 178ss. A *oikeíosis*, junto com a forma de *autoconsciência* que ela implica (*synaísthesis*, συναίσθησις) e com a complacência e amor de si que ela comporta em todo ser vivo, é explicada por Pohlenz da seguinte maneira: "O ser vivo difere da planta por causa da alma, cuja primeira manifestação é a percepção. Tão logo o ser vivo percebe algo branco ou quente, tem também consciência do processo interior com o qual é tocado pela impressão do branco e do quente. À percepção externa é, pois, ligada desde o nascimento uma *synaísthesis*, uma 'copercepção' interna, uma consciência do próprio eu; dessa percepção de si nasce o primeiro movimento ativo da alma em direção a um objeto, isto é, o primeiro instinto. Este consiste num voltar-se do sujeito para o próprio ser, aquele ser que ele sente como pertencente a si, οἰκεῖον, e do qual ele 'se apropria'. Esta é a *oikeíosis*. Mas como a percepção de si é necessariamente acompanhada de um sentido de complacência (εὐαρέστησις), também o amor de si é inato no ser vivo, e esse amor praticamente se manifesta no instinto de conservação, o qual recebe tudo o que favorece o próprio ser e evita o contrário. Algo análogo podemos observar também no mundo vegetal: a videira agarra-se como se tivesse mãos ao mourão e evita

O fundamento da ética epicurista é assim invertido pelos conceitos de *oikeíosis* e de instinto originário: prazer e dor, considerados à luz desses novos parâmetros, tornam-se, de fato, não um *prius*, mas um *posterius*, isto é, algo que vem depois e como consequência, quando a natureza já buscou e encontrou o que a conserva e realiza. Dado que nos encontramos diante de uma doutrina nova e importante, leiamos alguns testemunhos nos quais ela é formulada e esclarecida.

Relata Diógenes Laércio:

Sustentam [os estoicos] que o animal tem como *primeiro instinto a conservação de si mesmo, dado pela natureza desde a origem*, como diz Crísipo no primeiro livro *Sobre o fim*, quando diz que para cada animal a primeira coisa própria é a sua natureza e a consciência dela. De fato, não seria verossímil que um animal fosse inimigo de si mesmo, nem que se tornasse inimigo e não se prendesse à natureza que o fez. Resta, pois, que aquela que o fez *o concilie consigo mesmo*. Com efeito, ele assim *evita as coisas que prejudicam e busca as úteis*. Enquanto alguns dizem [os epicuristas], que o primeiro instinto para os animais vai na direção do prazer, eles afirmam que isso é falso. De fato estes [os estoicos] dizem que o prazer, se existe verdadeiramente, é algo que advém quando a natureza, tendo buscado por si mesma o que *se adapta à sua conservação, obteve-o*; e é assim que os animais gozam e as plantas florescem. A natureza, dizem eles, não fez nenhuma diferença entre as plantas e os animais, na medida em que ela os governa sem instinto e sensação, e há em nós algo de vegetal. Havendo nos animais também o instinto, pelo qual buscam o que lhes convém, a vida segundo a natureza é regulada pelo instinto. E uma vez que a razão foi dada de modo mais perfeito aos seres racionais, *o viver retamente segundo a razão é, para eles, viver segundo a natureza*. Com efeito, é a razão que regula o instinto[6].

Cícero escreve:

O animal, tão logo nasce, *harmoniza-se consigo mesmo para a conservação do próprio estado e para amar tudo o que favorece à sua conservação,*

---

a proximidade da couve, nociva ao seu desenvolvimento. Neste caso, porém, é a providente natureza universal que regula diretamente o desenvolvimento. No ser vivo, ao contrário, ela infundiu, junto com a consciência de si, também o instinto de prover por si à conservação e ao desenvolvimento do próprio ser" (*La Stoa*, I, pp. 228ss.; cf. também pp. 104s.). Para um aprofundamento do conceito de *oikeíosis*, cf. S. G. Pembroke, *Oikeíosis*, in A. A. Long, *Problems...*, pp. 114-149.

6. Diógenes Laércio, VII, 85 (= von Arnim, *S.V.F.*, III, fr. 178).

como também para fugir da destruição e de tudo o que pareça capaz de destruí-lo. A prova disso está no fato de que, antes mesmo de qualquer percepção de prazer ou de dor [contrariamente ao que pretendiam os epicuristas], as crias buscam as coisas salutares e fogem das contrárias. Isso não aconteceria se elas não amassem o próprio estado e não temessem a destruição. E, por outro lado, não poderiam desejar coisa alguma se não tivessem o sentido de si mesmas (*sensus sui*) e, assim, se amassem[7].

Sêneca afirma:

Vós dizeis, objeta-se, que todo animal em primeiro lugar *conforma-se à própria constituição*; por outro lado, a constituição do homem é racional e, portanto, o homem *conforma-se consigo mesmo, não enquanto ser vivo, mas enquanto ser racional*. De fato, o homem é caro a si mesmo justamente por aquela parte pela qual é chamado homem[8].

Enfim, concluamos com uma passagem tirada ainda de Cícero, na qual a dedução do bem e da escolha moral do primeiro instinto é bem clara:

O homem concilia-se antes de tudo com as coisas conformes à sua natureza: e, dado o princípio de acolher o que é conforme à natureza e rejeitar o que lhe é contrário, surge *o primeiro dever de conservar-se na constituição natural e ater-se a tudo o que a ela se conforma*, rejeitando o que lhe é adverso. Uma vez encontrado esse procedimento de escolha e de rejeição, vem logo depois o *hábito obrigatório de escolher a cada momento atendo-se, constantemente e até o final, à natureza*; e aqui começa-se a encontrar e a sentir a ideia do que pode ser chamado o sumo bem[9].

Resumindo: em virtude do princípio da *oikeíosis*, todas as coisas tendem a apropriar-se do próprio ser e a amá-lo, tendem a conservá-lo e incrementá-lo, conciliam-se com as coisas que favorecem e tornam-se inimigas das que prejudicam. Em particular o homem, além e mais do que o próprio ser animal, dado que a sua essência específica é a racionalidade, tende a apropriar-se, a conservar e a incrementar essa racionalidade, escolhendo o que a favorece e fugindo do que a prejudica. O homem, pois, age incrementando a racionalidade.

---

7. Cícero, *De finibus*, III, 5, 16 (= von Arnim, *S.V.F.*, III, fr. 182. Para o *sensus sui* (autoconsciência) cf. a nota 5.

8. Sêneca, *Epist.*, 121, 14 (= von Arnim, *S.V.F.*, III, fr. 184).

9. Cícero, *De finibus*, III, 6, 20 (von Arnim, *S.V.F.*, III, fr. 188).

3. O princípio das avaliações: os bens, os males e os indiferentes

Os epicuristas fizeram coincidir o bem com o prazer e o mal com a dor, e estabeleceram que o princípio da avaliação dos bens e dos males é a discriminação e a justa avaliação dos prazeres e das dores. Os estoicos, na base da doutrina da *oikeíosis*, contrapõem ao princípio dos epicuristas um princípio mais radical e mais solidamente fundado. Se, de fato, o prazer não é algo original, mas apenas fenômeno concomitante, não é possível fundar-se sobre ele para avaliar o que é bem e o que é mal, mas é preciso remeter-se ao que é original e primeiro. E dado que primeiro e original é o instinto da conservação e a tendência ao incremento do ser, eis aí o princípio da avaliação: *"bem" é o que conserva e incrementa o nosso ser; "mal" é, ao contrário, o que o danifica e diminui.* O primeiro instinto é, pois, estruturalmente ligado à tendência a avaliar o sentido em que todas as coisas, confrontadas com o primeiro instinto, enquanto resultem favoráveis ou danosas, *são consideradas bens ou males*. Bem é, pois, o *favorável* ou o *útil*; mal é o *nocivo*[10]. Porém, note-se, dado que os estoicos insistem em diferenciar o homem de todas as outras coisas, mostrando que ele é determinado não só por sua natureza puramente animal, mas sobretudo por sua natureza racional, isto é, pela privilegiada manifestação nele do *lógos*, assim o princípio das avaliações acima estabelecido, assumirá duas diferentes valências, segundo se refira à *physis* puramente *animal* ou à *physis racional*. Com efeito, não é o mesmo o que favorece à conservação e incremento da *vida animal* e o que favorece à *conservação e incremento da vida da razão e do lógos*.

Resulta, consequentemente, necessária uma diferenciação hierárquica dos bens, segundo favoreçam e incrementem a razão, ou simplesmente a vida animal. Na verdade, nessa diferenciação os estoicos chegam a tal ponto de rigor e de intransigência, que consideram verdadeiros e autênticos bens *exclusivamente* os que incrementam o *-lógos*, e, verdadeiros e autênticos males *exclusivamente* os que se opõem à *physis racional*. Aqueles, e só eles, são os bens morais, isto é, os bens que concernem ao homem enquanto tal e, por consequência, levam-no a

10. Cf. von Arnim, *S.V.F.*, III, fr. 72ss.

realizar tudo o que é e deve ser, tornando-o "bom" no sentido ontológico que conhecemos, isto é, "virtuoso" e, portanto, feliz. E vice-versa, só o que é contrário a estes bens, consequentemente, é mal, verdadeiro mal, porque faz do homem o que ele não deve ser, isto é, "mau" e "vicioso". Tudo isso resume-se no célebre princípio estoico: *bem é só a virtude e mal é só o vício.*

E como deve ser considerado o que traz benefício para o corpo e para a nossa natureza biológica? E como denominar o seu contrário? A tendência de fundo do estoicismo é *negar a todas essas coisas a qualificação de "bens" e de "males"*, justamente porque, como vimos, bem e mal são somente o que favorece e o que prejudica o *lógos* e, portanto, só o bem e o mal moral. Portanto, todas as coisas relativas ao corpo, quer o prejudiquem ou não, são consideradas "indiferentes" (ἀδιάφορα) ou, mais exatamente, *moralmente indiferentes.* Entre as coisas moralmente "indiferentes" estão tanto as coisas físicas e biologicamente positivas, tais como: *vida, saúde, beleza, riqueza* etc., como as que são física e biologicamente negativas, tais como: morte, doença, fealdade, pobreza etc. Relata-nos Diógenes Laércio:

> Das coisas que são, eles dizem que algumas são *boas*, outras *más*; outras ainda *nem boas nem más [indiferentes]. Boas são as virtudes*, prudência, justiça, fortaleza, moderação etc., *más são os vícios*, estultice, injustiça etc.; *indiferentes* são todas as coisas que não trazem *nem vantagem nem dano* [entenda-se: moral], por exemplo: vida, saúde, prazer, beleza, força, riqueza, boa reputação, nobreza de estirpe, e os seus contrários, morte, enfermidade, pena, fealdade, fraqueza, pobreza, ignomínia, humilde estirpe e semelhantes [...][11].

Estobeu confirma:

> Os entes dividem-se em *bons, maus, indiferentes.* Bons [ou bens] são: inteligência, temperança, justiça, fortaleza e *tudo o que é virtude ou participa da virtude.* Maus [ou males] são: estultice, devassidão, injustiça, baixeza e *tudo o que é vício ou participa do vício.* Indiferentes são: a vida e a morte, a celebridade e a humildade, a dor e o prazer, a riqueza e a pobreza, a enfermidade e a boa saúde, e coisas semelhantes a estas[12].

Esta claríssima separação operada entre *bens* e *males*, de um lado, e *indiferentes*, de outro, é, indubitavelmente, uma das notas

---

11. Diógenes Laércio, VII, 102 (= von Arnim, *S.V.F.*, III, fr. 117).
12. Estobeu, *Anthol.*, II, 57, 19 (= von Arnim, *S.V.F.*, I, fr. 190; III, fr. 70).

mais típicas da ética estoica e já na antiguidade foi objeto de grande admiração, de profundos consensos e dissensos, tendo suscitado múltiplas discussões entre os adversários e até entre os próprios seguidores da filosofia do Pórtico. Com efeito, justamente com essa radical cisão os estoicos podiam proteger o homem dos males da época em que viviam: *todos os males derivados da ruína da antiga polis e todos os perigos, inseguranças e adversidades provenientes das convulsões políticas e sociais que se seguiram àquela ruína, eram simplesmente negados como males e confinados entre os indiferentes.* Esse era um modo muito audacioso de dar nova segurança ao homem, ensinando-lhe que bens e males derivam sempre e somente do interior do seu eu e nunca do exterior e, portanto, um modo de convencê-lo de que a felicidade podia ser perfeitamente alcançada de maneira absolutamente independente dos acontecimentos externos[13].

Todavia, deve-se notar que tal distinção, examinada a fundo, no contexto do estoicismo, revela-se desprovida de adequados suportes ontológicos e metafísicos. Ela tem precedentes em Sócrates e em Platão, os quais tentaram, de diferentes modos, convencer os homens de que verdadeiros bens são só aqueles que beneficiam a alma e o espírito. Mas — e este é um ponto essencial a ser observado — a intuição socrática tornou-se verdadeira em Platão, na base da descoberta operada pela "segunda navegação", isto é, a *descoberta do suprassensível* e a afirmação de que o homem é constituído por uma componente sensível e uma *suprassensível* (não só estruturalmente diferentes, mas até mesmo em conflito entre si), e a afirmação de que a tarefa do homem é libertar e desvincular a componente suprassensível da sensível. Ora, nesse contexto, e somente nele, pode ter sentido a desvalorização de tudo o que é relacionado ao corpóreo e a negação de que o bem é o que favorece a dimensão física. Mas no contexto monista e materialista da física estoica não há espaço ontológico para uma distinção tão radical quanto essa e, portanto, ela permanece metafisicamente injustificada, sustentada apenas por um sentido da vida elaborado pelo Pórtico de maneira prioritariamente intuitiva, que se sobrepõe sub-repticiamente à ontologia monista e materialista.

---

13. A recente tentativa de Rist (*Stoic Philosophy*, pp. 1-21) de entender a doutrina estoica do bem com relação à ética aristotélica, a nosso ver, a faz perder justamente aquele sentido cáustico em que consiste a sua originalidade.

Isso explica bem, por outro lado, as sutis distinções que eles, quanto aos "indiferentes", foram constrangidos a fazer, e, também, as numerosas polêmicas internas ligadas a elas, das quais agora falaremos.

4. Os valores relativos, os "preferíveis" e os "não preferíveis"

A lei geral da *oikeíosis* implicava a necessidade de reconhecer como *positivo* tudo o que conservava e incrementava o ser, *mesmo no nível físico e biológico*, dado que a conservação de si mesmo é um instinto de todos os seres, e dado que esse instinto é fonte das avaliações. E assim, não só para os animais, mas também para os homens devia-se reconhecer como *positivo* tudo o que é conforme à natureza física e, assim, garante, conserva e incrementa a vida, como a saúde, a força, o vigor do corpo e dos membros, e assim por diante. Esse *positivo* segundo a natureza, os estoicos o chamaram de *valor* ou *estima* (ἀξία), enquanto o oposto negativo chamaram-no de *falta de valor e de estima* (ἀπαξία).

Portanto, os "intermédios" situados entre os bens e os males deixam de ser totalmente "indiferentes"; ou melhor, mesmo permanecendo *moralmente* indiferentes, tornam-se, *do ponto de vista físico*, "valores" e "desvalores". Relata Cícero:

Todas as outras coisas que estão no meio, entre o verdadeiro bem e o verdadeiro mal, não são nem bens nem males; todavia, algumas são *conformes à natureza*, outras *não*, e também aqui existem graus intermediários. As coisas conformes à natureza *devem ser tomadas em consideração*, as contrárias à natureza *devem ser rejeitadas e desprezadas*; as intermédias [entenda-se: intermédias entre as que são conformes à natureza e as que não o são, não intermédias entre bens e males] são indiferentes[14].

Estobeu confirma:

As coisas conformes à natureza têm *valor* ou *estima*, as contrárias têm *desvalor* ou *desestima*. Valor ou estima, em sentido absoluto, têm as coisas que se conformam com o viver segundo a natureza; em sentido relativo, as que são em si indiferentes, se podem conformar-se com a vida segundo a natureza[15].

---

14. Cícero, *Acad. post.*, I, 10, 36 (= von Arnim, *S.V.F.*, I, fr. 191).

15. Estobeu, *Anthol.*, II, 83, 10 e 84, 4; Diógenes Laércio, VII, 105 (= von Arnim, *S.V.F.*, III, frs. 124-126).

Portanto, as coisas situadas entre bens e males morais são, algumas, *valores*, outras, *desvalores*; algumas são valores em maior ou menor grau e outras são desvalores em maior ou menor grau. Segue-se daí, consequentemente, que para a nossa natureza animal, as primeiras serão objeto de "preferência", as segundas, ao invés, de "aversão". Nasce assim uma segunda distinção, estritamente dependente da primeira, entre indiferentes "preferíveis" (προηγμένα) e "não preferíveis" ou "rejeitáveis" (ἀποπροηγμένα), perfeitamente ilustrada pelo seguinte testemunho:

> Das coisas que têm valor, algumas têm muito, outras pouco. De modo semelhante, das coisas que têm desvalor, algumas têm muito, outras pouco. Ora, as que têm muito valor chamam-se "preferidas" (ou promovidas), as que têm muito desvalor são chamadas "rejeitadas" (ou repelidas). Quando se diz "preferido", entende-se algo por si indiferente, que escolhemos por razão de preferência. O mesmo vale para o "rejeitado", e os exemplos, segundo o princípio de analogia, são os mesmos. Nenhum dos bens [entenda-se: dos bens em sentido estrito, isto é, os bens morais e espirituais] é "preferido" (ou promovido), pois os bens têm já, por si mesmos, o máximo valor e estima; enquanto o "preferido" (ou promovido), encontrando-se num lugar secundário e com um valor e estima menores, *aproxima-se de algum modo da natureza dos bens*. De resto, também a corte, o rei, não são "preferidos" (ou promovidos), isto é, dignitários, mas sim *os que vêm depois dele*[16].

E outras fontes posteriores determinam melhor este ponto, esclarecendo-o com exemplos, como se segue:

Exemplos de coisas preferidas ou promovidas são:

[1] no campo espiritual: a inteligência, a arte, o bom aproveitamento etc.;

[2] no campo físico: a vida, a saúde, a força física, a boa constituição, a integridade dos membros, a beleza;

[3] no mundo externo: a riqueza, a fama, a nobreza etc.

Exemplo de coisas rejeitadas ou repelidas:

[1] no campo espiritual: a estupidez, a rudeza etc.;

[2] no campo físico: a morte, a enfermidade, a fraqueza, a má constituição, a mutilação, a fealdade etc.;

---

16. Estobeu, *Anthol.*, II, 84, 21 (= von Arnim, *S.V.F.*, I, fr. 192).

[3] no mundo externo: a pobreza, a humildade, a vulgaridade etc.[17].

Podemos resumir o que dissemos do seguinte modo: 1) São bens verdadeiros *só os bens morais*, isto é, os que conservam e incrementam a racionalidade e o *lógos*, e vice-versa, são males só os males morais, isto é, os que diminuem a razão e o *lógos*. 2) Esses bens são valores em sentido *absoluto*, e o mesmo se diga dos males morais, que são desvalores em sentido absoluto. 3) Os "indiferentes", se estão todos no mesmo plano do ponto de vista moral, *não* estão no mesmo plano do ponto de vista físico e biológico, na medida em que incrementem ou prejudiquem a vida ou não façam nem uma coisa nem outra. 4) Existirão coisas que, mesmo sendo moralmente indiferentes, todavia serão, *do ponto de vista físico e biológico*, "valores" ou "desvalores", ou serão totalmente *neutras*. 5) As coisas que têm valor físico são "preferidas", as que têm desvalor são "rejeitadas", as neutras são totalmente indiferentes. 6) Os bens morais são valores absolutos e, por isso, diante deles não tem sentido a qualificação de "preferidos", justamente porque o seu caráter absoluto os situa acima de qualquer relação com outros.

Essas distinções correspondiam não só a uma exigência de atenuar de maneira realista a excessivamente clara dicotomia entre *bens, males e indiferentes*, por si mesma paradoxal, mas encontravam nos pressupostos do sistema uma justificação até mesmo maior do que a da referida dicotomia, pelas razões acima apontadas. Por isso compreende-se que a tentativa de Aristo[18] e de Hérilo[19] de sustentar a absoluta *adiaphoría* ou *indiferença* das coisas que não são nem bens nem males, tenha encontrado nítida oposição em Crísipo, que defendeu a posição de Zenão e consagrou-a de maneira definitiva[20].

5. A virtude e a felicidade

Quem nos seguiu até aqui notou, seguramente, que também nos estoicos, não menos que em Platão e Aristóteles, adquiriu perfeita

17. Diógenes Laércio, VII, 106 (= von Arnim, *S.V.F.*, III, fr. 127).
18. Ver p. 16, nota 28.
19. Ver p. 16, nota 29.
20. Cf. von Arnim, *S.V.F.*, III, fr. 117ss.

expressão concepção da *areté*, isto é, da virtude, que sabemos ser uma das constantes mais típicas do pensamento moral grego desde as suas origens. A virtude humana é *a perfeição do que é peculiar e característico do ser humano*; e dado que a característica do ser humano é a razão, *a virtude é a perfeição da razão*[21].

Portanto, "viver segundo a natureza", que vimos ser o preceito base da ética estoica, coincide exatamente com "viver segundo a razão" e, assim, com "viver segundo a virtude"; e dado que a virtude é a expressão e a atualização perfeita da natureza humana, ela é *eo ipso* felicidade: com efeito, a vida bem-aventurada ou feliz, não é senão a plena e perfeita atuação da *physis* humana. Relata Estobeu:

> Dizem [os estoicos] que o fim é ser feliz, pelo qual fazemos todas as coisas, enquanto ele não é feito por nenhuma coisa. Ele consiste em viver segundo a virtude, em viver de acordo com a natureza e, ainda, o que é o mesmo, em viver segundo a natureza. Zenão definiu a felicidade desse modo: a felicidade é um próspero curso da vida. Também Cleanto, nos seus escritos, serve-se dessa definição, assim como Crísipo e todos os seus seguidores, afirmando que a felicidade é o fim, enquanto o fim é ter felicidade, o que equivale a ser feliz. Segue-se daí que são equivalentes "viver segundo a natureza", "viver nobremente", "viver bem" e, ainda, "bondade e nobreza", "virtude e o que participa da virtude". É também evidente que é bom tudo o que é virtuoso e que é mau tudo o que é vicioso. Por isso também o fim dos estoicos equivale a uma vida segundo a virtude[22].

Com base nessas premissas, é evidente que os estoicos deviam combater tanto a tese epicurista que subordinava a virtude ao prazer enquanto meio para o fim, como a concepção escatológica que ligava a virtude a um prêmio ultraterreno: enquanto perfeição da *physis humana*, a virtude *vale por si mesma*, não produz a felicidade como algo diferente de si (seja ela prazer ou prêmio ultraterreno), mas é *ela mesma a felicidade*, e, portanto, é desejada, buscada, amada e cultivada em si e por si. Relata Diógenes Laércio:

> A virtude é uma disposição para viver segundo a natureza; ela é desejável por si mesma, não por algum temor ou esperança ou por algo externo;

21. Cf. *supra*, nota 3.
22. Estobeu, *Anthol.*, II, 77, 16 (= von Arnim, *S.V.F.*, III, fr. 16).

nela reside a felicidade, pois ela é como uma alma feita para harmonizar toda a vida[23].

Assim, o estoico torna-se, pela virtude, *perfeitamente autárquico*: não tem necessidade de prazeres, que não aperfeiçoam a sua natureza de homem, mas são apenas fenômenos concomitantes e, em todo caso, não inteiramente em seu poder; não tem necessidade nem mesmo de uma vida futura que acrescente algo à perfeição já possuída com a virtude; não teme perdê-la por obra de outros, porque ninguém pode arrancá-la de si, sendo ela ontologicamente enraizada na sua natureza; com a virtude, em suma, o homem toca um vértice absoluto, no qual sente-se igual aos Deuses:

> Por nada a felicidade de Zeus é preferível, mais bela ou mais apreciável que a dos sábios[24].

Portanto, explicam-se bem os fervorosos louvores com que os estoicos exaltam a virtude, atribuindo-lhe todos os epítetos que o grego, particularmente o grego filósofo, considerava expressões de perfeição absoluta:

> Chamam com muitos nomes a virtude: chamam-na *boa* porque nos conduz a uma via reta; *agradável* porque é sem dúvida aprovada; *digníssima* porque tem valor insuperável; *apreciável* porque é digna de muita atenção; *louvável* e, de fato, pode ser justamente louvada; *bela* porque naturalmente atrai a si os que a ela tendem; *conveniente* e, de fato, contribui muito para o bem viver; *útil* porque ajuda na necessidade; *preferível* porque dela deriva o que é razoável escolher; *necessária* porque quando está presente traz benefício, quando falta não se tem de onde tirar benefício; *vantajosa* e, com efeito, as vantagens que dela derivam são superiores às que se pode extrair da atividade para alcançá-las; *autárquica* e, com efeito, basta a quem a possui; *não carente de nada*, enquanto não possui qualquer necessidade; *plena* porque é suficiente no uso e visa a toda utilidade da vida[25].

Embora o leitor moderno possa sentir nesse fervor de epítetos algo de retórico, não é bem assim[26]: com a virtude, o estoico sentia-

---

23. Diógenes Laércio, VII, 89 (= von Arnim, *S.V.F.*, III, fr. 39).

24. Estobeu, *Anthol.*, II, 98, 20 (= von Arnim, *S.V.F.*, III, fr. 54).

25. Estobeu, *Anthol.*, II, 100, 15 (= von Arnim, *S.V.F.*, III, fr. 208).

26. Recorde-se também a diferente carga conceitual que o termo grego *areté* tinha com relação ao nosso termo *virtude*, sobre a qual diversas vezes chamamos a atenção no curso desta obra.

se protegido contra todos os males e contra a sua atormentada época; nela e só nela encontrava a paz da alma, e, por isso, esse hino à virtude é profundamente sincero[27].

6. A virtude como ciência, sua unidade e multiplicidade

Nos estoicos, outra componente da ética grega, que em certo sentido pode ser considerada a mais tipicamente grega, encontra perfeita expressão: aludimos à componente intelectualista nascida com Sócrates, vale dizer, com a própria filosofia moral, e que permaneceu como verdadeira categoria do pensamento moral dos gregos.

Com efeito, uma filosofia que, como a estoica, punha no *lógos* o princípio ontológico de todas as coisas e considerava o homem como a realidade privilegiada na qual o *lógos* se manifestava de modo nitidamente diferente de todas as outras coisas, não podia não reafirmar as conclusões socráticas.

Se a virtude é o aperfeiçoamento do que é peculiar ao homem, e se peculiar ao homem é a razão e o *lógos*, é evidente que a virtude deve ser ciência e conhecimento, porque a razão aperfeiçoa-se no conhecimento e com ele. Portanto, a virtude volta a ser definida como "ciência dos bens e dos males", e o vício, "ignorância dos bens e dos males"[28]. Também aos estoicos, pelo menos aos estoicos antigos, permanecem absolutamente desconhecidos a "vontade", como faculdade espiritual independente do conhecimento, e o papel que ela desempenha na vida moral. E quando em Sêneca deparamos uma importância particular conferida à vontade, não devemos nos deixar levar ao engano: Sêneca, traduzindo por *voluntas* o que o grego exprimia com *disposição interior* derivada do perfeito conhecimento, acrescenta algo novo, como veremos; todavia, nem mesmo Sêneca sabe dar razão da *voluntas* do ponto de vista especulativo, e também ele acaba fazendo depender a moralidade do conhecimento. Eis uma passagem significativa:

---

27. Tenham-se presentes os reconhecimentos que o próprio Epicuro fez diante da virtude prática da *phrónesis*, a *sabedoria*.

28. Cf. von Arnim, *S.V.F.*, III, frs. 255 e 256.

Uma ação não será reta se não for reta a *vontade*; a ação, de fato, dela procede. Por sua vez, a vontade não será reta se não for reta a *disposição da alma*; desta, de fato, depende a vontade. Certamente a disposição da alma não se voltará para o melhor *se não levar em conta as leis* que dominam toda a vida, e *não terá compreendido o juízo que é preciso dar sobre cada coisa*[29].

De onde o "et quid de quoque iudicandum exegerit", isto é, o juízo da razão (e, portanto, a própria razão) permanece como a condição incondicionada do agir moral.

Com essa redução da virtude ao *conhecimento dos bens e dos males*, retorna o problema que já Platão sentiu como extremamente difícil de resolver, a saber, o problema da unidade ou multiplicidade da virtude, problema longamente discutido no Pórtico e que dividiu os ânimos. Aristo, por exemplo, discípulo de Zenão, sustentou que a virtude é una[30]. Crísipo, ao invés, seguido por muitos, sustentou que as virtudes são múltiplas, pelo que já os antigos o reprovavam por despertar "um insólito e desconhecido 'enxame de virtudes'"[31], utilizando aqui uma conhecida imagem com a qual Platão já expusera ao ridículo a tese dos gorgianos, que admitiam múltiplas virtudes[32]. Na realidade, Crísipo queria dar conta da fenomenologia da vida moral, na qual se atesta a existência de muitas qualidades no homem, cada uma com a sua perfeição e, portanto, com a sua "virtude". Mas o próprio Crísipo, como todos os estoicos, definia cada uma dessas virtudes *como um modo particular de atuar-se da ciência dos bens e dos males.*

Como Platão, os estoicos fixaram em número de quatro as virtudes cardeais: *sabedoria, temperança, fortaleza* e *justiça*, e todas as ulteriores virtudes, que meticulosamente distinguiram, foram subordinadas a estas.

Duas passagens de Estobeu dão de modo preciso o catálogo das virtudes e, ao mesmo tempo, confirmam de modo explícito e perfeito a redução de todas e cada uma à virtude *ciência*:

Sabedoria (*phrónesis*) é *ciência* do que se deve fazer, do que não se deve e do que não está nem sob uma nem sob a outra condição, ou *ciência* dos

29. Sêneca, 95, 57 (= von Arnim, *S.V.F.*, III, fr. 517).
30. Cf. von Arnim, *S.V.F.*, I, fr. 373ss.
31. Cf. von Arnim, *S.V.F.*, III, fr. 255.
32. Cf. Platão, *Ménon*, 72 a b.

bens e dos males e das coisas indiferentes para a natureza do homem que vive em sociedade [...]. A temperança (*sophrosyne*) é *ciência* do que é desejável, do que se deve evitar e do que não é nem uma coisa nem outra; justiça (*dikaiosyne*) é *ciência* capaz de atribuir a cada um o que merece; fortaleza (*andreía*) é *ciência* do que é temível, do que não o é e do que não pertence a nenhuma das duas categorias; estultice (*aphrosyne*) é *ignorância* dos bens, dos males e das coisas indiferentes; intemperança (*akolasía*) é *ignorância* das coisas a escolher e a evitar, e do que não se deve nem escolher nem evitar; injustiça (*adikía*) é *ignorância* incapaz de atribuir a cada um o que merece; covardia (*deilía*) é *ignorância* do que se deve temer, do que não se deve e do que não é nem para temer nem para não temer[33].

E Estobeu ulteriormente precisa:

Dentre as virtudes, algumas são primárias, outras subordinadas àquelas; as primárias são quatro: [1] sabedoria, [2] temperança, [3] fortaleza e [4] justiça. [1] A sabedoria diz respeito ao conveniente; [2] a temperança aos instintos humanos; [3] a fortaleza dá a força de aceitação; [4] a justiça, distribuição dos bens. Entre as que são subordinadas a essas virtudes, algumas o são à sabedoria, outras à temperança, outras à fortaleza, outras à justiça. [1] Ora, são subordinadas à sabedoria: *a*) conselho, *b*) reflexão, *c*) perspicácia, *d*) bom senso, *e*) destreza, *f*) cautela; [2] à temperança: *a*) tempestividade, *b*) decoro, *c*) recolhimento, *d*) continência; [3] à fortaleza: *a*) firmeza, *b*) coragem, *c*) magnanimidade, *d*) ardor, *e*) operosidade; [4] à justiça: *a*) piedade, *b*) bondade, *c*) sociabilidade, *d*) afabilidade. [1] *a*) O conselho dizem que é a *ciência* do que fazer e de como agir para agir convenientemente; *b*) a reflexão é a *ciência* que examina e recolhe as coisas acontecidas e já feitas; *c*) a perspicácia é a *ciência* que permite encontrar logo o conveniente, *d*) o bom senso é a *ciência* do pior e do melhor, *e*) a destreza é a *ciência* que conduz a bom termo o fim de cada coisa; *f*) a cautela é a *ciência* capaz de encontrar uma saída para tudo; [2] *a*) a tempestividade é a *ciência* que permite individuar quando é preciso fazer uma coisa depois da outra e qual a ordem das ações; *b*) o decoro é a *ciência* dos movimentos convenientes ou inconvenientes; *c*) o recolhimento é a *ciência* que preserva da justa reprovação; *d*) a continência é a *ciência* que não nos deixa ultrapassar o que se mostrar de acordo com a reta razão; [3] *a*) firmeza é a *ciência* que faz permanecer nos retos juízos; *b*) coragem é a *ciência* pela qual sabemos que não cairemos nunca em algo de terrível; *c*) magnanimidade é a *ciência* que nos torna superiores a tudo o que acontece por natureza, seja bom ou seja mau; *d*) ardor é a *ciência* de uma alma que se apresenta invencível *e*) operosidade é a *ciência* capaz de realizar a própria intenção sem ser impedido

33. Estobeu, *Anthol.*, II, 59, 4 (= von Arnim, *S.V.F.*, III, fr. 262).

pela fadiga; [4] *a*) piedade é a *ciência* do culto a ser prestado aos deuses; *b*) bondade é a *ciência* de agir bem; *c*) sociabilidade é a *ciência* da igualdade na sociedade; *d*) afabilidade é a *ciência* de viver irrepreensivelmente com o próximo. *O fim de todas essas virtudes é viver segundo a natureza; cada uma com os próprios meios ajuda o homem a alcançar isso.* De fato, o homem tem, por natureza, impulsos que o impelem à busca do conveniente, ao equilíbrio dos instintos, à perseverança e à justiça distributiva. Cada uma das virtudes, agindo em concordância com as outras e consigo mesma, *leva o homem a viver segundo a natureza*[34].

Como se vê, no instante mesmo em que as distinguiam, os estoicos *reunificavam as virtudes na ciência*, na ciência prática. Melhor do que todos os outros, Olimpiodoro ilustrou-nos o nexo que liga todas as virtudes:

> Se as virtudes acompanham-se reciprocamente, diferem porém pela propriedade específica. Não são, de fato, uma só, mas na fortaleza estão todas fortemente, alhures prudentemente. Como também todos os outros Deuses em Zeus assumem o caráter de Zeus e alhures o de Hera. Nenhum Deus, com efeito, é imperfeito. E como Anaxágoras dizia que tudo está em tudo, mas uma só coisa predomina, assim o diremos também dos Deuses. Cada virtude, de fato, é sabedoria, enquanto conhece as coisas que deve fazer; cada uma é fortaleza enquanto luta; cada uma é temperança enquanto impulsiona ao melhor; cada uma é justiça enquanto atribui às coisas o que lhes convém[35].

Se assim é, explica-se perfeitamente a célebre máxima dos estoicos segundo a qual "*quem possui uma virtude, possui todas*"[36]. Elas, de fato, não só se acompanham umas às outras, mas são todas emanações particulares da suprema virtude, *a ciência do bem e do mal, isto é, a phrónesis ou sabedoria*[37].

7. Identidade da virtude em todos os seres racionais

A redução da virtude à perfeição do *lógos* e, portanto, à ciência, continha em si uma consequência que, fundamentalmente, nem Só-

---

34. Estobeu, *Anthol.*, II, 60, 9 (= von Arnim, *S.V.F.*, III, fr. 264).
35. Olimpiodoro, *In Plat. Alcib. pr.*, p. 214 Creuzer (= von Arnim, *S.V.F.*, III, fr. 302).
36. Cf. von Arnim, *S.V.F.*, III, fr. 295ss.
37. Cf. von Arnim, *S.V.F.*, I, frs. 200ss.

crates nem Platão nem Aristóteles tiveram a coragem de extrair, ou que extraíram de maneira mutilada, porque condicionados pelas convicções sociais do seu tempo, particularmente pelos dogmas da *polis*. Aludimos à afirmação expressa e reiterada dos estoicos sobre a identidade absoluta da virtude nos homens, qualquer que seja o estrato, sexo e condição a que pertençam, até mesmo nos escravos. Já Epicuro acolhera no seu Jardim homens de vários estratos sociais, mulheres e até cortesãs. A queda das estruturas da *polis*, as quais, no passado, para os próprios filósofos, constituíram-se em categorias do pensar político, amiúde sobrepondo-se aos seus próprios princípios metafísicos, tornava agora possível uma coerência no pensamento moral, que, pelas razões assinaladas, faltou aos filósofos da era clássica. Diz um antigo testemunho:

> Se a natureza humana é capaz de sabedoria, é necessário que os artesãos, os camponeses e as mulheres, e, em suma, todos os que têm a forma humana, sejam instruídos de modo a serem sábios, e que se crie uma multidão de sábios de todas as línguas, condições, sexo e idade [...]. Os estoicos deram-se conta disso, os quais disseram que deviam entregar-se ao estudo da filosofia os servos e as mulheres, e também Epicuro, convidando à filosofia os que não eram afeitos ao estudo[38].

Na verdade, Epicuro manteve alguma reserva e manifestou alguma reticência, como vimos. Os estoicos foram mais decididos do ponto de vista da doutrina. Referindo-se em grande parte ao pensamento dos estoicos antigos, Sêneca escreve:

> A virtude não é vetada a ninguém, é permitida a todos, acolhe a todos, chama todos a si, livres, libertos, escravos, reis, êxules. Não escolhe a casa ou o patrimônio, contenta-se com o homem nu (*nudo homine*)[39].

Este pensamento é dos mais elevados da antiga especulação, que supera, em larga medida, muitas atitudes retrógradas de que foram

38. Lactâncio, *Div. Instit.*, III, 25 (= von Arnim, *S.V.F.*, III, fr. 253). Platão, no *Ménon*, tentou recuperar a identidade da virtude em todos os homens e reconhecer que homem, mulher, velho, jovem, escravo e livre, se possuem uma virtude, possuem uma idêntica virtude. Mas depois o seu discurso sofreu uma transformação na *República*. No final, o programa educativo da Academia torna-se decididamente aristocrático e situa-se até mesmo nos antípodas tanto do discurso estoico como do epicurista.

39. Sêneca, *De beneficiis*, III, 18 (= von Arnim, *S.V.F.*, III, fr. 508).

vítimas Platão e, sobretudo, Aristóteles: a virtude não tem necessidade de acréscimos de qualquer espécie à pura natureza do homem!

E, da *redução da virtude à ciência e à sabedoria*, os estoicos deduziram uma ulterior consequência ligada estreitamente a ela: não só é igual a virtude em todos os homens, mas *é igual também a virtude dos homens e a virtude dos Deuses*[40]. Tal afirmação causou enorme impressão aos antigos e foi julgada exagerada e ímpia:

> Os estoicos afirmam que idêntica é a virtude em Deus e nos homens, ficam, assim, longe da religiosidade de Platão e do comedimento socrático[41].

Mas era uma afirmação coerente com os princípios: o *lógos* humano não é mais que um momento do *lógos* divino, e, por consequência, a perfeição (isto é, a virtude) do *lógos* humano só pode ser idêntica à do *lógos* divino.

A virtude, portanto, mancomuna homens e mulheres, livres e escravos, gregos e bárbaros, mortais e imortais.

8. A ação reta (*katórthoma*)

Os estoicos não se limitaram a considerações gerais sobre a essência da virtude e do vício, mas, impulsionados pelo seu acentuado interesse ético, chegaram a um atento exame da conduta moral, das ações que a constituem e dos diferentes valores morais que as ações humanas podem ter, criando assim conceitos novos e originais.

Quem possui a virtude, ou seja, o *lógos* harmonizado de modo perfeito, só pode realizar "ações perfeitas", *vale dizer, ações que correspondem totalmente às instâncias do lógos perfeito*. Afirmam os estoicos:

> O [...] que parte do sábio deve imediatamente ser totalmente perfeito[42].

Isso significa que as ações levam necessariamente consigo a carga de perfeição da fonte da qual derivam. Já dizia Zenão:

40. Cf. von Arnim, *S.V.F.*, III, fr. 245ss.
41. von Arnim, *S.V.F.*, III, fr. 252.
42. Cícero, *De finibus*, III, 9, 32 (= von Arnim, *S.V.F.*, III, fr. 504).

O caráter moral [*ethos*] é a fonte da vida, da qual brotam as ações particulares[43].

Ele estava convencido de que esse caráter moral manifestava-se até nos traços do rosto e nos sonhos:

O caráter moral pode ser percebido pelo aspecto: o sábio é reconhecido intuitivamente pelos traços do seu rosto. Também pelos sonhos é possível a cada um dar-se conta dos seus progressos na via da virtude: se não lhe acontece de ver em sonho que se compraza com algo desonesto nem que aprove ou cometa qualquer ação indigna ou monstruosa, mas, como num grande mar em perfeita bonança, lúcido e transparente, a faculdade fantástica e passional da alma se lhe ilumina tranquilizada pela razão[44].

Em suma: a virtude, quando é possuída, manifesta-se em todas as ações e em todos os comportamentos morais, até mesmo no inconsciente.

Tendo presente isso, é fácil compreender o que os estoicos denominam com o termo *katórthoma* (κατόρθωμα), isto é, "ação reta" ou "ação perfeita" ou "ação virtuosa". *Katórthoma* é ação que radica na virtude e, portanto, "contém todas as características da virtude"[45]: e chama-se *katórthoma* justamente porque deriva de um "orthós lógos"; é *ação perfeita* porque inspirada e sustentada por um *lógos perfeito*.

Dessa doutrina resulta evidente que os estoicos começaram, em parte, a dar-se conta de algumas verdades que só com a ética do cristianismo serão verificadas e adquiridas.

a) Não se deve julgar se uma ação é reta ou não (isto é, se é ou não um *katórthoma*) pelo seu êxito ou por alcançar o resultado que se propusera, *mas pelo seu ponto de partida*:

O que parte da virtude deve ser considerado reto, não pelo seu cumprimento, mas pela *intenção de cumpri-lo*[46].

A fadiga pelas coisas belas e boas, mesmo que não alcance o seu escopo, é capaz, por si mesma, de ser útil a quem a padece, enquanto o que é estranho à virtude, se não alcança o seu escopo, é totalmente inútil[47].

---

43. Estobeu, *Anthol.*, II, 7, 1 (= von Arnim, *S.V.F.*, I, fr. 203).
44. von Arnim, *S.V.F.*, I, frs. 204 e 234.
45. Cícero, *De finibus*, III, 7, 24 (= von Arnim, *S.V.F.*, III, fr. 11).
46. Cícero, *De finibus*, III, 9, 32 (= von Arnim, *S.V.F.*, III, fr. 504).
47. Filo de Alexandria, *De sacrif. Abel. et Cain.*, § 115 (= von Arnim, *S.V.F.*, III, fr. 505).

Quem aceita com bom ânimo um benefício já o restituiu. Dado que rememos tudo ao *ânimo*, cada um terá feito o que quis. E sendo a piedade, a fé, a justiça e, enfim, toda virtude perfeita por si, todo homem pode ser grato também com a *vontade, mesmo que não lhe tenha sido possível estender a mão*[48].

Portanto, é a disposição espiritual interior que conta. A última passagem lida fala de "vontade", mas sabemos que é Sêneca quem usa *voluntas* para traduzir *diáthesis*, isto é, *disposição espiritual*, ou seja, reta consciência, e acrescenta algo novo às originais aquisições do antigo Pórtico; todavia é claro que, pelo menos no nível de exigência intuitiva, os estoicos entreviram aquela que, para o cristianismo, será a "boa vontade", embora tenham sido totalmente incapazes de lhe dar o seu verdadeiro rosto, porque ligaram-na ao conhecimento e, em substância, reduziram-na a ele.

b) Não se pode julgar se uma ação é reta ou não (se é um *katórthoma* ou não) pelos seus traços extrínsecos: uma ação pode *assemelhar-se exteriormente a um katórthoma, mas não sê-lo de modo algum*, se falta a *justa disposição*, se não a sustenta o *orthós lógos*. Um sábio e um néscio poderão fazer a mesma coisa, porém as suas *ações* serão iguais apenas no exterior, mas intrinsecamente muito diferentes: *katórthoma* será a primeira e só ela, e nunca a segunda, como fica necessariamente claro do que se explicou no ponto precedente.

c) Porque a "ação reta" é produzida pela virtude, isto é, pela *sabedoria*, consequentemente *nenhum néscio* jamais poderá realizar ações retas, e, para realizá-las, deveria primeiro tornar-se sábio. Isso significa, porém, que a massa não poderá nunca realizar "ações retas (*katorthómata*)", *porque a massa não é sábia*. Sobre isso escreve Pohlenz: "[...] os estoicos mostram-se absolutamente convencidos de que a grande massa dos homens nunca alcança a disposição ideal do espírito e, portanto, não é capaz de algum *katórthoma*. Uma afirmação assim tão direta pode desconcertar, mas também Paulo, na *Epístola aos Romanos* (14,23), diz: 'Tudo o que não vem da fé é pecado', e Clemente de Alexandria usa propositadamente o vocábulo estoico para caracterizar o que é o seu tipo ideal de cristão: 'Toda ação do gnóstico é um *katórthoma*' (*Stromateis* VII, 111). Em Paulo domina

48. Sêneca, *De beneficiis*, II, 31 (= von Arnim, *S.V.F.*, III, fr. 507).

a fé, em Zenão o conhecimento ético, mas ambos visam ao mesmo escopo: querem, com a máxima energia, convocar o homem ao único necessário, *ao espírito que decide toda a vida*"[49]. A esta observação do estudioso alemão deve-se, todavia, acrescentar que, para Paulo, se trata, em todo caso, de uma fé transcendente que transforma o homem, ligando-o ao sobrenatural, para Zenão se trata, ao contrário, do conhecimento do *lógos* imanente, que atua no homem natural.

9. O dever (*kathékon*)

As ações humanas, entretanto, não podem ser divididas com uma nítida distinção entre "ações retas ou virtuosas" (*katorthómata*) e as que lhes são contrárias, isto é, "ações viciosas ou erros" (*amartémata*). Com efeito, entre as primeiras e as segundas situa-se toda uma faixa de *ações intermédias*, que os estoicos tentaram determinar com muita precisão. Já vimos que entre os bens e os males (morais) os estoicos situavam toda a gama dos "indiferentes" (*adiáphora*), que tinham certo valor ou desvalor, se não moral, pelo menos *natural*, resultando, portanto, "preferidos" ou "rejeitados". Analogamente, entre "ações virtuosas" e "ações viciosas", que dizem respeito propriamente ao aspecto espiritual e moral do homem, eles admitem ações dotadas de um *valor relativo* ou de um *desvalor relativo*. São todas as ações que dizem respeito sobretudo à componente natural e física do homem, da qual não é possível prescindir.

Ora, quando essas ações são realizadas segundo a natureza, ou seja, de modo racionalmente correto, têm plena justificação racional e chamam-se, portanto, "ações *convenientes*" ou "*deveres*" (*kathékonta*).

Diógenes Laércio explica:

> Os estoicos entendem por "dever" (καθῆκον) o *ato que se pode justificar racionalmente*, enquanto *é conforme com a natureza na vida*, o que se estende também às plantas e aos animais: porque para os estoicos também neles existem deveres[50].

49. Pohlenz, *La Stoa*, I, p. 261 (tenha presente o leitor que a interpretação de Pohlenz da passagem de Paulo inspira-se na doutrina protestante).

50. Diógenes Laércio, VII, 107 (= von Arnim, *S.V.F.*, III, fr. 493).

Na verdade, deve-se notar que a tradução do termo *kathékon* (καθῆκον) por "dever" força, em sentido moderno, o pensamento dos estoicos; literalmente seria preciso traduzir por "conveniente". Compreender-se-ia, então, melhor o fato de Zenão atribuir "convenientes" também aos animais e às plantas: inclusive estes, de fato, por existirem, devem respeitar determinadas condições, conformar-se a determinadas exigências da natureza. Mas é claro que especialmente para o homem pode-se e deve-se falar de "ações convenientes" ou "deveres": a comparação com os animais e com as plantas serve apenas para mostrar que o *kathékon* está ligado à natureza biológica e física do homem, à diferença da virtude e do ato virtuoso, que, ao invés, diz respeito ao aspecto propriamente moral e espiritual do homem.

É claro que as ações do homem comum, que não podem nunca entrar na esfera das ações moralmente perfeitas (*katorthómata*), entram de pleno direito nesse âmbito. A conduta do homem comum, portanto, possui parâmetros para ser entendida, e possui também um ponto de interseção, embora parcial, com a conduta do sábio.

Naturalmente, como existem ações que possuem valor de convenientes ou "deveres" (*kathékonta*), igualmente existem ações que trazem o signo oposto do desvalor e são *inconvenientes*, e, enfim, existem algumas *absolutamente indiferentes*. Explica Diógenes Laércio:

> São conformes ao dever as ações ditadas pela razão, por exemplo, honrar os pais, os irmãos, a pátria, ter boas relações com os amigos; não são conformes ao dever as ações não admitidas pela razão, por exemplo, descuidar dos pais, não se preocupar com os irmãos, não estar em harmonia com os amigos, desprezar a pátria e semelhantes. Nem conformes nem contrárias ao dever são as ações que a razão nem impõe nem veta, por exemplo, podar as plantas, manusear o estilete ou o pente e semelhantes[51].

Para completar a questão, leiamos uma passagem de Cícero, que resume bem os conceitos até aqui expostos e fornece os elementos para concluir:

> Embora digamos que é bem só o que é moral, todavia, cumprir o dever ou o conveniente [*officium*] é coisa conforme à natureza, uma vez que não

51. Diógenes Laércio, VII, 108 (= von Arnim, *S.V.F.*, III, fr. 495).

situamos o conveniente [ou o dever] nem entre os bens nem entre os males. *De fato, há nele algo de plausível, e é tal que se pode justificar e, portanto, pode-se também dar razão de uma ação feita de modo plausível. E o conveniente é o que é feito de tal modo que se pode dar uma justificação da sua realização.* Daí compreende-se o conveniente como algo *médio*, que não se pode pôr nem entre os bens nem entre as coisas contrárias aos bens. E porque entre as que não estão nem entre as virtudes nem entre os vícios há, todavia, algo que pode ser útil, ele não deve ser recusado. Há ainda certo modo de agir e de realizar algumas dessas coisas médias exigido pela razão; por outro lado, o que é feito com base na razão é chamado conveniente; portanto, o conveniente é de tal natureza que não é considerado nem entre os bens nem entre os males. *E fica claro também que o sábio desenvolve parte da sua atividade entre essas coisas médias.* Portanto, ele julga que a sua ação é conveniente. Dado que ele nunca se engana no juízo, o conveniente pertencerá às coisas medianas. Isso se conclui também do seguinte raciocínio: dado que vemos existir algo ao qual chamamos de *ação reta*, e esta é o *conveniente perfeito*, existe também o *conveniente imperfeito*. Por exemplo: se o "restituir o depósito segundo a justiça" pertence às ações retas, deve-se pôr entre o conveniente só o "restituir o depósito"; de fato, ao acrescentar "segundo a justiça", tem-se a ação reta, enquanto o restituir em si mesmo é considerado um conveniente. Dado que não há dúvida de que entre as coisas que chamamos médias há algo a aceitar e algo a recusar, tudo o que é feito ou dito de tal modo é compreendido como conveniente. Uma vez que todos amam naturalmente a si mesmos, conclui-se que tanto o sábio como o néscio aceitarão o que é segundo a natureza e rejeitarão o que é contrário. *Assim há um conveniente comum ao sábio e ao néscio*; do que se conclui que ele está entre as coisas que chamamos médias[52].

Portanto: 1) entre as ações perfeitas e virtuosas e as ações viciosas há a esfera das *ações médias*, entre as quais surgem as *convenientes* ou *deveres* (*kathékonta*), que são ações dotadas de valor relativo, em contraste com as ações virtuosas, dotadas de valor absoluto. 2) Sempre no âmbito das ações médias, devemos distinguir as ações opostas às convenientes ou deveres, ou seja, as ações inconvenientes. 3) Destas serão ulteriormente distintas as ações absolutamente indiferentes, isto é, totalmente neutras. 4) Os deveres tornam-se deveres ou convenientes perfeitos *se lhes é acrescentada a sabedoria*; mas então, os deveres perfeitos coincidirão com as ações retas ou *katorthómata*,

52. Cícero, *De finibus*, III, 17, 58 (= von Arnim, *S.V.F.*, III, fr. 498).

e deixarão de ser verdadeiros *katorthómata*, porque ligar-se-ão ao espírito ou disposição interior que é a fonte da moralidade, e tornar-se-ão emanações e objetivações dele. 5) O espaço no qual situam-se os deveres é, portanto, o *intermédio* do qual falamos, e o seu valor é sempre *relativo*. Todavia, não se pode desconhecer a fundamental incidência dos deveres na regulação da moralidade comum.

Assim as leis humanas que, como veremos abaixo, longe de ser meras convenções, para os estoicos, são a expressão de uma lei eterna e indestrutível proveniente do *lógos* eterno, imporão ao sábio ações retas (*katorthómata*), porque o sábio sentirá o mandamento em estrutural coincidência com as suas exigências interiores, em virtude da perfeita *disposição interior*, isto é, do reto *lógos* que existe nele e que está em perfeita sintonia com o reto *lógos* existente fora dele. Em última análise, portanto, o sábio, na sua perfeição, não tem necessidade nem de leis nem de mandamentos. Ao néscio, pelo contrário, as leis, não podendo ordenar ações retas por faltar nele o espírito reto pressuposto pela reta ação, em primeiro lugar impedirão muitas culpas (ao sábio não impedirão nada, porque é natural para ele não incorrer em culpas) e, em segundo lugar, ordenarão ações convenientes, deveres, isto é, ações que, mesmo coincidindo quanto ao conteúdo com as do sábio, carecem da *forma* que aperfeiçoa as ações do sábio, isto é, a *interior disposição* da qual falamos acima[53].

Portanto, os mandamentos e os preceitos da lei são, para a massa dos homens, *kathékonta*, *deveres*, e pelos *kathékonta* é regulada toda a vida do homem comum.

Este conceito de *kathékon* é, substancialmente, criação estoica. Os romanos, que o traduzirão com o termo *officium*, contribuirão, com a sua sensibilidade prático-jurídica, para determinar mais nitidamente os contornos dessa figura conceitual que nós, modernos, chamamos *dever*. Anteriormente aos estoicos, entre os gregos pode-se encontrar, obviamente, o correspondente do que o Pórtico chama *kathékon*, expresso inclusive de vários modos, nunca, porém, reduzido a problema e nunca formulado com precisa consciência. Pohlenz pensa que Zenão extraiu do patrimônio espiritual da sua pátria o conceito de "mandamento", tão familiar aos hebreus, e criou o conceito de *kathékon* enxertando o

53. Cf. von Arnim, *S.V.F.*, III, fr. 519ss.

conceito de mandamento no conceito grego de *physis*[54]. Esta hipótese é verossímil. O certo é que Zenão e o Pórtico, com a elaboração do conceito de *kathékon*, deram à história espiritual do Ocidente uma contribuição de grandíssima importância: o conceito de "dever" permaneceu, de fato, embora modulado de várias maneiras, como verdadeira categoria do pensamento moral ocidental.

10. Lei eterna e direito de natureza

Epicuro fundamentalmente negou ao direito e à lei uma estatura ontológica: para ele, lei e justiça eram apenas expressão de acordos transitórios estabelecidos entre os homens para garantir a segurança da vida, isto é, para fins estritamente utilitários; nisso ele se ligava ao movimento de pensamento iniciado pelas escolas socráticas, mas fortemente limitado por Platão e Aristóteles. Os estoicos colocam-se nos antípodas dos epicuristas, mas sem retomar a ordem de ideias de Platão e de Aristóteles e, portanto, ganhando uma visão em grande parte nova. A derrocada da *polis*, de um lado, e a ontologia do *lógos* imanente, de outro, deram aos estoicos a possibilidade de ver o problema do direito e da lei com nova ótica, isto é, numa perspectiva metapolítica e universalista.

A lei humana não é senão a expressão de uma *lei natural eterna*, que nasce do próprio *lógos* e plasma todas as coisas. O *lógos*, em virtude da sua racionalidade, estabelece o que é bem e o que é mal, e, portanto, impõe obrigações e proibições. E o modo pelo qual vimos os estoicos deduzirem o bem e o mal moral mostra claramente que eles pensavam a *physis* e o *lógos*, concretamente, não só na dimensão ontológica, mas também na dimensão *deontológica*. Diz Cícero num testemunho:

> A lei [...] é *suma razão, inata na natureza*, que ordena o que deve ser feito e proíbe o contrário: *essa mesma razão, reforçada e aperfeiçoada pela mente humana, é lei*[55].

E, num testemunho ulterior:

---

54. Pohlenz, *La Stoa*, I, p. 271ss.
55. Cícero *De legibus*, I, 6, 18 (= von Arnim, *S.V.F.*, III, fr. 315).

> *A lei* não foi inventada pelo gênio humano nem foi uma decisão arbitrária dos povos, mas *é algo eterno, que rege todo o mundo com sábios mandamentos e proibições.* Assim [os estoicos] sustentavam que *a lei primeira e última seria a mente divina que, segundo a razão, dá obrigações e impõe proibições a todas as coisas*; por isso, justamente, é louvada a lei dada pelos Deuses ao gênero humano; com efeito, própria para ordenar e vetar é a razão e a mente de um ser sábio. Os mandamentos e as proibições dos povos têm o poder de nos convidar à retidão e de afastar-nos das culpas, e esse poder não só é mais antigo que os povos e as cidades, *mas é coetâneo ao deus que guarda e rege o céu e a terra.* De fato, não pode haver mente divina sem razão, nem a razão divina pode ser privada desse poder de sancionar o bem e o mal [...]. *Por isso a verdadeira e primeira lei capaz de ordenar e vetar é a reta razão do sumo Zeus*[56].

E, num testemunho de Plutarco lemos:

> Com efeito, não é possível encontrar outra origem nem outra gênese para a justiça, *senão Zeus e a comum natureza*; de fato, é preciso que tudo comece daqui, se queremos falar de bens e de males[57].

Portanto, a lei deriva do próprio *lógos* que rege o universo; assim, o direito "é um dado de natureza"[58] e o direito positivo humano não é senão a explicitação desse fundamental direito natural. Lei e natureza, com os estoicos, voltam a reconciliar-se de modo perfeito: o *nomos* não é mais simples convenção e opinião em contraste com a *physis*, mas tradução e interpretação das instâncias da *physis*. Por isso Crísipo pode voltar a enaltecer a lei, até mesmo com expressões extraídas de Píndaro:

> A lei é a rainha de todas as coisas divinas e humanas: é preciso que ela vigie as coisas belas e torpes e seja cabeça e guia, e com base nisso exista uma norma do justo e do injusto e dos seres sociais por natureza, que imponha o que se deve fazer e proíba o que não se deve fazer[59].

---

56. Cícero, *De legibus*, II, 8ss. (= von Arnim, *S.V.F.*, III, fr. 316).
57. Plutarco, *De Stoic. repugn.*, 9, 1035 c (= von Arnim, *S.V.F.*, III, fr. 326).
58. Diógenes Laércio, VII, 128 (= von Arnim, *S.V.F.*, III, fr. 308).
59. von Arnim, *S.V.F.*, III, fr. 314.

11. Cosmopolitismo

Também o individualismo e o egoísmo, nos quais Epicuro aprisionou o homem, são vivamente contestados pelos estoicos com base na *physis*.

O homem é movido pela natureza a conservar o próprio ser e a amar a si mesmo. Mas esse instinto primordial não se dirige só à conservação do indivíduo: o homem estende imediatamente a *oikeíosis* aos filhos e aos parentes e, de maneira mediada, a todos os seus semelhantes. Em suma: é a natureza que, impondo ser amada, impõe amar a quem geramos e a quem nos gerou; e é a natureza que nos impulsiona a nos unir aos outros e também a beneficiá-los:

> Somos movidos pela própria natureza a amar aqueles que geramos. Daí deriva a existência entre os homens de um recíproco sentido de interesse de uns para com os outros, *de onde é necessário que um homem, pelo fato de ser homem, não pareça estranho ao outro homem.*
>
> Somos naturalmente levados à união, à associação com os outros homens e a uma sociedade natural. Somos movidos pela natureza a beneficiar a todos os que pudermos, sobretudo ensinando e dando regras de prudência[60].

De ser que vive fechado na sua individualidade, como queria Epicuro, o homem volta a ser "animal comunitário". E a nova fórmula demonstra que não se trata de simples retomada do pensamento aristotélico, que dizia ser o homem "animal político": o homem, mais ainda do que feito para associar-se numa *polis*, é feito para associar-se com *todos* os homens[61]. Sobre tais bases, os estoicos só podiam ser fautores de um ideal fortemente cosmopolita.

A polis já estava completamente destruída, sem esperanças de ressurgimento; por outro lado, *não tinha ainda nascido algo novo que a substituísse*: as monarquias que se formaram da dissolução do império macedônico mostravam-se sempre mais frágeis e passageiras. Por isso os estoicos limitaram-se a definir o Estado de modo jurídico:

---

60. Cícero, *De finibus*, III, 19, 62s. (= von Arnim, *S.V.F.*, III, fr. 340) e Cícero, *De finibus*, III, 20, 65s. (= von Arnim, *S.V.F.*, III, fr. 342).

61. Cf. Pohlenz, *La Stoa*, I, pp. 232s. e p. 233, nota 11.

Dizem que o estado é uma multidão de homens que habitam o mesmo lugar, administrados pela lei[62].

Portanto, não se pode dizer que "os estoicos criaram o conceito geral de Estado", como pretende Pohlenz[63]. De fato, essa definição, como reconhece o próprio Pohlenz, é uma simples extensão do conceito de *polis* aos novos reinos; mas, na verdade, o conceito de Estado moderno é algo mais do que a mera ampliação do conceito de *polis*.

Com efeito, os estoicos consideraram como cidadãos do Estado ideal, não só todos os homens do vasto mundo, mas nele incluíram até os Deuses[64], porque também os Deuses são seres racionais:

Deve-se chamar propriamente estado feliz ou cidade somente aquela comunhão recíproca dos deuses, incluindo nela também os homens junto com os deuses, se queremos incluir nela todos os seres racionais [...][65].

Todo esse universo deve ser [considerado] como uma única cidade comum aos deuses e aos homens[66].

Sempre na base dos seus conceitos de *physis* e de *lógos*, os estoicos souberam pôr em crise, mais do que os outros filósofos, os antigos mitos da nobreza de sangue e da superioridade da raça, assim como as cadeias da escravidão. A nobreza é chamada cinicamente de "escória e serragem da igualdade"[67]; todos os povos são declarados capazes de alcançar a virtude[68]; o homem é proclamado estruturalmente livre: de fato, "nenhum homem é *por natureza* escravo"[69]. Os novos conceitos de nobreza, liberdade e escravidão são ligados à *sabedoria* e à *ignorância*: verdadeiro livre é o sábio, verdadeiro escravo é o néscio[70].

Os pressupostos da política aristotélica são assim completamente abalados: o *lógos* restabeleceu, pelo menos no nível do pensamento, a fundamental igualdade dos homens.

---

62. Díon Crisóstomo, *Prat.*, XXXVI, § 20 (von Arnim, *S.V.F.*, III, fr. 329).
63. Pohlenz, *La Stoa*, I, p. 280.
64. Cf. von Arnim, *S.V.F.*, III, frs. 333ss.
65. Díon Crisóstomo, *Orat.*, XXXVI, § 23 (= von Arnim, *S.V.F.*, III, fr. 334).
66. Cícero, *De legibus*, I, 7, 23 (= von Arnim, *S.V.F.*, III, fr. 339).
67. Plutarco, *Pers. de nob.*, 12 (= von Arnim, *S.V.F.*, III, fr. 350).
68. Cf. von Arnim, *S.V.F.*, III, fr. 343.
69. von Arnim, *S.V.F.*, III, fr. 352.
70. Cf. von Arnim, *S.V.F.*, III, frs. 349-366.

12. As paixões e a apatia

Assim como para Epicuro, a dor e as falsas opiniões sobre os bens e os males eram o que fundamentalmente podia perturbar o homem, igualmente para os estoicos, *as paixões, com suas causas e seus efeitos, são a fonte de toda infelicidade*. Portanto, é compreensível que no Pórtico se discutisse profundamente sobre elas e a elas se dedicassem estudos especiais. Tratava-se, com efeito, de explicar o importantíssimo fenômeno da vida moral, pelo qual a razão é obnubilada, cegada e até mesmo arrastada por motivos irracionais presentes dentro de nós.

Sócrates, com o seu racionalismo e intelectualismo moral, tentou explicar esse ser arrastado pelas paixões como consequência de um *erro lógico*, como efeito de ignorância. Mas já Platão compreendeu bem que as paixões, e tudo o que é passional no agir humano, supõem forças não lógicas que brotam da própria alma humana e, consequentemente, falou de três partes ou funções da alma: uma *concupiscível*, uma *irascível* e uma *racional*. Também Aristóteles deu importância às partes não racionais da alma.

Pois bem, os estoicos, em consequência da sua ontologia, que dá a primazia absoluta e total ao *lógos* em todos os níveis, tendem a reportar-se inexoravelmente a posições socráticas. Eles, em primeiro lugar, descartam concordemente a tese de que as paixões são o efeito do puro irracional, isto é, do que há em nós de animalesco e, em todo caso, de não redutível ao *lógos*. Ora, note-se: dizer que as paixões são determinadas pelo irracional e por tudo o que há de não lógico em nós significa reconhecer, obviamente, a não voluntariedade da paixão, justamente pela sua estranheza à esfera lógica. Mas se se descarta essa explicação, a paixão deve necessariamente ser relacionada ao *lógos* e à razão, e, em tal caso, são possíveis duas posições: *a*) é possível dizer que as paixões nascem *por causa e em consequência de um juízo errôneo*; ou *b*) é possível até mesmo *identificar a paixão com o próprio juízo errôneo*. Ambas as teses foram sustentadas no Pórtico: Zenão e muitos dos seus seguidores sustentaram a primeira, Crísipo, a segunda, com notável insistência.

A posição assumida pelo Pórtico a esse respeito é bem compreensível. De fato, se as paixões constituem a mais grave ameaça à paz do espírito e à felicidade, é necessário poder dominá-las inteiramente em todos os casos com a razão; mas elas podem ser inteiramente dominadas, somente se não provêm de uma força estranha e contraposta à razão, e se dependem de algum modo da própria razão.

Zenão explicou a paixão do seguinte modo: em consequência de determinada representação, por exemplo, a riqueza, manifesta-se em nós uma tendência que, se não é controlada por um *lógos* reto e forte que a *julgue* como coisa "indiferente" (isto é, coisa que não é nem boa nem má, e é útil somente por aquilo que é requerido pelas necessidades da vida), mas, ao contrário, se é secundada por um *lógos* fraco, que supervaloriza a riqueza, torna-se uma *falsa opinião*, da qual segue-se um *movimento irracional* da alma (um movimento contra o reto *lógos*), que ultrapassa a medida e, assim, tem-se a paixão: a avidez de riqueza e a avareza. Desse modo, a paixão é o efeito de um juízo errado; no exemplo dado, ela é o efeito do seguinte juízo errado: "A riqueza é um bem".

Eis dois testemunhos:

> A paixão [...] segundo Zenão, é um movimento da alma, *irracional e contrário à natureza*, ou um impulso excessivo.

> Assim Zenão definia a paixão: a paixão — que ele chamava πάθος — é uma emoção produzida na alma, *que se distancia da razão* e é *contrária à natureza*[71].

As consequências dessa doutrina são evidentes: na medida em que Zenão, com o seu intelectualismo ético, reduzia vontade, liberdade e responsabilidade à razão, devia concluir que a paixão é voluntária, no sentido de sermos responsáveis pelo seu nascimento e pela sua acolhida em nós.

Zenão, portanto, *não* identificou as paixões com juízos, mas com "as contradições e ampliações, exaltações e depressões decorrentes dos juízos"[72], e, portanto, admitiu de algum modo uma força não lógica, porém capaz de se desenvolver somente se a razão deixa-lhe a via livre. Ao invés, Crísipo referiu inteiramente à razão esse elemento passional, fazendo coincidir, como dissemos, a paixão com o

---

71. Os dois testemunhos são, respectivamente, de Diógenes Laércio, VII, 110 e de Cícero, *Tusc. disput.*, IV, 5, 11 (= von Arnim, *S.V.F.*, I, fr. 205).

72. Cf. a passagem de Galeno que reproduzimos logo abaixo.

próprio juízo. Relata-nos Galeno, que apresenta vários fragmentos do nosso filósofo:

> Crísipo [...], no primeiro livro *Sobre as paixões*, busca demonstrar *que as paixões são juízos da razão*, enquanto Zenão acreditou que as paixões não são os próprios juízos, mas contradições e ampliações, exaltações e depressões da alma consequentes aos juízos[73].

Eis como Plutarco expõe a doutrina de Crísipo:

> Alguns sustentam que a paixão não é diferente da razão e que entre as duas não há diferença e contraste, mas a mesma razão desenvolve-se em ambas, o que nos escapa pela rapidez e velocidade da mudança. Não nos damos conta, com efeito, de que é a mesma parte da alma que, por sua natureza, deseja e se arrepende, irrita-se e teme, é movida do prazer ao que é torpe e, de novo, enquanto é movida, se detém. De fato, desejo, ira, temor e semelhantes *são opiniões e juízos depravados*, que não se encontram só numa parte da alma, mas são absolutamente inclinações, concessões, assensos, impulsos da parte fundamental da alma e, em poucas palavras, forças que facilmente mudam, assim como as corridas das crianças têm impetuosidade e violência instáveis e inconstantes pela sua fragilidade[74].

Como a propósito da virtude, também a propósito das paixões os estoicos mostraram um grande interesse pela fenomenologia das suas manifestações empíricas. Distinguiram quatro espécies de paixões fundamentais: desejo, medo, dor e prazer, e uma série de subespécies de paixões subordinadas a essas quatro[75].

O *desejo* depende de uma *falsa opinião* e de um *falso juízo* sobre um bem futuro; o medo depende de uma *falsa opinião* e de um *falso juízo* sobre um mal futuro; a *dor* depende de uma *falsa opinião* e de um *falso juízo* sobre um presumível mal atual e o *prazer* depende de uma *falsa opinião* e de um *falso juízo* sobre um presumível bem presente. Ao *desejo* estão ligadas paixões como a ira e as suas várias formas: desprezo, irritação, ressentimento, rancor, cólera e semelhantes, avidez e cobiça, ambições e semelhantes; ao *prazer* estão ligados exaltações, gozos, má vontade e malefícios; ao *medo* estão ligados excitações, angústias, consternações, tremo-

73. Galeno, *De plac. Hippocr. et Plat.*, V, 1 (= von Arnim, *S.V.F.*, III, fr. 461).
74. Plutarco, *De virtute morali*, 7, 446 f (= von Arnim, *S.V.F.*, III, fr. 459).
75. Cf. von Arnim, *S.V.F.*, III, fr. 377ss.

res, terrores e semelhantes; à *dor* estão ligados inveja, ciúmes, compaixão, tormentos e semelhantes[76].

Como as paixões provêm diretamente do *lógos*, dado que são *erros* do *lógos*, é claro que não tem sentido, para os estoicos, moderá-las ou circunscrevê-las: como já dizia Zenão, elas devem ser destruídas, extirpadas, totalmente desenraizadas[77]. O sábio, cuidando do *lógos* e tornando-o o mais reto possível, sequer deixará nascer no seu coração as paixões, ou as aniquilará no seu berço. Esta é a célebre *apatia* estoica, isto é, a anulação e a ausência de qualquer paixão, que é sempre e somente perturbação da alma. A felicidade é, pois, *apatia*, impassibilidade[78].

Como Epicuro, para salvar o seu ideal da paz interior proporcionada pelo prazer *catastemético*, isto é, pela ausência de dor e de perturbação, foi constrangido a desconhecer o dramático alcance da realidade da dor e a transtornante tragédia da morte, assim, analogamente, para salvar o próprio ideal de *paz* interior, oferecida por um *lógos* harmonioso e perfeitamente pacificado consigo mesmo e coerente por toda a vida, os estoicos foram constrangidos a desconhecer as forças irracionais que lutam dentro de nós a todo momento, e a negar a sua estatura e o seu alcance ontológico, reduzindo-as a erros da razão. É evidente, portanto, que tanto os estoicos como os epicuristas só puderam sustentar o seu ideal de felicidade *ao preço de mutilações radicais da integridade da vida do homem e da sua realidade*. E como dor e morte assinalam o fracasso da ética da *aponia*, a maciça e irrecusável presença em nós do irracional assinala o fracasso da ética da *apatia*.

13. O ideal do sábio

Numa concepção da filosofia entendida como problema da vida, tal como foi formulada na era helenística, tem grandíssima importância a caracterização do homem perfeito, ou seja, o homem que vive em total sintonia com o *lógos*, isto é, o sábio, o qual constitui o paradigma ideal no qual cada um deve se inspirar.

---

76. Cf. von Arnim, *S.V.F.*, III, frs. 378 e 394.
77. Cf. von Arnim, *S.V.F.*, I, frs. 205ss.; cf. também II, frs. 443ss.
78. Sobre a doutrina estoica das paixões cf. Pohlenz, *La Stoa*, I, pp. 284-309.

Para esclarecer, bastaria dizer que o sábio está cingido pela coroa de todas as virtudes. Mas os estoicos (como, de resto, os epicuristas) não cessam de acrescentar epítetos para caracterizar a figura do sábio, dando margem a uma série de adjetivos que denotam qualificações positivas. O sábio não erra nunca, porque não possui opinião, mas ciência. O sábio faz bem tudo o que faz, porque o faz com o reto *lógos*, com o justo espírito. O sábio é grande, robusto, altivo e forte:

> Grande, enquanto pode conseguir as coisas que escolhe e se propõe, robusto, enquanto se engrandeceu espiritualmente em tudo; altivo, enquanto participa da altura que compete a um homem egrégio e sábio; forte, enquanto munido da força que lhe compete, sendo invicto e invencível[79].

Ademais, o sábio é rico, nobre e belo: rico, ainda que mendigo, nobre, mesmo que servo, belo embora fisicamente feio, porque possui a sua riqueza, nobreza e beleza no *lógos*. O sábio é livre, porque quer tudo o que é necessário; suporta e aceita tudo o que é querido pelo Destino. O sábio basta a si mesmo, porque no *lógos* possui tudo de que necessita. Nada pode perturbá-lo, porque a couraça do *lógos* protege-o de tudo, e, como o sábio epicurista, também o sábio estoico pode ser feliz entre os tormentos, porque o *lógos* transcende a dor e a esvazia da sua negatividade. Na sua paz interior ele é igual a Zeus[80].

Nessa descrição — note-se — há algo que recorda tanto a platônica descrição do mundo das Ideias, como a descrição aristotélica do Motor Imóvel. Com efeito, o verdadeiro Absoluto da era helenística é, justamente, o ideal moral do qual o sábio é a paradigmática encarnação.

Porém, por exaltante que possa ser essa descrição, emergem entretanto, aspectos negativos. Com efeito, o ideal do sábio não admite qualquer via intermediária. Ou se é sábio ou se é néscio e *tertium non datur*[81]. E entre os néscios não existe uma graduação hierárquica. Pode-se morrer afogado tanto em poucos centímetros de água, como nas profundezas do oceano: a profundidade da água não conta, porque de qualquer modo se morre; assim não importa que alguém seja mais ou menos néscio: a quantidade maior ou menor é insignificante com relação à qualidade. Por consequência, também as culpas

79. Estobeu, *Anthol.*, II, 7, p. 99, 14 (= von Arnim, *S.V.F.*, III, fr. 567).
80. Sobre o sábio cf. von Arnim, *S.V.F.*, III, frs. 544-656.
81. Cf. von Arnim, *S.V.F.*, III, frs. 657 e ss.

são todas igualmente graves, porque igualmente negativo é o espírito do qual brotam. Por isso entre néscios e sábios há absoluta incomensurabilidade[82]. Mas, sobretudo a apatia, que cinge o estoico, é verdadeiramente petrificante e, no limite, inumana. Dado que piedade, compaixão, misericórdia são paixões, o estoico as extirpará de si:

> A misericórdia faz parte dos defeitos e vícios da alma: misericordioso é o homem néscio e leviano.
>
> O sábio não se comove por quem quer que seja; não perdoa a ninguém uma falta cometida. Não é próprio de um homem forte deixar-se vencer por súplicas e afastar-se da justa severidade[83].

A ajuda que o estoico dará aos homens só poderá ser asséptica, longe de qualquer humana simpatia, justamente como o frio *lógos* encontra-se longe do calor do sentimento. E assim o sábio mover-se-á entre os seus semelhantes com uma atitude de total distanciamento empático, quer ele faça política, quer se case, cuide dos filhos ou contraia amizades, de modo que acabará por afastar-se da própria vida; e, com efeito, o estoico não é um entusiasta da vida, nem é um amante dela como, ao invés, é o epicurista. E enquanto Epicuro saboreava até os instantes finais da vida e os gozava, feliz mesmo entre os tormentos do mal, Zenão, em paradigmática atitude, depois de uma queda na qual entreviu um sinal do Destino, lançava-se, feliz por terminar a sua vida, nos braços da morte, gritando:

> Venho, por que me chamas?[84]

O suicídio, que os estoicos admitiam nos casos em que o sábio se encontrasse em excepcionais condições adversas ao exercício da virtude[85], não é coerente com as premissas teóricas do sistema, se é verdade que o *lógos* é invicto e invencível, e se é verdade que o sábio, mesmo entre as chamas, pode ser feliz: a admissão do suicídio enraíza-se, antes, na plúmbea visão da vida que descrevemos, na qual, eliminando e reprimindo todo sentimento e paixão, perde-se quase totalmente também a original e instintiva alegria de viver.

---

82. Cf. *ibidem*.
83. von Arnim, *S.V.F.*, I, frs. 213ss.
84. Diógenes Laércio, VII, 28.
85. Sobre o suicídio cf. Rist, *Stoic Philosophy*, pp. 233-255.

SEGUNDA SEÇÃO

O MÉDIO ESTOICISMO

"[...] Posidonius [...] cumque quasi faces ei doloris admoverentur, saepe dixisse: 'nihil agis, dolor! quamvis sis molestus, numquam te esse confitebor malum'."

"*[...]* Possidônio *[...]* nos momentos em que a dor era mais pungente repetia: 'a tanto não chegas, ó dor! És opressora, sim, mas nunca admitirei que és um mal'."

Cícero, *Tusc. disput.*, 11, 25, 61

Busto de Possidônio, conservado no Museu Arqueológico de Nápoles.

I. O MÉDIO ESTOICISMO DE PANÉCIO

1. A nova direção impressa ao Pórtico por Panécio

O Pórtico, depois de Crísipo, limitou-se substancialmente à conservação e defesa dos dogmas, perdendo notavelmente em vigor e eficácia[1]. Foi Panécio quem, nos últimos trinta anos do século II a.C., renovou o seu antigo esplendor, restituindo-lhe a vitalidade aparentemente perdida[2]. Todavia, ele só teve sucesso nesse empreendimento

1. Uma precisa reconstrução dessa fase do Pórtico encontra-se em Pohlenz, *La Stoa*, 1, pp. 359-383.

2. Panécio nasceu em Rodes, ao que parece em torno a 185 a.C., de nobre família. Transferindo-se para Atenas (depois de ter ouvido lições de Crátes, talvez em Pérgamo), ouviu sobretudo as lições de Diógenes de Selêucia, então dirigente do Pórtico, e tornou-se seguidor convicto do discurso estoico (isso deve ter acontecido entre 160 e 150), permanecendo ligado à escola mesmo quando Antípatro assumiu a sua direção. Ouviu também lições de Pólemon, muito mais velho do que ele, e, possivelmente, também as de Carnéades. Visitou Roma, provavelmente mais de uma vez, e foi acolhido como distinto hóspede no círculo de Cipião, talvez por mediação do historiador Políbio. Em 140-139, Panécio participou com Cipião de uma viagem ao Oriente, que, juntamente com a sua estada romana, deve ter incidido fortemente sobre a sua formação espiritual. Em 129 a.C. tornou-se dirigente do Pórtico, sucedendo a Antípatro. Morreu por volta do início do século I (Possidônio diz-nos que Panécio viveu ainda trinta anos depois da publicação da sua obra maior, *Sobre os deveres*, que ocorreu logo depois de ter assumido a direção do Pórtico; cf. Cícero, *De officiis*, III, 2, 8). Parece, em todo caso, que Panécio não continuou as suas lições até o final da vida (provavelmente por razões de saúde), ao menos por certos períodos; com efeito, em 109, quando Lúcio Crasso foi a Atenas, no Pórtico dava lições Mnesarco, discípulo de Panécio (Cícero, *De orat.*, I, 11, 45). Não nos chegou nenhuma das obras de Panécio. Os fragmentos foram recolhidos, primeiro. por H. N. Fowler, *Panaetii et Hecatonis librorum fragmenta*, Bonn 1885, e, recentemente, por M. van Straaten, *Panétius, ses écrits et sa doctrine aves une édition des fragments*, Amsterdam 1946; Id., *Panetü Rhodü fragmenta*. Leiden 1952 (1962[2]). Muito oportunamente van Straaten limitou-se aos testemunhos nos quais aparece expressamente o nome de Panécio e, portanto, seguramente confiáveis. A bela síntese de Pohlenz, dedicada ao Pórtico, sobre Panécio (assim como sobre Possidônio) não é, infelizmente, suficientemente fundada: de fato, tende a ampliar o autor (como, de resto, fazem muitos estudiosos sobre Panécio), atribuindo-lhe doutrinas que não são seguramente atestadas como suas e extraindo uma série de ilações acríticas.

porque introduziu no patrimônio doutrinal do Pórtico modificações de certa importância. Em parte ele mitigou algumas asperezas da ética, em parte modificou certos portos da psicologia, em parte repensou determinados aspectos da física.

As razões que levaram a essas mudanças são muitas e diversificadas.

a) Em primeiro lugar, devemos notar os efeitos que a Academia cética produziu com a polêmica contra o Pórtico. Os ataques que Arcesilau desfechou contra Zenão e Cleanto, e que Carnéades dirigiu contra Crísipo (do que falaremos amplamente ao discorrer sobre os céticos), limitaram-se a desmantelar as doutrinas estoicas, sem, contudo, apresentar alternativas novas; não obstante, eles não deixaram de assinalar efetivos pontos frágeis do estoicismo. Era preciso, portanto, se não se queria sucumbir sob aquelas críticas, renovar a doutrina e, sobretudo, vivificar o espírito, que tendia a enrijecer-se numa estéril escolástica.

b) Em segundo lugar, fundamental, sobretudo na revisão da moral estoica, foi o contato de Panécio com a mentalidade romana. Acolhido em Roma no círculo dos Cipiões, frequentando assiduamente os romanos mais poderosos, influentes e esclarecidos do momento, ele compreendeu a novidade e a grandeza da romanidade, foi fascinado e, em certa medida, também, positivamente condicionado por ela. Os seus predecessores viram na Grécia, prioritariamente, o que no âmbito do Estado e da política estava se destruindo e se perdendo; Panécio, viu em Roma, ao contrário, o que nesse âmbito se estava construindo e se afirmava sempre mais. E assim ele recuperou o forte sentido político, que já fora o traço distintivo dos gregos da era clássica, embebeu-se do forte sentido prático que constituía a cifra característica da romanidade. Um e outro elemento incidiram fortemente sobre a visão da vida do filósofo.

c) Ademais, a atenta e apaixonada releitura de Platão e dos primeiros acadêmicos, assim como de Aristóteles e de alguns peripatéticos, fez Panécio sentir a necessidade de acolher algumas teses da Academia e do Perípato, que, no fundo, a seu ver, podiam considerar-se escolas derivadas, como o Pórtico, da mesma matriz, isto é, Sócrates.

d) Panécio, portanto, inaugura no Pórtico uma tendência eclética, que leva em conta as críticas céticas, o novo espírito da romanidade, as doutrinas de Platão e do Perípato. Todavia, essa tendência não degenera de modo algum emecletismo sem alma, porque o espírito do estoicismo nela permanece fundamentalmente dominante e capaz de imprimir a própria forma às novas doutrinas que assume, mesmo adaptando-se às novas circunstâncias. Panécio abre, portanto, uma nova fase na história do Pórtico, indicada pelos historiadores da filosofia com a expressão "médio-estoicismo", ou seja, o estoicismo que se situa entre a fase primitiva do Pórtico e a última, que se desenvolverá em Roma, com novas características, já na era cristã[3].

2. Inovações nas doutrinas físicas do antigo Pórtico

A julgar pelos testemunhos que nos chegaram, não parece que Panécio se tenha ocupado de problemas lógicos, nem que tenha sistematicamente repensado todos os problemas da física. Neste âmbito, todavia, ele trouxe algumas correções aos dogmas da escola, que são de certa importância.

Provavelmente, para fugir às críticas céticas, Panécio abandonou o dogma da conflagração universal e acolheu a ideia peripatética da eternidade do mundo[4]. Naturalmente isso devia comportar, como consequência, o redimensionamento de alguns do principais conceitos físicos. O mundo não podia mais ser entendido como um grande ser

---

3. A denominação foi introduzida por A. Schmekel, *Die Philosophie der mittleren Stoa*, Berlim 1892. Pohlenz julga-a inoportuna e a rejeita, argumentando que na antiguidade há clareza sobre o conceito de "Academia do meio", mas não sobre um "Pórtico do meio" e que, ademais, não há um grupo de pensadores compacto que motive tal denominação. Porém, Pohlenz reconhece o seguinte: "Não há dúvida de que com Panécio começa na história do Pórtico uma nova fase, que será substituída, na era imperial, por uma atitude do espírito diferente: e por isso *podemos falar de um período intermediário na história da escola.* Nele encontramos as mais diversas correntes. Eis porque será melhor evitar o termo 'Médio Pórtico'" (*La Stoa*, 1, 388). Mas, como é evidente, o que Pohlenz concede é mais do que suficiente para motivar a manutenção da denominação introduzida por Schmekel, tanto mais que a expressão "período intermediário do Pórtico", preferida por Pohlenz, quer dizer, em última análise, a mesma coisa.

4. Cf. van Straaten, frs. 64-69.

vivente que nasce, desenvolve-se e depois morre; portanto, a fundamental concepção vitalista do antigo Pórtico devia mudar de significado. E, negada a *ekpyrosis*, mudava também a função de Deus como fogo artífice, pois ele cessava de dissolver em si e, depois, regenerar por si, as coisas periodicamente; portanto, a função de Deus acabava por se tornar a de regente, mais que a de artífice do cosmo[5]. Mas dificilmente Panécio deu-se conta dessas implicações da negação da *ekpyrosis*, tanto mais que ele assumiu nesse ponto uma atitude nuançada, às vezes negando a *ekpyrosis*, às vezes, ao contrário, limitando-se a levantar dúvidas sobre ela[6].

Também diante da adivinhação, tão cara ao antigo Pórtico, Panécio assumiu uma atitude crítica, que os testemunhos às vezes dizem ser de nítida recusa[7], às vezes de cautelosa dúvida[8]. Também essa tomada de posição devia ter repercussões não leves sobre os princípios; em particular, ela comportava, se não a negação, pelo menos um notável enfraquecimento da convicção do antigo Pórtico de que todo evento é estruturalmente ligado a todos os outros, de modo que cada um tem repercussões sobre todos os outros e vice-versa[9].

Enfim, nessa mesma ordem de pensamentos situa-se também a clara negação de Panécio da astrologia[10], que devia, analogamente, redimensionar o conceito estoico do Destino.

3. Doutrinas psicológicas

Também na psicologia Panécio trouxe sensíveis inovações, sob o influxo seja de Aristóteles, seja, também, de Platão[11].

---

5. S. Cf., a propósito disso, as interessantes observações de B. N. Tatakis, *Panétius de Rhodes, le fondateur du moyen stoicisme, sa vie et son oeuvre*, Paris 1931, pp. 102-110.

6. Cf. van Straaten, frs. 64 e 69.

7. Cf. van Straaten, frs. 68 e 73.

8. Cf. van Straaten, frs. 70 e 71.

9. Cf. Tatakis, *Panétius*. pp. 110ss.

10. Cf. van Straaten, fr. 74.

11. Sobre a psicologia de Panécio ver Tatakis, *Panétius*..., pp. 120ss.; e Rist, *Stoic Philosophy*, pp. 179-186.

Em primeiro lugar, parece que ele acentuou as distinções entre a componente puramente física do homem (*physis*) e a alma (*psyché*). À componente física ele atribuiu as funções puramente biológicas da nutrição, do crescimento, da reprodução e os impulsos a elas conexos; à alma ele atribuiu os cinco sentidos e o *hegemônico*. (Portanto, as "partes" da alma, de oito, são reduzidas a seis — os cinco sentidos, mais o *hegemônico* —; a função da reprodução é retirada da alma e atribuída à componente física e a fala não é mais concebida como função de uma parte da alma[12].)

Ademais, ele contrapôs, na alma, os cinco sentidos ao hegemônico e, sobretudo, no interior do *hegemônico*, ele admitiu *duas forças* puras contrapostas entre si, o *irracional* e a *razão*. Relata Cícero:

> Duas são as forças naturais da alma: a primeira consiste no apetite, que em grego se diz *hormé*, que arrasta o homem de uma parte à outra; a segunda consiste na razão, que ensina e explica o que se deve fazer e o que evitar[13].

E ainda:

> Os movimentos da alma são de duas espécies: alguns são próprios da razão, outros do apetite; a razão desenvolve-se sobretudo na busca do verdadeiro, o apetite move a agir[14].

Essa distinção é evidentemente introduzida para explicar os conflitos morais, que, com a sua psicologia rigidamente racionalista, o antigo Pórtico não conseguia explicar.

No fundamento dessa distinção entre forças irracionais e forças racionais da alma, está uma concepção que destaca e acentua a natureza composta da alma. A alma é constituída por dois elementos: o ar e o fogo[15]. As forças irracionais dependem do ar, as racionais do fogo.

É óbvio, portanto, que Panécio não podia seguir Platão e Aristóteles na concepção da imortalidade da alma. Ele, de fato, raciocina do seguinte modo: a alma nasce e, portanto, deve morrer. Com efeito, é necessário que tudo o que nasce morra. Ademais, ela está sujeita a

---

12. Cf. van Straaten, frs. 84-86 a.
13. Cícero, *De officiis*, I, 28, 101 (= van Straaten, fr. 87).
14. Cícero, *De officiis*, I, 36, 132 (= van Straaten, fr. 88).
15. Cf. Cícero, *Tusc. disput.*, I, 18, 42 (= van Straaten, fr. 82).

afecções e sofrimentos e, como tudo o que está sujeito a padecimentos, é corruptível, e, portanto, a sua imortalidade eterna é impensável[16]. Para compreender a imortalidade, Panécio teria de recuperar o conceito de espiritual e de suprassensível, e devia compreender que a alma é, justamente, uma entidade espiritual e suprassensível. Ao contrário, ele a concebe como ar ígneo e explica a morte como um apagar do fogo e um esfriar-se do *pneuma*. Enfraquecidas as conquistas da "segunda navegação", como bem sabemos e continuamente estamos confirmando, a imortalidade da alma não tem sentido no nível conceitual. O assim chamado "dualismo" da psicologia paneciana é um dualismo que não vai muito além da antítese do frio e do quente (ar e fogo): é um dualismo inteiramente absorvido no dogma do monismo materialista de base.

4. Ética e política

A notável experiência dos homens, mais ainda do que a convicção de que a alma e o corpo são intimamente ligados, sugeriu a Panécio uma reavaliação dos "indiferentes". Relata expressamente Diógenes Laércio:

> Panécio e Possidônio sustentam [...] que a virtude não é suficiente, mas é preciso também boa saúde, abundância de meios de vida e força[17].

Na verdade, essa é uma ideia já sustentada, como vimos, por Aristóteles na *Ética Nicomaqueia*[18]. Panécio não pretendia com isso

---

16. Cícero, *Tusc. disput.*, 1, 32, 79 (= van Straaten, fr. 83). A passagem ciceroniana, na verdade, não diz que Panécio tenha sustentado a tese de que a alma morre *imediatamente* junto com o corpo. R. Hoven, no recente trabalho já citado *Stoicisme et Stoiriéns face au problème de l'au-delà*, pp. 51ss., sustenta que Panécio pode ter professado a mesma doutrina do antigo Pórtico. De fato, Cícero o contrapõe a Platão, não aos outros estoicos, e é nessa contraposição que ganha um sentido específico a tese de Panécio. (Noutros termos: se comparada com a tese platônica, também a tese do antigo Pórtico sobre a alma acaba afirmando a sua mortalidade). Em todo caso, para Panécio, não deve ter tido muita importância *quando* morre a alma; ele deve ter insistido principalmente no *fàto de que ela morre*.

17. Diógenes Laércio, VII, 128 (= van Straaten, fr. 110).

18. Cf. o volume IV, pp. 98ss.

corromper o grande princípio do Pórtico de que o autêntico bem do homem é a virtude, isto é, o bem moral; ele queria, antes, realisticamente, chamar a atenção para o fato de que, se aquelas coisas, quando são possuídas, facilitam a virtude e, quando não são, obstaculizam-na, então elas não podem ser consideradas puramente indiferentes. Mas, independentemente da intenção do autor, a sua posição resulta uma posição de compromisso, que não podia senão abalar a pureza da original posição estoica, e não podia deixar de comprometer a afirmação do caráter absoluto do bem moral.

Com base no que se disse até aqui, explica-se bem a atitude crítica assumida por Panécio diante do sábio, ou melhor, diante do mito estoico do sábio. Sêneca narra que, interrogado por um jovem sobre se o sábio podia ou não amar, respondeu:

Do sábio falaremos em outra ocasião: por agora digamos que eu e tu, que estamos ainda longe de sermos sábios, devemos estar atentos a não nos deixar prender por uma paixão agitada e violenta, que nos submeta aos outros e que é absolutamente desprezível em si mesma[19].

Ora, a expressão "do sábio falaremos em outra ocasião" significa: o sábio, do qual tanto se fala, não existe; por isso não nos ocupemos dele, ocupemonos de nós, homens que somos, que aspiramos à sabedoria, mas não somos nem podemos jamais ser sábios naquele sentido absoluto.

E assim explica-se perfeitamente que o nosso filósofo tenha posto todo o seu interesse não no estudo das *ações perfeitas*, isto é, dos *katorthómata*, mas no estudo dos *deveres*, dos *kathékonta*, das ações intermediárias, e explica-se que a obra *Sobre os deveres* tenha sido, justamente, a sua obra-prima. Dessa obra, infelizmente perdida, podemos reconstruir algumas doutrinas fundamentais através do *De officiis* de Cícero, que é a sua imitação[20].

Também na determinação das virtudes, Panécio afastou-se em parte do antigo Pórtico. Ele parece retomar a distinção entre virtude teórica e virtude prática, mas sem remeter-se aos padrões aristotélicos. Virtude teórica é o *saber*, virtudes práticas são: a *justiça*, a *magna*

19. Sêneca, *Epist.*, 116, 5 (= van Straaten, fr. 114).
20. Pelo menos — parece certo — nos primeiros dois livros.

nimidade e a *temperança*[21]. Essas virtudes enxertam-se sobre quatro tendências fundamentais do homem: o desejo de puro saber, o desejo de conservar a si e à comunidade, o desejo de não depender de ninguém e de nada, o desejo de moderação. As virtudes são, precisamente, a atuação e a explicitação desses desejos em conformidade com a razão[22].

Panécio não tematizou a superioridade da virtude prática sobre a teórica, como fará Cícero, aproveitando-se do enfoque paneciano[23]. Todavia, ele valorizou a vida prática, trouxe ao Pórtico um vivo sentido da socialidade e um forte sentido do Estado, que absorveu dos romanos, e, assim, de algum modo, enfraquecendo o vago cosmopolitismo dos predecessores.

5. Repúdio da apatia

Deve-se observar ainda um ponto do pensamento de Panécio, e, precisamente, a negação da apatia. Essa negação provavelmente levava aos limites da ruptura com o espírito estoico. Como se a explica? Epicuro pregou a *aponia* e a *ataraxia*; os estoicos antigos, a *apatia*; e esta foi pregada também por Pirro. Esses homens viveram a derrocada dos ideais de toda uma era e viram ou acreditaram ver só destruição em torno de si e, portanto, encontraram na atitude ética o único meio de defesa do eu, que devia pedir tudo exclusivamente a si mesmo. Panécio, ao contrário, viu em Roma, como já dissemos, reviver os antigos ideais cívicos; viu a realidade do Estado forte e vivo; viu homens agirem e levarem a justo termo as suas ações; viu que o sucesso pode favorecer também o justo. Ele mesmo deve ter-se comprazido com o próprio sucesso, em Roma e em Atenas. Por isso, e talvez também como consequência de um feliz temperamento dado pela natureza, sentiu que devia romper aquela "impassibilidade" estoica, que é mortificação da vida. Escreveu uma primeira obra para ensinar como afrontar e suportar a dor, fortificando o físico e o es-

21. Cf. Cícero, *De officiis*, I, 5, 1517 (= van Straaten, fr. 103).
22. Cf. Cícero, *De officiis*, I, 4, 1114 (= van Straaten, fr. 98).
23. Cf. Cícero, *De officiis*, I, 152ss.

pírito, e para mostrar como evitar que a dor seja obstáculo ao cumprimento do dever. Porém, o que é mais indicativo, escreveu uma obra dedicada à *eutthymía*, isto é, ao contentamento e à alegria de viver: uma alegria que brota do viver em plena harmonia com o dever, ou seja, em paz consigo e com as coisas[24].

6. O humanismo de Panécio e o significado da sua filosofia

Os estudiosos falaram muitas vezes de "humanismo" paneciano, e é, certamente, verdade que Panécio representa o momento humanista do estoicismo, porquanto isso possa parecer paradoxal. Esse humanismo, mais do que em qualquer outro ponto da sua doutrina, é bem visível na correção trazida à fórmula da moralidade, "viver segundo a natureza"; fórmula que é transformada em "viver segundo as *disposições* que nos são dadas pela natureza"[25]. Assim, a tarefa moral é personalizada e, portanto, humanizada, enquanto permite a cada um realizar-se de modo próprio, justamente segundo as diferentes disposições postas nele pela natureza[26].

Nesse corte mais humano do estoicismo, com a relativa valorização dos "deveres", está a importância histórica de Panécio. Através de Panécio o conceito de "dever" entra em Roma, e através de Cícero, que o retoma de Panécio, é transmitido a todo o Ocidente como uma conquista espiritual definitiva[27].

---

24. Cf. Pohlenz, *La Stoa*, I, pp. 418s. e, sobretudo, A. Grilli, *Il problema della vita contemplativa nel mondo greco-romano*, Milão-Roma 1953, pp. 137-161.

25. Clemente, *Strom.*, II, 21, 129 (= van Straaten, fr. 96).

26. Cf., sobre esses pontos, os aprofundamentos de Rist, *Stoic Philosophy*, pp. 186ss.

27. Cf. Tatakis. *Panétius...*, p. 226.

II. O MÉDIO ESTOICISMO DE POSSIDÔNIO

1. A questão possidoniana

O capítulo concernente a Possidônio (seja no âmbito da evolução do pensamento do Pórtico, seja no mais vasto âmbito da evolução do pensamento antigo) é, hoje, certamente um dos mais problemáticos e difíceis de escrever. Isto se deve a duas razões contrárias que, juntas, tornam a reconstrução do pensamento do filósofo de Apameia extremamente complexa.

Em primeiro lugar, não possuímos mais nenhuma obra de Possidônio, e os fragmentos e testemunhos nos quais o nome do filósofo é expressamente mencionado são escassos e, sobretudo, não decisivos.

Entretanto, especialmente por parte dos estudiosos de língua alemã, sobre Possidônio se disse e se escreveu muito: incrivelmente mais do que os testemunhos seguros o permitem. Em primeiro lugar, pretendeu-se considerar como diretamente inspirados no pensamento possidoniano o primeiro livro das *Tusculanas*, o *Somnium Scipionis* de Cícero, o *De facie lunae* de Plutarco e, por fim, o cântico VI das *Enéadas*[1]. E mesmo quando essas teses revelaram pressupostos acríticos, continuou-se, até por parte de ilustres estudiosos, a considerar como inspirados diretamente em Possidônio e, portanto, fragmentos de Possidônio, numerosas passagens de filósofos helenístico-romanos, pela única razão de que tudo quanto neles era contido correspondia a reconstruções *apriorísticas* do seu pensamento[2].

Resultado de tudo isso é um balanço pouco confortável: não existiam até bem pouco tempo edições metodicamente corretas dos

---

1. Sobre isso ver as indicações e precisas discussões de K. Reinhardt na monografia *Poseidonios von Apameia der Rhodier genannt* (publicada na *Realencyclopädie der classischen Altertumswissenschaft*, Pauly-Wissowa, XXII, cols. 558-826 e também disponível como extrato [Stuttgart 1954]; cf. cols. 570-624.

2. Ver M. Laffranque, *Poseidonios d'Apamée*, Paris 1964, cap. I, pp. 1-44, onde se encontra o *status quaestionis*. Cf. ademais: J. F. Dobson, "The Posidonius Myth", in *Classical Quarterly*, 12 (1918), pp. 179ss.

fragmentos genuínos[3] e não existiam, por consequência, reconstruções do perfil espiritual do nosso autor capazes de articular consensos unânimes[4].

Em nosso século, foram publicadas obras de grande fôlego e de ampla repercussão a respeito do nosso filósofo; todavia, as teses nelas sustentadas, mais brilhantes e fantasiosas do que histórica e solidamente fundadas, caíram atualmente em descrédito. Assim foram denunciadas as fraquezas da tese de Jaeger, que pretendia ver em Possidônio o precursor do neoplatonismo e o criador do conceito de "intermediário"[5]; foram destacados os *apriorismos* e as arbitrariedades interpretativas dos grandes trabalhos de Reinhardt, que desenharam a sugestiva imagem de um Possidônio criador de uma filosofia vitalista, centrada no conceito de *vis vitalis* e de simpatia cósmica[6] e, analogamente, não encontraram muito crédito os trabalhos de Heinemann[7]. E é verdadeiramente lamentável que Pohlenz, na sua bela síntese sobre o Pórtico, tenha não só acolhido Reinhardt, mas até mesmo buscado ulteriormente verificá-lo, comprometendo esse capítulo da sua obra[8]. O leitor tem assim a surpresa, ao controlar as fontes às quais Pohlenz remete, de quase nunca encontrar nelas o nome de Possidônio e, amiúde, não encontrar nem sequer explicado por Pohlenz, como ou por que determinadas fontes são referidas a Possidônios[9].

---

3. A antiga edição de J. Bake (1810) foi finalmente substituída pela de L. Edelstein e 1. G. Kidd, *Posidonius*, vol. I, *The Fragments*, Cambridge University Press 1972, e pela de W. Theiler, *Poseidonios, Die Fragmente*, 2 vols., W. De Gruyter, Berlim-Nova Iorque 1982 (O segundo volume contém um comentário muito denso).

4. Cf. Rist, *Stoic Philosophy*, p. 201.

5. W. Jaeger, *Nemesios von Emesa, Quellenforschungen zum Neuplatonismus und seinen Anfängen bei Poseidonios*, Berlim 1914.

6. K. Reinhardt, *Poseidonios*, Munique 1921; Id., *Kosmos und Sympathie, Neue Untersuchungen über Poseidonios*, Munique 1926; Id., *Poseidonios über Ursprung und Entartung*, Heidelberg 1928 (Orient und Antike, 6); Id., *Poseidonios von Apameia*, citado na nota 1.

7. I. Heinemann, *Poseidonios' metaphysische Schriften*, 2 vols., Breslau 1921 e 1928 (reprodução anastática, Hildesheim 1968).

8. Pohlenz, *La Stoa*, 1, pp. 421-493.

9. É paradigmática, a este respeito, a antologia de fragmentos, em tradução alemã, compilada por Pohlenz, *Stoa und Stoiker: Die Gründer, Panaitios, Poseidonios*, Zurique 1950, pp. 257-357.

Felizmente, sobre muitos desses equívocos lançou luz o recente e documentadíssimo trabalho de Marie Laffranque[10], que relembrou com muita firmeza aos estudiosos a necessidade de limitar-se unicamente aos fragmentos nos quais Possidônio é citado nominalmente, e tentou reconstruir o novo perfil do filósofo que daí emerge consequentemente[11]. Do ponto de vista crítico, o trabalho de Laffranque é de importância decisiva; menos convincente resultou, ao contrário, a reconstrução positiva do perfil espiritual de Possidônio oferecicda pela estudiosa. Mas para essa reconstrução é preciso ainda esperar os frutos que amadurecerão das novas edições sistemáticas dos fragmentos feitas por Edelstein-Kidd e Theiler.

A reconstrução sintética que traçaremos deve, pois, ser considerada necessariamente provisória.

2. Características do estoicismo de Possidônio

Possidônio[12] deu continuidade ao novo curso que o mestre Panécio imprimiu ao Pórtico; mas preferiu abrir uma escola em Rodes, talvez

---

10. Ver *supra* nota 2.

11. O critério acrítico segundo o qual amiúde se regularam os estudiosos é assim resumido, esquematicamente, por Laffranque: "Aqui há uma influência não identificada, aqui há traços de um autor desconhecido; talvez seja um autor estoico; ou mais ainda do Médio Pórtico. E, quem será ele senão Possidônio?" (*Poseidonios*, p. 7).

12. Possidônio nasceu na cidade oriental de Apameia, na Síria, entre 140 e 130 a.C. (cf. os documentos segundo os quais Laffranque reconstrói a data, *Poseidonios*, pp. 46s.). Realizou seus estudos em Atenas, onde tornou-se discípulo de Panécio. Em 86 a.C. esteve em Roma, enviado pelos rodienses como embaixador. Entrou em contato com os círculos aristocráticos romanos, com os quais manteve boas relações. Nada sabemos sobre as datas das suas viagens ao Oriente e ao Ocidente. Os imponentes conhecimentos adquiridos por Possidônio nos seus estudos e nas suas viagens, unidos ao seu fascínio intelectual e à sua habilidade de mestre, garantiram à escola estoica de Rodes um sucesso que obscureceu o Pórtico ateniense. Os nobres romanos dirigiram-se, para completar os seus estudos, a Rodes e não a Atenas. Em 78/77 a.C. Cícero frequentou as lições de Possidônio. Em 67 e em 62 visitou-o Pompeu. Morreu pouco depois de 51 a.C. Da sua imponente obra de historiador, de cientista e de filósofo, como já dissemos, restaram apenas fragmentos. Sobre os títulos das obras de Possidônio citados pelos autores antigos, ver o elenco em Laffranque, *Poseidonios*, pp. 100s.; para uma exata e ampla reconstrução de tudo o que podemos saber sobre a vida e a formação de Possidônio, cf. Laffranque, pp. 45-97.

por desejo de maior independência ou por outros motivos que nos escapam.

Possidônio condividiu a ideia fundamental do mestre — que contribuiu de maneira decisiva para criar a nova têmpera do Pórtico —, segundo a qual a verdade não estava necessária e exclusivamente encerrada nos dogmas do Pórtico e, portanto, podiam vir dos ensinamentos das outras escolas oportunas integrações e correções aos dogmas estoicos. Possidônio abriu, portanto, o Pórtico aos influxos platônicos e também aristotélicos, e não hesitou em corrigir Crísipo com Platão, mesmo mantendo firme a visão fundamental sobre a vida, própria do Pórtico.

Talvez Possidônio também tenha sofrido influxos do Oriente: a sua cidade natal, Apameia, na Síria, situava-se num ponto de confluência de duas civilizações. É certo, em todo caso, que ele se tenha formado na cultura ocidental, especialmente em Atenas[13].

Mas o filósofo não se contentou com ouvir as lições dos mestres e com a leitura dos livros; ele quis conhecer lugares, países, homens, usos e costumes diversos e viajou muito tanto no Oriente como no Ocidente, a ponto de ser, e com razão, considerado o maior explorador da antiguidade. Viajou pela Ásia Menor, pela Palestina, pelo Egito, pela Itália, pela Gália e pela Espanha[14].

Foi também incansável e excelente estudioso de ciências empíricas: ocupou-se de geografia, de etnologia, de matemática, de astronomia, de meteorologia, de história. Sobre o significado de Possidônio como homem de ciência falaremos no final; por ora, busquemos definir os pontos principais nos quais o filósofo corrigiu os dogmas especulativos do Pórtico.

3. Física

Ao ler alguns testemunhos sobre a física e a teologia de Possidônio, tem-se, à primeira vista, a impressão de que o filósofo não mudou os dogmas de fundo da escola. Ário Dídimo relata:

---

13. Cf. Laffranque, *Poseidonios*, p. 49ss.
14. Sobre as viagens de Possidnio, cf. Laffranque, *Poseidonios*, pp. 78ss.

Possidônio afirmou que a substância e matéria do universo é privada de qualidade e informe, enquanto por si mesma não tem nem uma figura determinada, nem qualidade, mas encontra-se sempre em alguma figura e em alguma qualidade. A substância, que é realmente, difere da matéria apenas logicamente[15].

Neste testemunho, o monismo e a unidade ontológica dos princípios ativo e passivo são rigorosamente afirmados. Totalmente convergente é o testemunho de Estobeu:

Possidônio considera deus um *pneuma* inteligente e ígneo, privado de forma, mas capaz de transformar-se naquilo que quer e tornar-se semelhante a qualquer coisa[16].

Nesse testemunho evidencia-se, no que concerne ao princípio ativo, aquilo que no precedente testemunho se observa relativamente ao princípio passivo.

Mas a impressão muda quando tomamos em consideração outros testemunhos, só recentemente explicados de maneira adequada.

Relata Aécio:

Possidônio atribuía ao Destino o terceiro lugar depois de Zeus. Dizia, de fato, que, em primeiro lugar vem Zeus, em segundo a Natureza e em terceiro o Destino[17].

Ora, sabemos que a doutrina codificada pelo Pórtico identificava Deus, Natureza e Destino[18]. Em que sentido, portanto, Possidônio dividiu-os?

Recentemente, Rist[19] chamou a atenção, relativamente ao fragmento lido, para algumas passagens de Diógenes Laércio que podem esclarecê-lo. Diz Diógenes Laércio:

O cosmo é ordenado e dirigido pela mente e pela providência, como diz Crísipo, no quinto livro *Sobre a Providência*, e Possidônio, no terceiro livro

---

15. Ário Dídimo, fr. 20 (= Diels, *Doxographi graeci*, p. 458, 8ss. = Edelstein-Kidd, fr. 92 = Theiler, fr. 267).
16. Aécio, *Plac.*, I. 7, 19 (= Diels, *Doxographi graeci*, p. 302, 22ss. = Edelstein-Kidd, fr. 101 = Theiler, fr. 349).
17. Aécio, *Plac.*, I, 28, 5 (= Diels, *Doxographi graeci*, p. 324, 11ss. = Edelstein-Kidd, fr. 103 = Theiler, fr. 382 a.
18. Cf. von Arnim, *S.V.F.*, 11, frs. 912ss.
19. Cf. Rist, *Stoic Philosoplry*, p. 202ss.

Sobre os Deuses, enquanto a mente penetra todas as partes do cosmo, como a alma em nós. Porém, em certas partes penetra mais, noutras menos. Nalgumas partes, de fato, penetra como capacidade e faculdade (ἕξις), como os ossos e os nervos; noutras como verdadeira mente, como a parte principal e guia da alma. Assim todo o cosmo, enquanto vivente e animado e racional, *tem o seu princípioguia* no éter (segundo Antípatro de Tiro, no oitavo livro *Sobre o Cosmo*), *no céu* (segundo Crísipo, no primento libro *Sobre a Providência*, e. Possidônio, na obra *Sobre os Deuses*), no sol (segundo Cleanto)[20].

Ainda Diógenes Laércio nos informa:

O cosmo é único e finito e é *de forma esférica*, porque tal forma é a mais apta ao movimento, como afirma Possidônio, no quinto livro da *Física*[21].

Enfim, escreve Diógenes Laércio:

Possidônio, no terceiro livro *Sobre os fenômenos celestes*, demonstra que a superfície existe não só no pensamento, *mas também na realidade*[22].

Dessas passagens poder-se-ia deduzir que Possidônio identificava Deus com o céu e, precisamente, com a superfície esférica que circunda o cosmo, dado que essa é uma realidade fisicamente e não só conceitualmente individuada (como se pode extrair da última passagem lida). Rist[23] indica uma confirmação dessa exegese numa passagem de Plutarco, da qual pode-se deduzir que Possidônio identificava a alma do mundo com a forma (ideia) do mundo[24].

Se assim fosse, então Deus se identificaria com o céu, isto é, com o princípio ativo, que é a alma do mundo; a Natureza com o princípio passivo, isto é, com o princípio material, ou melhor, com o corpo do mundo; o Destino corresponderia, ao contrário, ao que Platão chamava de causa errante ou necessidade do princípio material[25]. Por conse-

---

20. Diógenes Laércio, VII, 138s. (= Edelstein-Kidd, frs. 21, 23 = Theiler, frs. 345, 347).

21. Diógenes Laércio, VII, 140 (= Edelstein-Kidd, fr. 8 = Theiler, fr. 260).

22. Diógenes Laércio, VII, 135 (= Edelstein-Kidd, fr. 16 = Theiler, fr. 311).

23. Rist, *Stoic Philosophy*, p. 205ss.

24. Cf. Plutarco, *De an. procr. in Tim.*, 22, 1023 b (= Edelstein-Kidd, fr. 141 a = Theiler, fr. 391 a).

25. Em tal caso, porém, o Destino *não* se identificaria mais com a Providência que, contudo, continua a coincidir, também para Possidônio, com Deus. Cf., sobre isso, Laffranque, *Poseidonios*, p. 329ss.

quência, estaria presente em Possidônio uma tendência a distinguir Deus do mundo, na medida, pelo menos, em que o materialismo de fundo o permite.

No que se refere aos conceitos de *vis vitalis* e de *simpatia*, já dissemos que Reinhardt ampliou indevidamente o seu significado e alcance: de fato, eles já eram um patrimônio do antigo Pórtico.

Possidônio, como o antigo Pórtico, considera todo o cosmo vivente, e usa o conceito de simpatia para explicar alguns fenômenos, como as marés e as adivinhações; todavia, está longe de chegar a uma intuição vitalista em sentido moderno e a uma exploração radical da simpatia: os fragmentos que ficaram, pelo menos, não sufragam a tese reinhardtiana[26].

4. Antropologia e moral

Seguindo os passos de Panécio, Possidônio continuou e aprofundou a polêmica contra a psicologia de Crísipo, o qual negou, como sabemos, a existência de uma componente não-racional na alma e reduziu a paixão a puro erro de juízo da razão. Mas, se assim fosse, o tumulto das paixões na alma humana permaneceria inexplicável.

Possidônio não hesita, portanto, em remeter-se à psicologia de Platão, e afirma a tripartição da alma humana, admitindo, junto com a alma racional, a alma apetitiva e a alma irascível. Mais que de "partes", Possidônio fala de "forças". Mas a correção mais evidente de Platão é dada pela materialização da alma: ele, com efeito, segundo a doutrina estoica, faz essas forças procederem do coração[27].

Possidônio interdita-se assim a compreensão do essencial significado metafísico da doutrina platônica da alma. Todavia, a tese platônica das três formas da alma serve-lhe para interpretar o agir humano mais corretamente do que Crísipo. Solicitadas pelos sentidos, a força apetitiva e a força irascível da alma podem torcer a razão e induzi-la a dar assensos indevidos e, por isso, podem desviá-la do

---

26. Cf. também Pohlenz, *La Stoa*, 1, pp. 438ss., que dá uma interpretação muito semelhante à de Reinhardt; de Reinhardt ver *Kosmos und Sympathie*, passim.

27. Cf. Lafranque, *Poseidonios*, p. 429.

justo *telos* e fazê-la errar. Por consequência, a tarefa do homem fica melhor determinada: ele deve reforçar a razão, que é o bom demônio, de modo a poder vencer e dominar sempre as forças irracionais, que são os maus demônios que ele traz dentro de si.

Escreve Possidônio, com referência a Crísipo, como testemunha Galeno:

> "A causa das paixões e, portanto, de uma vida incoerente e infeliz, é não seguir em tudo o demônio que lhe é congênito e que tem a mesma natureza de quem rege todo o universo, mas deixar-se levar, consentindo no pior e no apetite animalesco. Mas eles [= os seguidores de Crísipo], ignorando isso, não dão nesse campo uma razão melhor das paixões, nem pensam retamente sobre a felicidade e sobre o acordo com a natureza. De fato, não veem que nela, antes de tudo, trata-se de não se deixar arrastar pelo que de irracional, maléfico e ateu existe na alma". Assim Possidônio mostrou claramente até que ponto Crisipo e os seus erram, não só no raciocínio sobre as paixões, mas também sobre o fim. Com efeito, viver segundo a natureza não é como eles dizem, mas como ensinou Platão[28].

Viver segundo a natureza significa seguir a razão, a qual é da mesma natureza do princípio regente do universo e, por isso, é qualificada de divina, e é chamada o bom Demônio em nós; significa dominar o irracional, que é o oposto da razão e, por isso, qualificado como o elemento maléfico e ateu, o mau Demônio.

Como na teologia, também na psicologia possidoniana desenha-se certo dualismo, ademais infundado ontologicamente, no que se refere à concepção materialista da alma. E verdade que Sêneca relata a seguinte afirmação de Possidônio:

> A mais elevada atividade que o homem pode desenvolver é a virtude: mas a esta prende-se a carne inútil e corruptível, como diz Possidônio, boa somente para ser alimentada[29].

Todavia, não podemos dar muito peso a tal afirmação. Com efeito, vale o que observa Laffranque: "Ou Possidônio está parafraseando outro autor, por exemplo Platão ou, a rigor, Crísipo; ou então esta

---

28. Galeno, *De plac. Hipp. et Plat.*, V, 6, p. 448 (= von Arnim, *S.V.F.*, III, fr. 460 = Edelstein-Kidd, fr. 187 = Theiler, fr. 417).

29. Sêneca, *Epist.*, 92, 109 (= Edelstein-Kidd, fr. 184 = Theiler, fr. 449).

afirmação exprime apenas uma figura de estilo, uma antítese destinada a sublinhar a diferença, de fato grande na sua concepção, entre o hegemônico e todo o resto do homem"[30].

Outra prova disso pode ser deduzida também do fato de Possidônio ter enumerado entre os bens alguns "indiferentes". Relata Diógenes Laércio:

> Como, de fato, propriedade do quente é aquecer, não esfriar, assim também, propriedade do bem é beneficiar, não prejudicar; a riqueza e a saúde oferecem mais danos do que vantagens, portanto, nem a riqueza é um bem, nem a saúde. Ademais, eles dizem que não é um bem aquilo de que se pode fazer bom e mau uso; dado que tanto da riqueza como da saúde pode-se fazer bom e mau uso, nem a riqueza é um bem, nem a saúde. *Possidônio, todavia, enumera também estas últimas entre os bens*[31].

E um pouco adiante:

> Panécio e Possidônio sustentam, todavia, que a virtude não é suficiente, mas que é preciso também boa saúde, abundância de meios de vida e força[32].

Aqui Possidônio segue, evidentemente, Aristóteles, adotando o mesmo ponto de vista do seu mestre Panécio, que ilustramos acima: saúde, vigor e semelhantes são bens, enquanto são condições que favorecem o exercício da virtude. Esta reavaliação dos "intermediários", todavia, não chega a transformar o grande princípio estoico segundo o qual só o bem moral é verdadeiro bem e a dor física não é verdadeiro mal, como resulta do célebre testemunho de Cícero, que reproduzimos:

> Vi pessoalmente Possidônio diversas vezes, mas quero referir dele o que contava Pompeu. Retornava da Síria, Pompeu, e, chegando a Rodes, quis ouvir a Possidônio. Disseram-lhe que ele estava muito doente — sofria um violento ataque de artrite —, mas ele quis assim mesmo ir ao encontro daquele grande filósofo. Quando chegou diante dele e saudou-o, fez os seus elogios e disse que sentia muito não poder ouvi-lo. Então Possidônio disse: "Não, não: não permitirei nunca que, por causa de uma dor física, um homem como tu tenha viajado em vão". E assim Possidônio, deitado sobre o leito,

---

30. Lafranque, *Poseidonios*, p. 431.
31. Diógenes Laércio, VII, 103 (= Edelstein-Kidd, fr. 171 = Theiler, fr. 425 a).
32. Diógenes Laércio, VII, 128 (= Edelstein-Kidd, fr. 173 = Theiler, 425 c).

contava Pompeu, discutiu com profundidade e eloquência justamente a tese de que não existe nenhum bem a não ser o bem moral; e nos momentos em que a dor era mais pungente repetia: "A tanto não chegas, ó dor! És opressora, sim, *mas nunca admitirei que és um mal*"[33].

5. Os destinos da alma

Muito se falou de uma escatologia possidoniana, de uma derivação da alma do sol, e de um retorno dela, depois da morte do corpo, primeiro à lua, com fruição de uma espécie de pura vida contemplativa, e depois ao sol. Infelizmente são reconstruções fundadas sobre indevidas atribuições a Possidônio de testemunhos nos quais o nome do nosso filósofo não é de modo algum citado e que, ao contrário, têm outra origem[34].

De certo há somente o testemunho de Cícero:

> Que os moribundos sejam dotados de qualidades proféticas, confirma-o Possidônio [...]. Ele sustenta, ademais, que os sonhos manifestam-se aos homens, por influxo divino, de três modos: em primeiro lugar porque a alma por si é capaz de prever o futuro, enquanto ligada por vínculos de parentesco com a divindade; em segundo lugar porque *no ar existe um número infinito de almas imortais* nas quais estão, de certo modo, impressas as marcas da verdade; por último, porque os próprios deuses descem para falar com os homens enquanto estes dormem[35].

Essa concepção das almas que estão no ar é conforme ao credo do Pórtico, que conhecemos bem. A qualificação de imortais não pode querer dizer senão uma *longa vida*. De fato, Possidônio, contra o mestre Panécio, reintroduziu a conflagração cósmica[36], e a duração

33. Cícero, *Tusc. disput.*, 11, 25, 61 (= Edelstein-Kidd, test. 38 = Theiler, test. 18).

34. Cf. R. Miller Jones, "Posidonius and Solar Eschatology", in *Classical Philology*, 27 (1932), pp. 113ss., e Lafranque, *Poseidonios*, pp. 519-527.

35. Cícero, *De divin.*, 1, 30, 64 (= Edelstein-Kidd, fr. 108 = Theiler, fr. 373 a).

36. Diógenes Laércio, V11, 142, diz claramente que da gênese e da dissolução do cosmo, Possidônio tratava no primeiro livro *Sobre o cosmo*. E por Aécio sabemos que Possidônio sustentava "que o vazio externo do cosmo não é infinito, mas *o quanto é suficiente para a dissolução*" (II, 9, 3, Diels, *Doxographi graeci*, p. 338, 18ss); ef. Edelstein-Kidd, frs. 99 a, 97 a-b, e, Theiler, frs. 302 e 304.

das "almas imortais" devia, em todo caso, no contexto do seu pensamento, terminar com o *grande ano*, isto é, com o ano cósmico no qual tem lugar a *ekpyrosis*.

A pretensa escatologia solar possidoniana, ademais, contrastaria absurdamente com o fato de o nosso filósofo identificar Deus e o princípio regente do universo, não com o sol, como vimos, mas com o *ouranós*, a esfera que circunda e encerra o mundo.

6. Conclusões sobre Possidônio

Para compreender plenamente a figura de Possidônio seria preciso examinar também as suas contribuições no âmbito das várias ciências; mas isso superaria o alcance da nossa obra, que se limita aos problemas filosóficos. O leitor poderá encontrar, atentamente reconstruídas, enquanto o permitem os testemunhos que nos chegaram, as contribuições dadas por Possidônio às disciplinas históricas, geográficas, meteorológicas, matemáticas, na obra de Laffranque[37].

Uma observação essencial deve, contudo, ser feita a esse respeito. Essas ciências particulares não foram cultivadas por Possidônio, contrariamente ao que nos habituaram a crer alguns estudiosos da escola alemã, como momentos particulares de uma grande construção teórica, a modo de verificação empírica de um grande sistema filosófico[38]. Provavelmente, como emerge do estudo de Laffranque, o contrário é que é verdade; são, amiúde, as instâncias científicas que dão certo perfil à filosofia possidoniana ou nela introduzem determinadas instâncias; em todo caso é certo que algumas daquelas ciências devem ter sido cultivadas por Possidônio em nível extremamente técnico[39].

Talvez a maior originalidade filosófica de Possidônio consista, exatamente, em ter querido pôr a doutrina estoica em dia com o progresso pelas ciências depois da fundação do Pórtico[40].

E isso explicaria o rápido declínio da fama do filósofo, ligada a uma situação histórica particular. Já na baixa Idade Média não se fala

---

37. Lafranque, *Poseidonios*, pp. 109-284.
38. Cf. sobretudo Pohlenz, *La Stoa*, I, pp. 433s., 444ss., 493.
39. Lafranque, *Poseidonios, passim*.
40. Lafranque, *Poseidonios*, pp. 516ss.

mais de Possidônio; os árabes o ignoram e a era moderna não se ocupa dele. Só os filólogos e os historiadores da filosofia dos últimos dois séculos o reconduziram ao primeiro plano no âmbito da história da cultura da era helenística. É certo que Possidônio, como agora todos reconhecem, quanto à variedade de conhecimentos e vastidão de saber, foi a mente mais universal que a Grécia conheceu, depois de Aristóteles. E do caráter excepcional da personagem, os seus contemporâneos deram-se perfeitamente conta, tanto é verdade que, para ouvir as suas lições, vieram a Rodes de todas as partes da Grécia, e até de Roma: e vieram até mesmo, como dissemos, personagens como Cícero e, por duas vezes pelo menos, o grande Pompeu.

POSIDONIUS

I. THE FRAGMENTS

Edited by

L. EDELSTEIN

and

I. G. KIDD

CAMBRIDGE

At the University Press

1972

Esta antologia de L. Edelstein e de I. G. Kidd é a compilação básica dos fragmentos de Possidônio e a mais crítica I. G. Kidd, em 1989, preparou uma segunda edição desta obra (também pela Cambridge University Press), à qual fez seguir dois volumes com imponente comentário analítico de todos os fragmentos ("Cambridge Classical Texts", volumes 13, 14 A, 14 B).

SEGUNDA PARTE

O CETICISMO E O ECLETISMO: DAS ORIGENS AO FIM DA ERA PAGÃ

«'Ετεῇ δὲ οὐδὲν ἴδμεν· ἐν βυθῷ γὰρ ἡ ἀλήθεια.»

"Na realidade nós nada conhecemos, porque a verdade jaz no abismo."

Demócrito (Dielz-Kranz, fr. 11)

Molde em gesso (que reproduz um busto original perdido) figurando Carnéades, acadêmico cético, uma figura muito conhecida na antiguidade. O molde é conservado no Museu de Arte de Copenhague.

PRIMEIRA SEÇÃO

O CETICISMO PIRRONIANO E O CETICISMO ACADÊMICO

«μηδὲν ὁρίζειν, ἀλλ᾽ἀπροσθετεῖν.»

"Não definir nada, ou antes, não aderir a nenhuma opinião".

Timon (Diels, fr. 80)

«τέλος δὲ οἱ σκεπτικοί φασι τὴν ἐποχήν, ᾗ σκιᾶς τρόπον ἐπακολουθεῖ ἡ ἀταραξία.»

"O fim dos céticos é a suspensão do juízo, ao que se segue, à guisa de sombra, a imperturbabilidade."

Diógenes Laércio, IX, 107

PIRRONE TESTIMONIANZE

a cura di

FERNANDA DECLEVA CAIZZI

BIBLIOPOLIS

Frontispício da primeira antologia dos testemunhos que nos chegaram sobre Pirro, publicada por F. Decleva Caizzi em 1981, que imprime uma reviravolta aos estudos sobre esse pensador.

I. O CETICISMO MORAL DE PIRRO E O PIRRONISMO

1. Nascimento do movimento cético

Antes mesmo de Epicuro e Zenão fundarem as suas escolas, Pirro, da nativa cidade de Élida, a partir de 323 a.C. (ou pouco depois), difundia o seu novo discurso cético, dando início a uma corrente de pensamento destinada a ter notáveis desenvolvimentos no mundo antigo, e até mesmo, como o Jardim e o Pórtico, destinada a criar um novo modo de pensar e uma nova atitude espiritual, que, na história das ideias do Ocidente, ficarão como pontos fixos de referência[1]. Pirro não fundou uma verdadeira escola, não acolheu discípulos e não quis nem mesmo fixar por escrito a sua palavra. Quis, ao contrário, retomar o exemplo de Sócrates, convencido de que através da palavra

---

1. Pirro nasceu em Élida, talvez entre 365 e 360 a.C., cidade na qual Fédon fundou uma escola socrática, da qual falamos acima (cf. vol. I, pp. 364ss. e vol. III, p. 69ss.). No início viveu pobremente e exerceu, para viver, a pintura. Depois passou à filosofa, ouvindo, primeiro, mestres das escolas socráticas, especialmente da escola megárica, e, depois, a Anaxarco de Abdera, que o apresentou a Demócrito. Junto com Anaxarco, Pirro tomou parte na expedição de Alexandre ao Oriente (334-324 a.C.): esse acontecimento incidiu profundamente no seu espírito, como veremos. Por volta de 324/323 a.C., Pirro voltou a Élida, onde viveu e ensinou a sua nova visão da vida, com sucesso. Morreu entre 275 e 270 a.C. Ele não escreveu nada (exceto um carme em honra de Alexandre). Felizmente o seu discípulo Tímon fixou por escrito as doutrinas pirronianas, e a ele ativeram-se os antigos. Todos os testemunhos antigos sobre Pirro foram recolhidos e magistralmente comentados por F. Decleva Caizzi, *Pirrone, Testimonianze*, Bibliopolis, Nápoles 1981. Hoje em dia este é o instrumento mais precioso para o estudo do nosso filósofo. Sobre Pirro e o ceticismo cf. V. Brochard, *Les Sceptiques grecs*, Paris 1953[3] (1887[1], 1923[2]); A. Goedeckemeyer, *Die Geschichte des griechischen Skeptizismus*, Leipzig 1905 (Aalen 1968); L. Robin, *Pyrrhon et le scepticisme grec*, Paris 1944; M. Dal Pra, *Lo scetticismo grego*, Milão-Roma 1950 (2 vols., Laterza, Bari 1975[2]). Sobre Pirro em particular é muito estimulante M. Conche, *Pyrrhon ou l'apparence*, Éd. de Mégare, Villers sur Mer 1973. Cf., ademais, *Lo scetticismo antico* ("Atti del convegno organizzato dal Centro di studio del pensiero antico del C. N. R., Roma 5-8 novembre 1980" a cura di G. Giannantoni), 2 vols., Bibliopolis, Nápoles 1981, e em particular G. Reate, *Ipotesi per una rilettura della filosofia di Pirro di Elide*, ivi, vol. I, pp. 243-336, onde se encontrarão as motivações analíticas das posições aqui apresentadas em síntese.

e, antes, nem mesmo através da palavra, mas sobretudo pelo testemunho da vida, dever-se-ia e poder-se-ia comunicar a mais autêntica mensagem da sabedoria filosófica. Os seus discípulos ligaram-se a ele fora dos esquemas tradicionais; mais que verdadeiros discípulos, foram admiradores e imitadores: eram homens que buscavam no mestre sobretudo um novo modelo de vida, um paradigma existencial ao qual referir-se constantemente, uma prova segura de que, malgrado os trágicos acontecimentos que abalavam os tempos, malgrado a ruína da antiga tábua de valores ético-políticos, a felicidade e a paz do espírito eram ainda alcançáveis, *mesmo que se considerasse impossível construir e propor uma nova.*

Exatamente nisso está a novidade que distingue a mensagem de Pirro não só, obviamente, da mensagem dos filósofos precedentes, os quais buscavam a solução de outros problemas, mas também da mensagem dos filósofos da sua época, dos fundadores do Jardim e do Pórtico, os quais buscavam a solução do mesmo problema, o problema da vida: a novidade está *na convicção de que é possível viver "com arte" uma vida feliz, mesmo sem a verdade e sem os valores*, pelo menos tais como foram concebidos e venerados no passado. O Jardim e o Pórtico, que surgiram poucos lustros depois, quando já o discurso de Pirro começava a difundir-se lentamente, embora concordando em atribuir ao sábio uma série de características essenciais já claramente individuadas por Pirro, assumiram uma posição diametralmente oposta à de Pirro, proclamando, com extrema firmeza, que ao sábio são indispensáveis dogmas e certezas e, portanto, reafirmaram a convicção profundamente grega de que o ser e a verdade existem e são alcançáveis pelo homem, e, que a regra do viver feliz só pode brotar daquela meta e da reconstrução de uma precisa tábua de valores.

Como chegou Pirro à inversão desta convicção tão típica do racionalismo dos gregos? E como pôde deduzir uma "regra de vida" e construir uma "sabedoria", renunciando ao ser e à verdade, e declarando tudo vã aparência?

Uma resposta a esses problemas só pode ser dada levando em conta três fatores: *a)* o exato momento histórico no qual amadureceu o pensamento de Pirro e, em particular, a participação do nosso filósofo na grande expedição de Alexandre; *b)* o encontro com o Oriente, que lhe revelou um tipo de "sabedoria" totalmente desconhecido pelos gregos; *c)* os mestres e as correntes filosóficas gregas das quais ele extraiu os instrumentos conceituais para a elaboração e formulação do seu pensamento. Examinemos, pois, cada um desses fatores individualmente e busquemos determinar a sua incidência e a sua importância.

2. Pirro e a revolução de Alexandre

Já esclarecemos acima o que significaram para o grego a expedição de Alexandre, bem como a conquista do Oriente e, em geral, a revolução da ordem política e ideológica do mundo antigo operada por ele. Significaram — recordemo-lo brevemente — a ruína da Cidade-Estado, a destruição da liberdade entendida à maneira grega, a ruptura da identificação de homem e cidadão, a igualização entre gregos e bárbaros, a afirmação do cosmopolitismo, a descoberta e a exaltação do indivíduo, a difusão da cultura helênica com a consequente assimilação de elementos próprios de outras culturas, particularmente a do Oriente[2].

Ora, Pirro foi, entre todos os fundadores das novas escolas, quem de modo mais direto e imediato viveu esse momento de radical ruptura da vida espiritual da antiguidade, enquanto participou, junto com o filósofo Anaxarco de Abdera[3], da grande expedição de Alexandre, e, assistiu pessoalmente ao desenvolvimento dos grandes eventos ao lado da excepcional personalidade do protagonista, o qual, com uma vontade ilimitada e uma audácia que parecia inumana, foi destruindo tudo o que era considerado indestrutível, fazendo desabar as mais

---

2. Cf. vol. V, pp. 10ss.

3. Os testemunhos e fragmentos de Anaxarco foram recolhidos por Diels-Kranz, n. 72, II, pp. 235-240 e foram traduzidos em *Gli Atomisti* por Alfieri, pp. 339ss. Diógenes Laércio, IX, 58 (Diels-Kranz, 72 A 1) escreve sobre Anaxarco: "Ele foi discípulo de Diógenes de Esmirna, e este, discípulo de Metrodoro de Quio, o qual dizia não saber nem mesmo isso, que nada sabia; e Metrodoro foi discípulo de Nessa de Quio; mas outros dizem de Demócrito". Estava no auge da fama, diz-nos Diógenes Laércio, na 110ª Olimpíada, isto é, em 340-337 a.C. Ficou famosíssimo o seu dito com o qual acolheu a ordem do tirano Nicocreontes de pisá-lo num pilão de ferro com um maço de ferro: "Pisa, pois, a Anaxarco, não é a Anaxarco que pisas" (Diógenes Laércio, IX, 59 = Diels-Kranz, 72 A 1).

antigas e enraizadas opiniões dos gregos e abrindo para a história desconcertantes perspectivas.

Não é, pois, surpreendente que, justamente, o pensamento de Pirro, mais do que o dos outros filósofos, sentisse o violento impacto dessas novas realidades. Assim como a grande expedição de Alexandre, da qual Pirro participou, constitui um acontecimento — por assim dizer — de ruptura, analogamente, também o pensamento pirroniano representa — como foi bem observado — "uma filosofia de ruptura", vale dizer, um pensamento que assinala uma brusca passagem de um mundo a outro: Pirro situa-se no preciso momento em que a consciência perde algumas verdades e não consegue ainda encontrar outras e, portanto, como foi justamente dito, situa-se "no marco zero da verdade"[4].

3. O encontro com o Oriente e o influxo dos ginosofistas

Entre as várias experiências pelas quais Pirro passou, seguindo a Alexandre, e que o influenciaram de diversos modos, uma foi de excepcional importância e, em certa medida, talvez determinante: o encontro com os "ginosofistas", uma espécie de sábios da Índia, que levavam uma vida de tipo monástico, toda voltada à superação das necessidades humanas, ao exercício de renúncia das coisas e à conquista da impassibilidade. Esses ginosofistas impressionaram notavelmente todo o séquito de Alexandre: sabemos — entre outras coisas — que Onesícrito acreditou ter encontrado neles, em certa medida, o ideal da filosofia cínica[5].

Ora, o influxo dos ginosofistas sobre Pirro já foi destacado com precisão pelos antigos. Relata Diógenes Laércio:

> [Pirro] teve a possibilidade de estabelecer relações com os ginosofistas na Índia e com os magos. Dali tirou maior estímulo para as suas convicções

4. M. Conche, *Pyrrhon...*, p. 9. Este autor relê Pirro em chave muito marcada pela filosofia heideggeriana e amiúde faz o filósofo dizer coisas que os documentos não dizem. Mas trata-se de uma leitura muito aguda, que, se utilizada com critério, ajuda mais do que outras a resolver os enigmas do nosso filósofo.

5. Cf. vol. V, pp. 40ss.

filosóficas, e parece que abriu para si a via mais nobre na filosofia, enquanto introduziu e adotou os princípios da *akatalexía* (isto é, da irrepresentabilidade ou incompreensão das coisas) e da *epoché* (isto é, da suspensão do juízo): esse primado foi-lhe atribuído por Ascânio de Abdera[6].

E ainda:

Retirava-se do mundo e buscava a *solidão tranquila*, de modo que raramente mostrava-se aos de casa. Comportava-se assim porque ouviu um hindu reprovar a Anaxarco, dizendo-lhe que jamais poderia instruir alguém a ser melhor, enquanto ele mesmo frequentasse as cortes reais e obsequiasse os reis[7].

Há mais, porém. Os historiadores relatam-nos um episódio relativo a um desses ginosofistas, de nome Calano, que teve grande eco. Calano deu-se voluntariamente à morte, jogando-se nas chamas e suportando com impassibilidade os espasmos e queimaduras. Calano, portanto, demonstrava que se é possível acolher com impassibilidade até os que são considerados os piores males, eles não devem ter *em si* aquela "realidade" e aquela "natureza", que lhes são comumente atribuídas e, em todo caso, que *o sábio pode estar em condições de pôr-se acima deles.*

Eis a narração do fato, fornecida por Plutarco:

Calano, que por um breve período foi atormentado por dores no ventre, pediu que lhe erigissem uma fogueira. Depois, dirigiu-se ao lugar a cavalo, rezou e derramou as libações fúnebres sobre si mesmo, cortou uma mecha dos próprios cabelos e ofereceu-a aos deuses, como se usa nos sacrifícios, e subiu à fogueira, saudando os macedônios presentes e exortando-os a transcorrer prezerosamente aquele dia e a banquetear-se junto ao rei, o qual logo, disse ele, deveria rever Babilônia. Dito isso, deitou-se e cobriu a cabeça. *O fogo aproximou-se, mas ele não se moveu: como se tinha deitado, assim permaneceu, imolando-se segundo o uso dos sábios do seu país*[8].

Pirro, no testemunho de Calano, assistiu à demonstração ao vivo daquela ideia que, como vimos, estava destinada a triunfar na era helenística, isto é, *a ideia de que o sábio pode ser feliz mesmo em meio a tormentos.*

---

6. Diógenes Laércio, IX, 61 (= Decleva Caizzi, test. 1 A).
7. Diógenes Laércio, IX, 63 (= Decleva Caizzi, test. 10).
8. Plutarco, *Vida de Alexandre*, 69.

Certamente o encontro com os ginosofistas e com Calano contribuiu, junto e contemporaneamente com a ruína dos valores clássicos da grecidade provocada por Alexandre, para amadurecer em Pirro a convicção "da irrealidade de tudo o que parece 'real'"[9], vale dizer, a ideia fundamental do seu ceticismo.

4. O influxo dos megáricos e dos atomistas

Os acontecimentos dos quais falamos até agora contribuíram de maneira determinante para o nascimento no nosso filósofo da nova visão da vida *no nível da intuição emocional*; mas os instrumentos conceituais para a formulação dessa intuição vieram a Pirro das escolas filosóficas gregas, de modo particular da escola atomista e da escola megárica.

Os contatos de Pirro com o atomismo deram-se através de Anaxarco, que, como já dissemos, foi seu companheiro na expedição de Alexandre e que as nossas fontes permitem ligar sem qualquer dúvida com a escola de Demócrito[10].

Escreve Diógenes Laércio:

> Anaxarco nasceu em Abdera. Foi aluno de Diógenes de Esmima, o qual, por sua vez, foi aluno de Metrodoro de Quios, que costumava dizer que não sabia nada, nem sequer que nada sabia. Dizem que Metrodoro foi aluno de Nexa de Quios, mas corre também a versão de que foi aluno de Demócrito[11].

De resto, sabemos também que

> Pirro, muito amiúde, citava Demócrito[12].

O testemunho lido, confirmado por muitos outros, diz-nos que já o mestre de Anaxarco fazia afirmações de sabor cético, e Sexto Empírico, relacionando com o mestre também o discípulo, escreve:

> E não poucos eram [...] os que diziam que também Metrodoro e Anaxarco [...] negaram a existência do critério do juízo; principalmente

9. Conche, *Pyrrhon...*, p. 21. O influxo do Oriente sobre Pirro pode ser considerado um ponto já adquirido na historiografia filosófica moderna.

10. Cf. *supra*, nota 3.

11. Diógenes Laércio, IX, 58 (Diels-Kranz, 72 A 1).

12. Diógenes Laércio, IX, 67 (= Decleva Caizzi, test. 20).

Metrodoro, porque diz: "Nada sabemos, e não sabemos nem mesmo isto, que nada sabemos"[13].

Mas nas obras do próprio Demócrito eram abundantes as críticas aos sentidos e ao conhecimento sensível, as quais podiam ser exploradas em sentido cético e, com efeito, tornaram-se muito apreciadas pelos céticos. Eis alguns eloquentes fragmentos de Demócrito, conservados por Sexto Empírico:

No livro *Sobre as Formas* [Demócrito] diz: "O homem deve dar-se conta, por meio do presente critério, de que está [por obra das aparências sensíveis] afastado da verdade"[14].

E mais adiante:

"Também essa consideração demonstra, justamente, que nós não sabemos nada, segundo a verdade, sobre qualquer coisa, mas, em cada um, a Opinião é [uma espécie de] conformação [= conformação que os átomos da alma assumem em contato com os átomos das coisas percebidas e, portanto, variáveis]"[15].

E ainda:

"E, portanto, será claro que há grande dificuldade em conhecer, segundo a verdade, como se constituiu cada objeto"[16].

Demócrito às vezes refuta as aparências sensíveis e diz que nada nelas nos aparece segundo a verdade, mas só conforme à opinião, e que o verdadeiro nos objetos consiste em que esses são átomos e vazio. De fato, ele diz: "Opinião é o doce, opinião o amargo, opinião o quente, opinião o frio, opinião a cor; verdade os átomos e o vazio"; vale dizer: considera-se e opina-se que existam qualidades sensíveis, porém, na verdade elas não existem, mas somente os átomos e o vazio. Nos seus *Livros probatórios*, embora tivesse prometido atribuir valor de credibilidade às sensações, entretanto encontra-se que ele as condena: "Na realidade nós não conhecemos nada que seja invariável, mas só aspectos mutáveis segundo a disposição do nosso corpo e do que nele penetra ou lhe resiste"[17].

---

13. Sexto Empírico, *Contra os matem.*, VII, 87s. (Diels-Kranz, 70 A 25; cf. também 70 B 1).

14. Sexto Empírico, *Contra os matem.*, VII, 137 (Diels-Kranz, 68 B 6).

15. *Idem, ibidem* (= Diels-Kranz, 68 B 7).

16. *Idem, ibidem* (= Diels-Kranz, 68 B 8).

17. Sexto Empírico, *Contra os matem.*, VII, 135 (Diels-Kranz, 68 B 9).

E alhures diz:

"Que, portanto, nós não conheçamos segundo a verdade o modo como é ou como se constituiu cada objeto, foi demonstrado em vários lugares"[18].

De modo particular, agradou aos céticos a afirmação democritiana:

Na realidade nós nada conhecemos, porque a verdade jaz no abismo.[19]

Ora, é verdade que Demócrito dizia tudo isso referindo-se exclusivamente ao conhecimento sensível e (como oportunamente vimos) dizia alcançar a verdade "no seu fundo", através do conhecimento intelectual; todavia (e também isso vimos)[20] Demócrito pressupôs a existência do conhecimento intelectual, sem conseguir justificá-lo teoricamente, pois era quase inevitável que (antes de Epicuro reformar, segundo os moldes do sensismo, a gnosiologia atomista, como vimos) as críticas ao conhecimento sensível acabassem por assumir um peso capaz de alimentar amplamente as instâncias céticas.

Também da dialética dos megáricos, Pirro extraiu elementos céticos; de fato, como dissemos, o original princípio positivo afirmado por Euclides, ou seja, a unidade do Ser e do Bem, que eles pretendiam defender com a sua refutação e destruição das teses de fundo do pluralismo, tornou-se sempre menos explícito e, às vezes, foi até mesmo silenciado[21].

Do atomismo e do megarismo, portanto, Pirro pôde extrair uma série de conceitos e deduções que, postos a serviço da nova intuição do sentido da vida e das coisas, emocionalmente colhida e amadurecida durante a expedição de Alexandre, geraram o seu ceticismo.

5. A reviravolta radical da ontologia

Vimos como Epicuro e Zenão tentaram uma sistemática reviravolta da "segunda navegação" platônica, para poder fundar "fisicamente" os seus sistemas. Pirro é ainda mais radical, enquanto, além

18. *Idem, ibidem* (= Diels-Kranz, 68 B 10).
19. Diels-Kranz, 69 B 117.
20. Cf. vol. I, pp. 151ss.
21. Cf. vol. V, pp. 56ss.

dos êxitos da "segunda navegação", rejeita também os daquela que, desenvolvendo a metáfora platônica, poderemos chamar "primeira navegação", isto é, os êxitos da "navegação" tentada pelos filósofos naturalistas, como logo veremos. Em suma, ele nega tanto a "física" como a "metafísica" e, em geral, nega toda forma de ontologia enquanto tal.

O repúdio da ontologia em sentido "físico", ou seja, pré-socrático, é claramente atestado por esse fragmento de Tímon:

> Ó velho, ó Pirro, como e onde encontraste saída para a servidão às vãs opiniões dos sofistas, e quebraste as cadeias de todos os enganos e o encanto das suas tagarelices? Nem te preocupaste com investigar que ventos correm na Hélade, *nem de que se formam todas as coisas e em que se dissolvem*[22].

O repúdio à ontologia platônica da Ideia e o repúdio à forma e à substância aristotélicas são igualmente claros. A Ideia platônica e a forma aristotélica, embora de diferentes modos, como vimos, fundam a natureza das coisas, a sua inteligibilidade e, portanto, a possibilidade do seu conhecimento, assim como a estabilidade e a eternidade dos valores[23]. Todas as coisas, em suma, na ontologia platônico-aristotélica, têm uma "estabilidade na essência"[24] e, portanto, possuem uma diferenciação, uma medida e uma discriminação objetiva. Ao contrário, segundo Pirro

> as coisas não possuem qualquer diferença, nem medida, nem discriminação[25].

Segue-se daí, como veremos[26], que não existem valores, e nada é por natureza feio ou belo, bom ou mau, justo ou injusto e tudo se equivale indiferentemente (ou, também, não se equivale), pois, para o nosso filósofo,

> nada é mais isso que aquilo[27].

---

22. Tímon, fr. 48 Diels = Decleva Caizzi, test. 60.
23. Cf. o vol. III, *passim*.
24. Platão, *Crátilo*, 385 e.
25. Aristócles, fr. 6 Heiland (= Decleva Caizzi, test. 53).
26. Cf., mais adiante o § 7.
27. Diógenes Laércio, IX, 61 (= Decleva Caizzi, test. 1).

Podemos, pois, dizer que Pirro rejeita as instâncias de qualquer forma de ontologia enquanto tal. Com efeito, enquanto o caminho da ontologia vai das aparências ao ser (seja para os físicos[28], seja para os metafisicos[29]), ao contrário, Pirro volta do ser às aparências, negando decididamente que exista ser, e, portanto, que seja possível qualquer juízo sobre o ser, e, reconhecendo, consequentemente, só o aparecer. Portanto, segundo Pirro, não é o ser que domina, mas o aparecer:

> O fenômeno domina sempre, onde quer que apareça[30].

Um último confronto com a posição aristotélica esclarecerá plenamente a novidade da posição pirroniana.

Escrevia Aristóteles na *Metafisica*:

> Na verdade, *o que desde os tempos antigos, como agora e sempre, constitui o eterno objeto de pesquisa e o eterno problema: que é o ser, equivale a isso: que é a substância* [...]; por isso também nós, principalmente, por assim dizer, devemos examinar que é o ser nesse sentido[31].

Como supremo princípio do ser, ademais, Aristóteles pôs o princípio de não-contradição que, substancialmente, já fora individuado por Parmênides na afirmação da impossibilidade de que o ser não seja[32]. Portanto, é impossível que a mesma coisa *seja* e *não seja*[33]. E ao princípio de não-contradição, Aristóteles ligou estreitamente o princípio do "terceiro excluído", segundo o qual é impossível que entre os contraditórios exista um termo médio, pelo qual uma coisa ou é ou não é, e *terfum non datur*[34].

Pois bem, Pirro suprime o problema do ser e da substância pela raiz e, com o ser, suprime inteiramente também a validez daqueles princípios. De fato, a afirmação do absoluto domínio das aparências significa, exatamente, a negação do ser e da substância, enquanto a afirmação de

---

28. Cf., por exemplo, vol. I, pp. 106ss., 128ss.

29. Cf., por exemplo, vol. III, pp. 161ss.

30. Tímon, fr. 69 Diels (= Decleva Caizzi, test. 63 A e 63 B). Cf. as observações que sobre isso faz Conche, *Pyrrhon...*, pp. 21ss.

31. Aristóteles, *Metafísica*, Z 1, 1028 b 17.

32. Cf. Diels-Kranz, 28 B 2, 6, 7, 8 *passim*.

33. Cf. Aristóteles, *Metafísica* Γ 3 e ss. (e o nosso comentário, *Metafísica*, vol. I, pp. 332ss.).

34. Cf. Aristóteles, *Metafísica*, Γ 7, *passim*.

que nada "é mais isso que aquilo" significa a negação dos princípios do ser. De resto, com linguagem inequívoca, como veremos melhor adiante, Pirro não hesita em afirmar que "cada coisa é não mais do que não é", que "cada coisa é e não é", que cada coisa "nem é nem não é"[35].

6. O pirronismo como sistema prático de sabedoria e as suas três regras fundamentais

Mas como e o que pode construir Pirro sobre esse aniquilamento do ser e dos seus princípios?

Os sofistas, que negaram o Ser e a Verdade, deslocaram para o homem a sua confiança: Protágoras, como vimos, proclamou como critério e medida o homem e o seu *lógos*; Górgias, que negou valor também ao *lógos*[36], proclamou como critério a palavra e afirmou a onipotência da palavra[37].

Mas Pirro não tem mais confiança nem sequer no homem (e, portanto, também no *lógos* e na palavra), porque sente a sua nulidade. (De resto, arrasado inteiramente o ser, ficam também arrasados o homem, o seu *lógos* e a sua palavra). Conta-se que lhe agradavam particularmente os versos nos quais Homero canta a fragilidade, a pequenez, a miséria e a nulidade do homem. Escreve Diógenes Laércio:

> Filo, o ateniense, seu íntimo amigo, dizia que Pirro mencionava muito amiúde a Demócrito, mas também a Homero, a quem admirava e do qual costumava citar o verso:
>
> Qual a estirpe das folhas, a mesma também a dos homens.
>
> E louvava-o ainda porque costumava comparar os homens às vespas, às moscas e aos pássaros. E citava de bom grado os seguintes versos:
>
> Portanto, amigo, também tu morres! Por que assim choras teu destino?
> *Morre, também, Pátroclo, que era muito mais valoroso que tu.*
>
> e todas as passagens alusivas à instabilidade da condição humana, à inutilidade dos propósitos e à pueril loucura do homem[38].

---

35. Aristocles, fr. 8 Heiland (= Decleva Caizzi, test. 53).

36. Cf. vol. II, pp. 34ss.

37. Cf. vol. II, pp. 51ss.

38. Diógenes Laércio, IX, 67 (= Decleva Caizzi, test. 20). Os dois versos de Homero citados são tirados da *Ilíada*, VI, 146 e XXI, 106s.

Então, se o ser não é mais critério e se critério não pode ser nem sequer o homem, onde buscar o critério? A resposta de Pirro é: em parte alguma. O critério é a *renúncia ao critério*, ou melhor, a renúncia a ambos os tipos de critério, renúncia da qual depende uma série de consequências, como logo veremos, e, no limite, a aquisição de um critério completamente diferente daqueles.

A resposta de Pirro está contida num testemunho precioso do peripatético Aristocles, que a extrai diretamente das obras de Tímon, discípulo imediato de Pirro. Relata, pois, Aristocles:

> [Pirro] não deixou nada escrito, mas o seu discípulo Tímon diz que *quem deseja ser feliz* deve considerar essas três coisas: 1) em primeiro lugar, qual é a natureza das coisas; 2) em segundo lugar, de que modo devemos nos dispor diante delas; 3) em terceiro lugar, o que resultará aos que se encontram nessa disposição. 1) Ora, ele diz que Pirro mostra que as coisas são igualmente *indiferentes*, *imensuráveis* e *indiscrimináveis* e, por isso, nem as nossas sensações nem as nossas opiniões podem ser verdadeiras ou falsas. 2) Por consequência, *não se lhes deve dar confiança*, mas é preciso ser *sem opinião*, *sem inclinação*, *sem agitação*, afirmando de cada coisa *que é não mais do que não é*, ou *que é e que não é*, ou ainda que *nem é nem não é*. 3) Os que se põem nessa disposição conseguirão, diz Tímon, em primeiro lugar, a *afasia*, e depois a *ataraxia*[39].

Essa passagem contém, por assim dizer, nos três pontos tão lucidamente estabelecidos, o estatuto do ceticismo pirroniano e, portanto, a matriz da qual brotam todas as formas do ceticismo posterior. Mas, antes de passar à análise dos três pontos, convém sublinhar o significado e o alcance da premissa, na qual diz-se que a consideração desses três pontos deve ser feita por "aquele que quer *ser feliz*". O momento eudemonista prevalece, portanto, nitidamente no pensamento de Pirro. Os desenvolvimentos metodológico-dialético-polêmicos parecem estranhos ao pensamento do nosso filósofo. Os três princípios cardeais do ceticismo pirroniano exprimem, pois, um *sistema prático de sabedoria*, e devem ser lidos e interpretados segundo esse espírito.

39. Aristócles, fr. 6 Heiland (= Decleva Caizzi, test. 53).

7. A natureza das coisas como aparência indiferenciada e a natureza do divino e do bem

Dos três fundamentos do pirronismo, fixados na passagem acima lida, o mais difícil de interpretar é o primeiro, que, contudo, é o mais importante. A dificuldade está no seguinte: quer Pirro dizer que as coisas *em si mesmas* são indiferentes, imensuráveis e indiscerníveis, ou que são tais, *não em si mesmas, mas só para nós? A indiferença das coisas é objetiva ou subjetiva?*

A maioria dos intérpretes (em grande parte sob a influência do ceticismo posterior) acreditou que Pirro quis dizer, simplesmente, que *nós* homens não temos instrumentos adequados (sentidos e razão) para alcançar e captar as diferenças, as medidas e as determinações das coisas[40]. Mas, na realidade, o texto parece afirmar o contrário. Não diz que, porque os sentidos e opiniões são inadequados, as coisas para nós resultam indiferenciadas, imensuráveis e indiscriminadas; mas diz, ao contrário, que as próprias coisas (τὰ πράγματα) são indiferentes, imensuráveis e indiscriminadas e, *justamente em consequência disso* (διὰ ταῦτα), sentidos e opiniões não podem nem dizer o verdadeiro nem dizer o falso. Em suma, são as coisas que, sendo como se disse que são, tornam os sentidos e a razão incapazes de verdade e de falsidade, e não vice-versa. Essa é *uma consequência necessária, que brota da negação do ser, do eidos e da substância*, portanto, é a posição que resulta da negação da ontologia platônico-aristotélica.

Uma clara confirmação encontramos numa passagem de Diógenes Laércio, à qual já nos referimos:

> Pirro dizia que *nada é belo nem feio, nada é justo nem injusto*, e aplicava igualmente a todas as coisas o princípio segundo o qual *nada existe na verdade*, e sustentava que tudo o que os homens fazem acontece *por convenção e por hábito*, e que *nada é mais isso que aquilo*[41].

Os valores éticos e, em geral, todos os valores, assim como todas as coisas, não têm uma estatura ontológica, justamente porque *nada existe na verdade* (μηδὲν εἶναι τῇ ἀληθείᾳ). Em lugar do ser (εἶναι),

---

40. Cf. Dal Pra, *Lo scetticismo greco*, I, pp. 61-64; cf. a nossa discussão em: *Ipotesi per una rilettura...*, *passim* (cf., *supra*, nota 1).

41. Diógenes Laércio, IX, 61 (= Decleva Caizzi, test. 1 A).

portanto, põe-se como determinante a convenção (o *nomos*) e o costume (o *ethos*).

Aristóteles indicou a substância como o ser por excelência e definiu-a como τόδε τι, ou seja, "algo determinado", como vimos[42]; ao contrário, Pirro, retomando as mesmas expressões, inverte a posição aristotélica: "Cada coisa não é mais isso que aquilo" (οὐ γὰρ μᾶλλον τόδε ἢ τόδε εἶναι ἕκαστον)[43].

Não contradizem essa interpretação, pelo contrário, confirmam-na, dois célebres fragmentos de Tímon. Diz o primeiro:

> Não afirmo que o mel *é* (ἐστί) doce, mas reconheço que *aparece* (φαίνεται) doce[44].

Isso significa que *em si* o mel, sendo como qualquer outra coisa indeterminado, é inqualificável, enquanto só o *aparecer* é qualificável. Não quer dizer — note-se — que exista um mel como coisa em si, dotado de uma natureza própria, mas não alcançável por nós; o mel não tem uma natureza própria, e o seu aparecer, se é qualificável por mim como doce, por outro (a quem o mel não agrade) pode ser qualificado de outro modo. O ser, em suma, não é pronunciado *porque não existe*; só o aparecer é pronunciado.

Ao ser, por consequência, como já dissemos, substitui-se o *aparecer* (o φαίνεσθαι)) ou a aparência (o φαινόμενον), que se torna assim onipotente, como expressamente diz outro fragmento significativo de Tímon:

> O fenômeno domina sempre, onde quer que apareça[45].

Esse "fenômeno" ou "aparência" dos céticos posteriores, como veremos, foi transformado no *fenômeno entendido como aparência de uma coisa que é além do aparecer, ou seja, de uma "coisa em si"*, e dessa transformação foram tiradas numerosas deduções que, na verdade, não parecem estar presentes em Pirro.

Escreveu um recente e agudo intérprete de Pirro: "[...] o pirronismo (quaisquer que sejam as formas posteriores de ceticismo) não

---

42. Cf. vol. IV, pp. 48.
43. Cf. Diógenes Laércio, IX, 61 e 76 (= Decleva Caizzi, test. 1 A e 54).
44. Diógenes Laércio, IX, 105 (Tímon, fr. 74 Diels).
45. Tímon, fr. 69 (= Decleva Caizzi, test. 63 A e 63 B).

deve, de modo algum, ser interpretado com a ajuda da noção de 'fenômeno'. Não se deve confundir, com efeito, o fenômeno e a pura aparência. O fenômeno *manifesta* alguma coisa, remete a um além do fenômeno, a um não manifesto. Ele supõe, portanto, a oposição do que aparece e do que não aparece, do imediato e do mediado, do evidente e do escondido (*adedon*). Ele se inscreve na cisão da esfera total entre o que se mostra e o que se esconde, e ele é de um lado como aquilo que remete ao outro lado. Tal cisão encontra-se, em geral, entre os dogmáticos (quer eles pertençam à linha de Demócrito ou de Platão), mas encontra-se também entre os céticos [posteriores] contaminados pelo dogmatismo (na própria luta que eles travaram contra ele). A cisão é pressuposta, quer no caso de o imediato, o ente no seu ser e na sua verdade, ser finalmente desvelável e oferecer-se, em última análise, ao pensamento, quer no caso em que o ser permaneça obstinadamente escondido e a verdade, inacessível. A interpretação clássica constantemente atribuiu a Pirro a distinção do fenômeno e do ser, a mesma distinção que, mediante a noção da não diferença das coisas, Pirro quis, precisamente, anular [...]. O pirronismo não confunde o fenômeno e a aparência, e a distinção entre aparente e escondido não é pirroniana. De fato, a não diferença das coisas significa a abolição do seu 'ser' e a sua dissolução em aparências. Pirro quer pensar a unidade da esfera total, coisa que Parmênides não conseguiu, não por causa da ideia do ser, mas por causa da ideia de aparência, como aparência pura e universal"[46].

Ora, é verdade que a distinção entre o que aparece e o que é escondido, entre fenômeno e coisa, parece ser, efetivamente, posterior a Pirro. Mas é igualmente verdade que Pirro não chegou ao ponto de dissolver tudo na aparência pura e universal. Com efeito, a dissolução de todas as coisas na pura aparência, sem deixar qualquer resíduo, levaria, não à dúvida absoluta, mas à absoluta certeza, porque, se tudo se dissolve no aparecer, as coisas são assim, justamente, como aparecem, e não diferentemente.

Com efeito, há um fragmento de Tímon que demonstra claramente como a posição de Pirro é muito complexa.

Perguntaram a Pirro:

46. Conche, *Pyrrhon...*, p. 49.

Ó Pirro, esse meu coração deseja aprender de ti, como é que tu, mesmo sendo homem, tão facilmente levas a vida tranquila. tu que és apenas guia para os homens, semelhante a um Deus[47].

Pirro respondeu:

Dir-te-ei na verdade como me parece que seja, tomando como reto cânon essa palavra de verdade: uma natureza do divino e do bem vive eternamente, da qual deriva para o homem a vida igualíssima (ἰσότατος βίος)[48].

Ora, se tomamos Tímon (enquanto único discípulo imediato que falou de Pirro) como fonte privilegiada, não podemos, certamente, nos desvencilhar dessas afirmações, considerando-as como suas; pessoais deduções do contrário, o mesmo juízo valeria também para o testemunho principal do qual partimos[49].

Mas então, como entender essa "natureza do divino e do bem" (τοῦ θείου φύσις τε καὶ τἀγαθοῦ), e o consequente "reto cânon"?[50] Notou a esse respeito Bréhier: "Um acento religioso desse gênero tem algo de enigmático; o Deus venerado por Pirro não é uma providência do mundo nem dos homens, como o deus dos estoicos; é apenas o ser perfeitamente estável diante do qual esvaecem os aspectos diversos e fugidios do real"[51]. (E, que Pirro tenha acreditado num Deus é, por outra parte, confirmado também pelo fato, expressamente narrado, de que os seus concidadãos o elegeram para sumo sacerdote)[52].

Mas como conciliar essas afirmações com todas as outras acima examinadas?

Podemos levantar duas hipóteses para responder ao problema. A primeira é que Pirro esteja sob o influxo das doutrinas dos megáricos, dos quais foi discípulo. Também os megáricos, com a sua dialética,

---

47. Tímon, fr. 67 Diels (= Decleva Caizzi, test. 61 A e 61 B).

48. Sexto Empírico, *Adv. math.*, XI, 20 (Tímon, fr. 68 Diels = Decleva Caizzi, test. 62).

49. Conche, *Pyrrhon*..., pp. 88ss. pretende rejeitar esse testemunho, pois trata-se de afirmações que Tímon *põe na boca de Pirro*; mas também no testemunho de Aristócles as coisas não são diferentes. Na realidade Conche insiste sobre o ateísmo pirroniano motivandoo, não com base nos textos, mas baseando-se nas suas convicções heideggerianas.

50. Cf. *supra*, nota 48.

51. E. Bréhier, *Histoire de la philosophie*, Paris 1963, I, 2, p. 373.

52. Cf. Diógenes Laércio, IX, 64 (= Decleva Caizzi, test. 11).

tentavam reduzir a multiplicidade das coisas, o movimento e o devir à aparência, mas faziam-no justamente para ganhar a realidade do Uno-Bem, que era o seu Deus e o seu Divino, como fica claro sobretudo pelos fragmentos de Euclides. A segunda é que Pirro esteja sob o influxo de doutrinas orientais, não controláveis por nós. Mas mesmo ficando exclusivamente na primeira hipótese, a posição de Pirro pode ser explicada.

As coisas, segundo o nosso filósofo, resultam ser meras aparências, não em função do pressuposto dualista da existência de "coisas em si", inacessíveis como tais a nós, mas em função da contraposição à "natureza do divino e do bem", da qual fala o fragmento de Tímon[53]. Medido com o padrão dessa "natureza do divino e do bem", tudo aparece a Pirro como irreal e, como tal, é também vivido por ele praticamente, como veremos. A analogia entre essa posição radical de Pirro e a posição megárica explica também as analogias entre as respectivas posições práticas diante das coisas: vimos, com efeito, que os megáricos pregavam a *apatia*, entendida como *ne sentire quidem*, como nos relata Sêneca[54]; e Pirro, veremos, prega a mesma doutrina (radicalizando-a), e, também para ele, como atesta Cícero, a posição do sábio é a apatia entendida como um *ne sentire quidem*[55].

Se assim é, não se pode negar a existência de um substrato religioso inspirador do ceticismo pirroniano. O abismo por ele cavado entre a única "natureza do divino e do bem" e todas as outras coisas implica uma visão quase mística das coisas, e uma avaliação da vida extremamente rigorosa, justamente porque não concede às coisas do mundo qualquer significado autônomo, enquanto concede realidade ao divino e ao bem.

Essa interpretação permite-nos explicar o motivo pelo qual Cícero *jamais contou Pirro entre os céticos, mas considerou-o um moralista que professava uma doutrina extremista*, segundo a qual a virtude era o único bem, diante do qual todo o resto não valia a pena ser buscado (é muito indicativo o fato de Cícero sempre mencionar Pirro junto a Aristo, que foi o mais rigoroso dos estoicos e que é conhecido

53. Cf., *supra*, nota 48.
54. Cf. Sêneca, *Epist*, 9, 13 (= Döring, fr. 195 = Giannantoni, 11 O, 33).
55. Cf. Cícero, *Acad. pr.*, 11, 42, 130 (= Decleva Caizzi, test. 69 A).

por ter energicamente negado a cômoda admissão dos "intermediários" entre o bem e o mal, isto é, entre a virtude e o vício).

Mas eis duas passagens ciceronianas muito eloquentes, nas quais, de resto, não é difícil encontrar um eco exato de algumas das afirmações lidas na passagem de Aristocles:

> Dado que Aristo e Pirro consideraram isso sem qualquer importância, a ponto de dizer que *não há absolutamente qualquer diferença entre gozar de ótima saúde e ter a mais grave das enfermidades*, com razão já há muito tempo cessou toda disputa contra eles. Com efeito, quiseram considerar tudo na virtude, *de modo a privá-la de toda faculdade de escolha sem, ademais, conceder-lhe um ponto de origem ou de apoio; isto fazendo, aboliram a própria virtude, à qual atribuíam tão grande valor*[56].

> Portanto — parece-me — todos os que consideraram o viver honestamente como fim último do bem, enganaram-se, porém, alguns mais e outros menos: mais do que todos, naturalmente, Pirro, que, uma vez estabelecida a virtude, *não deixa absolutamente nada a que se tenha inclinação*; depois Aristo, que não ousou não deixar nada e introduziu impulsos pelos quais o sábio se inclinasse a alguma coisa, qualquer uma que lhe passasse pela mente e, por assim dizer, se lhe apresentasse diante. Este, *melhor do que Pirro, porque concedeu alguma espécie de inclinação natural*; pior do que os outros, porque afastou-se profundamente da natureza[57].

Portanto, para Cícero, Pirro professa uma doutrina extrema, que não deixa subsistir nada a que se possa inclinar e considera todas as coisas sem diferença; uma doutrina que, consequentemente, se autodestrói, enquanto não salva, na geral destruição, a única coisa (a

---

56. Cícero, *De fin.*, 11, 13, 43 (= Decleva Caizzi, test. 69 B). Sobre Aríston cf. A. M. Ioppolo, *Aristone di Chio e lo stoicismo antico*, Bibliopolis, Nápoles 1980.

57. Cícero, *De fin.*, IV, 16, 43 (= Decleva Caizzi, test. 69 C). Eis ainda uma passagem da mesma obra (V, 8, 23 = Decleva Caizzi, test. 69 I): "Não sentimos a necessidade de citar as teorias, atualmente desaprovadas e descartadas, de Pirro, Aristo e Hérilo, pois não podem entrar no círculo traçado por nós. Todo esse problema do termo extremo e, por assim dizer, dos limites do bem e do mal, parte do que definimos como conexo e apropriado à natureza, e constitui o primeiro objeto para o qual *se exercita a natural inclinação: portanto, os dois primeiros o abolem completamente, afirmando que para as coisas nas quais não intervém a noção de honesto ou desonesto não há razão para estabelecer preferências e que entre elas não existe diferença alguma*, e também Hérilo, se pensou que nada é bom fora do saber, aboliu todo motivo para tomar uma deliberação, bem como a faculdade de encontrar o dever".

virtude) à qual dá valor. E o fato de que Cícero não chame de "cética" esta posição é perfeitamente explicável: a Academia cética não admitia a sua dependência de Pirro, enquanto Enesídemo, que repropôs um neoceticismo, repensando Pirro em nova perspectiva (da qual falaremos no sétimo volume desta obra), se, como alguns sustentam, foi contemporâneo de Cícero, permaneceu desconhecido para ele (não se pode nem sequer excluir que Enesídemo seja, como pensam alguns, posterior a Cícero). A precisa e sistemática ligação de Pirro com o ceticismo veio, portanto, só com Enesídemo, o que explica — entre outras coisas — não só a posição de Cícero, mas também o fato, muito indicativo, de um seguidor de Pirro, de nome Numênio, ter até mesmo afirmado que o mestre "dogmatizava"[58].

8. A atitude que o homem deve assumir diante das coisas: a abstenção do juízo e a indiferença

Se as coisas são indiferentes, imensuráveis e indiscerníveis e se, por consequência, sentido e razão não podem dizer nem verdade nem falsidade, a única atitude correta que o homem pode ter é a de não conceder nenhuma confiança aos sentidos nem à razão, mas permanecer *adoxastos*, vale dizer, sem opinião, ou seja, abster-se do juízo (o opinar é sempre um julgar), e, consequentemente, permanecer *sem qualquer inclinação* (não inclinar-se para uma coisa mais do que para outra), e permanecer *sem agitação*, ou seja, não deixar-se abalar por qualquer coisa, vale dizer, *ficar indiferente*.

Essa abstenção do juízo é, sucessivamente, expressa com o termo "epoché", de derivação estoica. Como foi recentemente bem observado, Zenão afirmava a necessidade para o sábio de não dar o assenso, ou seja, "suspender o juízo" (*epoché*) diante do que é incompreensível (e dar o assenso só ao que é evidente); Arcesilau e Carnéades (como veremos), em polêmica com os estoicos, sustentam que o sábio deve "suspender o juízo" sobre qualquer coisa, porque nada é evidente. O termo "epoché", posteriomente retomado pelo neopirroniano

58. Cf. Diógenes Laércio, IX, 68 (= Decleva Caizzi, test. 42); esse discípulo tinha o nome de Numênio (cf. também *ibid.*, 102 = Decleva Caizzi, test. 44).

Enesídemo para exprimir o conceito de abstenção do juízo, tornou-se termo técnico, que, depois, foi referido também a Pirro. Parece correto, portanto, concluir que Pirro falava de "ausência de juízo" ou "abstenção de juízo" (que, como veremos, leva à afasia) e que o termo "epoché" é posterior.

Essa posição de total abstenção do juízo é de uma coerência cristalina com relação ao princípio que nega às coisas o ser e a essência e, portanto, nega a lei fundamental do ser, ou seja, o princípio de não-contradição.

Escrevia Aristóteles, referindo-se aos negadores da suprema lei do ser:

> É evidente que a discussão com tal adversário não pode dar em nada, porque ele *não diz nada*: de fato, ele não diz nem que a coisa é assim, nem que não é assim, mas diz que é assim e não é assim, e em seguida, de novo, nega uma e outra afirmação, e diz que a coisa não é assim nem não assim[59].

Pois bem, a posição que Pirro assume é exatamente essa:

> É preciso *não ter opinião* [...] afirmando de cada coisa *que é, não mais do que não é, ou que é e que não é, ou ainda que nem é nem não é*. Os que se põem nessa disposição conseguirão em primeiro lugar a *afasia* [...][60].

São palavras que, se *historicamente* não constituem uma resposta a Aristóteles, representam, todavia, a antítese ideal das suas afirmações[61].

É claro que o que, no plano teórico, é a ausência de juízo, no plano prático é a *indiferença pelas coisas*, justamente pelo fato de nada ser mais isso que aquilo. E eis como, na sua vida, Pirro realiza com absoluta indiferença as coisas que, para um grego, eram servis e ignóbeis, para ele, contudo, indiferentes:

---

59. Aristóteles, *Metafísica*, Γ 4, 1008 a 30-33.

60. Aristócles, *apud* Eusébio, *Praep. evang.*, XIV, 18, 3s. (= Decleva Caizzi, test. 53).

61. Conche, *Pyrrhon...*, p. 35, sustenta inclusive que entre 334 e 332 a.C., Pirro pôde ouvir Aristóteles em Atenas; mas isso não parece possível, porque nesses anos Pirro já devia ter seguido Alexandre. É, ao contrário, plausível o que diz Conche: "Nada obsta, em todo caso, que Pirro tivesse notícia dos cursos de Aristóteles em Assos, ou em Atenas, seja durante a expedição de Alexandre, através de Calístenes [sobrinho de Aristóteles, que participou da expedição], o qual, em Assos, foi aluno do seu tio" (p. 35). Para o aprofundamento das antíteses que destacamos entre Aristóteles e Pirro cf. o que observa Conche, pp. 36ss.

Viveu piamente com a irmã, que era parteira, segundo o testemunho de Erastóstenes, na sua obra *Riqueza e pobreza*, onde também se narra que às vezes Pirro levava para vender no mercado, segundo os casos, pássaros e leitões e fazia a limpeza da casa *com perfeita indiferença*. Diz-se também que dava outra prova de indiferença ao lavar um leitãozinho[62].

Naturalmente, surge espontânea a objeção de que tal indiferença não pode ir além de certos limites: por exemplo, não pode ser mantida diante das coisas consideradas perigosas. Escrevia Aristóteles:

> Com efeito, por que razão aquele que raciocina desse modo [ou seja, negando o princípio de não-contradição] vai verdadeiramente a Megara e não fica em casa tranquilo, contentando-se simplesmente com pensar em ir? E por que, na ocasião, quando ocorre, não despenca num poço ou num precipício, mas cuida-se bem, como se estivesse convencido de que o cair ali não seria absolutamente coisa boa e não boa? É claro, portanto, que ele considera a primeira coisa melhor e a outra pior[63].

Mas Pirro, querendo ser coerente na vida com o seu pensamento, fazia exatamente isso. Eis o que nos é referido por Diógenes Laércio:

> A sua vida foi coerente com a sua doutrina. Deixava todas as coisas seguirem o seu curso natural e não tomava qualquer precaução, mas mostrava-se indiferente diante de qualquer perigo que lhe ocorresse, fossem carros ou precipícios ou cães, e absolutamente nada concedia ao arbítrio dos sentidos. Mas, segundo o testemunho de Antígono de Caristo, eram os seus amigos, que sempre o acompanhavam, a salvá-lo dos perigos[64].

Eis outro testemunho não menos significativo:

> Nunca perdia a compostura, de modo que se alguém se intrometia no seu discurso, ele o concluía tranquilamente, embora na juventude tivesse sido facilmente irascível [...]. Quando, certa feita, Anaxarco caiu num pântano, Pirro continuou o seu caminho sem ajudá-lo. Alguém reprovou-o por tal comportamento, mas o próprio Anaxarco louvou a sua indiferença e a sua impassibilidade[65].

Chegamos aqui, sem dúvida, aos limites do sentimento grego.

---

62. Diógenes Laércio, IX, 66 (= Decleva Caizzi, test. 14).
63. Aristóteles, *Metafísica*, Γ 4, 1008 b 14-19.
64. Diógenes Laércio, IX, 62 (= Decleva Caizzi, test. 6).
65. Diógenes Laércio, IX, 63 (= Decleva Caizzi, test. 10).

9. A conquista da afasia, da ataraxia e da apatia

Várias vezes, na *Metafísica*, Aristóteles reafirma que quem nega o supremo princípio do ser, para ser coerente com tal negação *deveria calar e não exprimir absolutamente nada*[66]. E tal é, precisamente, a conclusão que Pirro tira ao proclamar a "afasia"[67].

Ora, a afasia não é o não falar em aboluto, ou seja, o absoluto silêncio, mas o não falar, o calar sobre a natureza e sobre o ser das coisas, o não julgar *é* ou *não é* sobre o que quer que seja. A afasia será, pois, uma atitude típica de todo o ceticismo. Sexto Empírico define-a da seguinte maneira:

> Sobre a *afasia* digamos o seguinte [...]. Em sentido genérico, "fasi" é uma palavra que significa afirmação ou negação, como "é dia", "não é dia" [...]. Portanto, afasia equivale a renunciar à *fasi*, no seu significado comum, no qual dizemos que estão contidas a afirmação e a negação; de modo que afasia é uma afecção interna a nós, pela qual nem afirmamos nem negamos[68].

O afastamento das coisas, que alcança o momento culminante na afasia, comporta a *ataraxia*[69], vale dizer, a falta de perturbação, a paz interior, "a vida igualíssima"[70]. Eis como Pirro a realiza em sua vida:

> Enquanto os seus companheiros de viagem no navio apavoravam-se por causa de uma tempestade, ele permanecia tranquilo e retomava ânimo, apontando um leitãozinho que continuava a comer, e acrescentando que tal imperturbabilidade (ἀταραξία) era exemplar para o comportamento do sábio[71].

Relata Diógenes Laércio:

> Narra-se, ademais, que, quando por alguma ferida foram-lhe aplicados medicamentos corrosivos e teve de submeter-se a cortes ou cauterizações, não contraiu sequer as pálpebras[72].

---

66. Cf. Aristóteles, *Metafisica*, Γ 4-6.
67. Aristócles, fr. 6 Heiland (= Decleva Caizzi, test. 53).
68. Sexto Empírico, *esboços pirronianos*, I, 192.
69. Cf. Aristócles, fr. 6 Heiland (= Decleva Caizzi, test. 53).
70. Cf. *supra*, nota 48.
71. Possidônio, *apud* Diógenes Laércio, IX, 68 (= Edelstein-Kidd, fr. 287 = Theiler, fr. 453 Db = Decleva Caizzi, test. 17 A).
72. Diógenes Laércio, IX, 67 (= Decleva Caizzi, test. 17 A).

É difícil não reconhecer, nesses exemplos, os influxos dos ginosofistas e de Calano.

Relata Cícero:

Segundo Aristo, o bem consiste em não ser, nessas coisas [intermédias entre a virtude e o vício], movido nem a uma parte nem a outra e isso é chamado por ele de *adiaforia*. Mas Pirro diz que o sábio nem sequer o sente e chama a isso de *apatia*[73].

Também Diógenes Laércio confirma:

O fim dos céticos é a *apatia*[74].

A apatia pirroniana é, pois, a *insensibilidade*. Eis como Conche a esclareceu: "Como pode o homem ser impassível (*apathés*), insensível? A palavra não diz, por acaso, que não só não se perturba, mas que nem sequer *sente*? E por que não? Não é evidente que o homem deve chegar a reformar a sua sensibilidade total? Trata-se, como disse Cícero com razão, não só de ser indiferente e sem perturbação, mas de nem sequer sentir (*ne sentire quidem*). E como é possível isso? É possível por meio de uma mudança no modo de receber as impressões: em vez de fazer delas coisas boas ou más, deixá-las simplesmente a si mesmas sem emitir juízo. Lançam uma injúria contra mim: reduzi-la a uma série de sons que se perdem na atmosfera. Sobre um rosto passa um sinal de desprezo: não ver nisso senão uma contração de músculos do rosto de um ser mortal ou, mais radicalmente, não ver nisso senão uma série de impressões que logo se perdem sem deixar rastros — desde que a minha memória não faça do nada alguma coisa. Habitualmente não nos detemos nas impressões como simples aparências, nós consideramos, acrescentamos, interpretamos. E eis o que sentimos então: não só as simples impressões em si mesmas, mas os efeitos produzidos sobre nós pelos seres com as suas propriedades. A insensibilidade pirroniana é, sem dúvida, obtida mediante um retorno à sensação pura. É uma insensibilidade ao mundo do objeto, às causas, aos entes e aos seus efeitos sobre nós, em torno de nós, porque o universo dos entes e do ser, construído por nós e erigido

73. Cícero, *Acad. pr.*, 11, 42, 130 (= Decleva Caizzi, test. 69 A).

74. Diógenes Laércio, IX, 108.

diante de nós pelo nosso juízo, encontra-se agora desmembrado e desfeito. A sensibilidade a todas as atrações e ofensas, conflitos e agitações do mundo do objeto, cede lugar a uma sensibilidade às impressões puras, mudas e, enquanto possível, sem expectativa e sem memória. Então, prazer e dor, afecções de todo gênero, são sentidos menos intensamente: perdem aquela concentração que lhes dá o espírito; contemporâneos exatos da impressão pura e da aparência, são enfraquecidos por uma espécie de disseminação temporal e de diluição. Pirro, que padece as intervenções cirúrgicas sem bater as pálpebras, devia possuir essa arte mental de reduzir a dor. Um homem que *sente diversamente* dos outros homens, que traz uma insensibilidade ao que se costumava sentir, portanto, uma sensibilidade nova, não seria compreensível partindo da ideia de homem até então corrente. Pirro, diz justamente Robin, 'põe-nos diante de um homem até então desconhecido na Grécia'. Não só uma doutrina, mas um homem, isto é, um princípio de ação e de inação, uma sensibilidade, uma vida"[75]. Estas elucidações são agudas e exatas. Todavia, queremos recordar, como já ressaltamos, que existe um antecedente da apatia pirroniana na apatia megárica.

É verdade que a apatia é um ponto de chegada, e o próprio Pirro, às vezes, não conseguiu ser insensível, como nos é narrado:

> Mas certa feita perdeu a calma por uma injúria dirigida a sua irmã — que se chamava Filista — e, a quem o repreendeu, disse que uma mulher não é um bom ponto de comparação para a indiferença. Outra vez foi agitado pelo ataque de um cão e replicou, a quem o reprovou por isso, dizendo que era difícil *espoliar completamente o homem* (ὁλοσχερῶς ἐκδῦναι τὸν ἄνθρωπον), acrescentando que contra as coisas é preciso, em primeiro lugar, se possível, lutar com fatos, do contrário, com a razão[76].

Nessa resposta está indubitavelmente contida a marca do filosofar pirroniano. Esse "espoliar completamente o homem" não tem por objetivo o seu anulamento, ou seja, o não-ser absoluto, mas, ao contrário, coincide com a realização da "natureza do divino e do bem da qual deriva para o homem a vida igualíssima", de que fala o fragmento de Tímon, ou seja, a realização da vida que não sente o peso das

75. Conche, *Pyrrhon...*, pp. 63s.
76. Diógenes Laércio, IX, 66 (= Decleva Caizzi, test. 15 A).

coisas que, com relação àquela natureza, são simplesmente indiferentes, incomensuradas e indiscriminadas aparências. O "espoliar completamente o homem" é a realização do *ne sentire quidem*, é o viver a "vida igualíssima" (ἰσότατος βίος), que brota da "natureza do divino e do bem, que é eterna", na medida em que é a superação das fugazes aparências e anulação de todos os seus lábeis e contraditórios efeitos sobre nós.

O sucesso que Pirro alcançou é muito indicativo: ele demonstra, de fato, que não nos encontramos diante de um caso esporádico nem de um sentimento estranho à sua época, devido só ou prioritariamente aos influxos do Oriente, mas, ao contrário, encontramo-nos diante de um homem que foi logo considerado modelo e, portanto, diante de um intérprete dos ideais de sua época. Muitos dos traços do sábio estoico repetem os traços do sábio cético; o próprio Epicuro admirava o modo de viver de Pirro e, amiúde, pedia a Nausífane notícias dele. E na sua pátria, Pirro recebeu estima e honras a ponto de "ser eleito sumo sacerdote"[77], como dissemos, e já Tímon cantou-o como "semelhante a um deus"[78].

10. Os sucessores de Pirro, especialmente Tímon

Entre os discípulos de Pirro, dois são sobretudo dignos de menção: Nausífanes de Teos[79], proveniente da escola democritiana, e Tímon de Fliunte[80].

---

77. Diógenes Laércio, IX, 64 (= Decleva Caizzi, test. 11).

78. Tímon, fr. 67 Diels (= Decleva Caizzi, test. 61 A e 61 B).

79. Cf. vol. V, o que dissemos sobre este filósofo, pp. 146ss.

80. Tímon nasceu em Fliunte entre 325 e 320 a.C. (cf. em Brochard, *Les sceptiques grecs*, p. 97, nota 7, os elementos sobre os quais se calcula essa data). Foi primeiro um bailarino, depois passou à filosofia e ouviu o megárico Estílpon. Num segundo momento, tornou-se discípulo de Pirro em Élida, onde permaneceu alguns lustros. Depois (refere Diógenes Laércio, IX, 110), "obrigado pela necessidade de encontrar meios para sobreviver, migrou para Helesponto e para Propontide. Em Calcedônia, exercendo a profissão de sofista, suscitou sempre maior admiração, e dali, depois de ter-se enriquecido, veio para Atenas, onde viveu até a morte, exceto por breve período transcorrido em Tebas". Morreu entre 235 e 230, em tomo aos 90 anos (*ibid.*, 102). Escreveu um diálogo intitulado *Piton* (no qual narrava o seu encontro com Pirro e a sua conversão ao pirronismo),

O primeiro desses filósofos é importante porque, segundo alguns testemunhos, foi mestre de Epicuro, como já sabemos. Pirro, portanto, através de Nausífane, pode ter exercido influxos sobre o fundador do Jardim.

O segundo, ao invés, é importante por ter fixado o ensinamento de Pirro por escrito.

É quase impossível estabelecer se entre Tímon e Pirro existem diferenças de pensamento e quais são. Aristocles, como sabemos, considerou Tímon fiel intérprete do mestre, e não temos fundados motivos para pôr em dúvida essa fidelidade. De resto, dos fragmentos que nos chegaram não resulta que Tímon possuísse aquele particular vigor especulativo, do qual unicamente poderia brotar um repensamento original do mestre. Não só isso, mas a admiração e até mesmo a veneração que Tímon nutria diante do pensamento de Pirro mostram claramente que ele se identificava plenamente com ele[81].

Isso não minimiza, naturalmente, o fato de Tímon ter trazido contribuições, inclusive importantes, noutros planos.

Em primeiro lugar, o simples fato de pôr por escrito um pensamento, que no mestre encontrou somente expressão verbal e existencial, comportava a necessidade de dar-lhe uma precisa sistematização e rigor. E a suma do pensamento cético, que Aristócles extrai das obras de Tímon, revela notável clareza e coerência.

Em segundo lugar, fixando por escrito o pensamento do mestre, Tímon foi também obrigado a medi-lo, por assim dizer, com o dos outros filósofos e, portanto, a realizar uma operação cultural que devia dar ao ceticismo um novo e mais amplo respiro. Naturalmente, a posição do ceticismo é tão radical que não admite possibilidade de mediação com outras posições de pensamento, de modo que o confronto entre o ceticismo e as outras filosofias devia dar não tanto origem a um encontro, mas a um confronto.

---

os *Silli* (dos quais falaremos no texto), o poema. *As aparências*, um tratado *Sobre as sensações* e um livro de polêmica *Contra os Físicos*. Uma boa antologia dos fragmentos que nos chegaram foi preparada por H. Diels, *Poetarum philosophorum fragmenta*, Berlim 1901, pp. 173-206; cf. G. Voghera, *Timone di Filiunte e la poesia sillografica*, Pádua 1904.

81. Cf. Diels, frs. 8, 9, 10, 11, 32, 48, 67.

O cético, diante dos filósofos que propugnavam positivas visões da realidade, não pode não ter uma atitude de recusa radical: toda afirmação positiva, para o cético, é dogma.

Na polêmica que empreendeu contra os "dogmáticos", Tímon utilizou, em lugar das armas lógico-dialéticas, outras mais concretas como a sátira e a derrisão, explorando uma veia poética da qual era dotado (e, talvez, também uma habilidade adquirida nos anos da juventude, vivendo como bailarino de um grupo de saltimbancos, cuja profissão era fazer rir). Nasceram assim os *Silli* (a sua obra mais lida e admirada da antiguidade), que eram composições poéticas nas quais a sátira dos filósofos dogmáticos era buscada, não só com tiradas irônicas e ásperas, mas também com saborosas paródias de versos homéricos.[82]

Os estudiosos chegaram a reconstruir, embora em bases largamente conjeturais, três deliciosas cenas dos *Silli*[83].

Uma primeira cena apresentava uma grande batalha de filósofos, parodiando versos homéricos da *Ilíada*, na qual, diante de um grande público, que assistia aos gritos, afrontavam-se dogmáticos e antidogmáticos. Eris, Deusa da discórdia, incitava à batalha, que era uma furiosa logomaquia da qual saía como verdadeiro vencedor somente Pirro.

Uma segunda cena representava uma pesca, na qual os pescadores eram Zenão e os estoicos e, talvez, também os epicuristas, enquanto os peixes eram os filósofos da Academia (capitaneados por Platão), alguns filósofos de escolas socráticas, e, na retaguarda, o próprio Pirro. Zenão (chamado de "velha fenícia"), em vão buscava enredar os peixes; de fato, a rede (símbolo dos seus capciosos argumentos) era arrastada pelos peixes e pela corrente:

---

82. Voghera (*Timone*..., p. 11) define assim os *Silli*: "A poesia silográfica é [...] poesia satírica. Nitidamente a determinam especiais características de conteúdo e de forma: de conteúdo, porque [...] ela é sátira especialmente do dogmatismo filosófico; de forma, porque consta de versos que são paródias dos de outros poetas, o primeiro entre eles Homero". *Sillo* (σίλλος) deriva de ἴλλος (= ὀφθαλμός, olho), e indica o ato de mover os olhos para rir de alguém, de onde o significado transferido de derrisão e poesia derrisória (cf. Voghera, *Timone*..., pp. 9ss.). De Voghera (*ibid.*, p. 15) é também a hipótese, acima referida, de que o gosto pelo riso venha da experiência juvenil de Tímon com os saltimbancos.

83. A reconstrução mais plausível é a de Diels, *Poetarum philosophorum fragmenta*, pp. 182ss.

E vi uma velha fenícia gorda, inchada, exalando orgulho, desejosa de tudo. As fibras da sua rede muito sutil se arruinaram: a sua inteligência era inferior à de um flautista[84].

A terceira cena era uma descida aos infernos e devia ser uma paródia do canto XI da *Odisseia*. A evocação das sombras dos filósofos permitia a Tímon ironizá-los deliciosamente.

Os filósofos do passado, que nas suas obras expressaram dúvidas sobre a possibilidade do conhecimento da verdade ou fizeram afirmações que, de algum modo, pudessem dar razão ao ceticismo, eram tratados com garbo por Tímon[85], os outros, ao invés, eram vituperados e ridicularizados. Platão — entre outros — era acusado de plágio, por ter tirado o conteúdo do *Timeu* de um livro pitagórico que comprara[86]. A grande especulação aristotélica era qualificada por Tímon como "penosa futilidade"[87].

Tímon não se mostrava mais terno nem com os filósofos seus contemporâneos. Violentíssimos eram os seus ataques contra os estoicos[88] e contra os epicuristas[89]. O próprio Arcesilau não era poupado, mas, por outros motivos: Tímon não o perdoava (como veremos no próximo capítulo) por não reconhecer a grande dívida que tinha diante de Pirro; só depois da morte de Arcesilau, Tímon deixou arrefecer sua ira contra ele[90].

Em conclusão, a importância de Tímon consiste em ter posto por escrito a doutrina do mestre, em tê-la sistematizado, em ter tentado confrontá-la com as dos outros filósofos e, portanto, em, tê-la posto em circulação. Se Tímon não tivesse existido, a história do ceticismo,

---

84. Diels, fr. 38.

85. Um tratamento privilegiado é reservado a Xenófanes; cf. Diels, fr. 59. Com aprovação são recordados os eleatas, pelas críticas que eles dirigem ao conhecimento sensível; cf. Diels, frs. 44 e 45. Ver também o tratamento respeitoso dado a Demócrito; cf. Diels, fr. 46.

86. Cf. Diels, fr. 54 (cf. também frs. 19 e 62).

87. Diels, fr. 36.

88. Cf. Diels, frs. 13, 14, 38, 39, 65, 66.

89. Cf. Diels, frs. 7 e 51.

90. Cf. Diels, frs. 31, 32, 34. Depois da morte de Arcesilau, Tímon compôs um *Banquete fúnebre* em sua honra, do qual Diógenes Laércio, IX, 115 (= Diels, fr. 73) escreve: "Embora tenha atacado Arcesilau nos *Silli*, louvou-o, entretanto, na obra intitulada *Banquete fúnebre de Arcesilau*".

provavelmente, não seria a que foi, e o patrimônio pirroniano, em grande parte, ter-se-ia perdido.

Segundo algumas fontes[91], com Tímon a escola acaba e silencia até o I século a.C. Outras fontes dão, ao invés, uma lista de nomes, que atesta a continuidade da escola até Sexto Empírico e Saturnino. Mas, mesmo que tenha sido assim, os representantes da escola, depois de Tímon até Enesídemo, foram apenas nomes vazios, privados de qualquer significado. Com Enesídemo inaugura-se, na realidade, uma nova fase do ceticismo, da qual falaremos no sétimo volume.

91. Menódoto, *apud* Diógenes Laércio, IX, 115.

II. COM ARCESILAU, TENDÊNCIAS CÉTICAS NA ACADEMIA

1. A "Segunda Academia"

O ceticismo não se esgota com o círculo que floresceu em torno de Pirro: enquanto Tímon fixava e desenvolvia nos seus escritos as linhas mestras do pirronismo, na Academia platônica, Arcesilau[1] inaugurava uma nova fase da escola, assumindo posições sob muitos aspectos próximas às de Tímon e de Pirro. Dessa fase da Academia devemos agora nos ocupar, pois ela constitui o elo ideal que une o primeiro e o segundo ceticismo pirroniano, e leva adiante as instâncias céticas mesmo quando o pirronismo momentaneamente silencia.

Infelizmente as nossas fontes sobre Arcesilau são escassas e suscetíveis de diferentes interpretações, de modo que a reconstrução das motivações da brusca reviravolta que ele imprimiu à Academia, e da exata articulação daquelas motivações, é em larga medida conjetural[2].

Em primeiro lugar, não há dúvida de que Arcesilau possa ser definido como *cético*. A viva aversão de Tímon a Arcesilau[3] confirma isso: Tímon sentia a nova posição da Academia como autêntica invasão do próprio campo. De resto, embora a contragosto, pelo menos

---

1. Arcesilau nasceu por volta de 315 a.C. em Pitana na Eólia (cf. Brochard, *Les sceptiques grecs*, p. 100, nota 1). Vindo para Atenas, talvez no início do século III, frequentou primeiro o Perípato e ouviu a Teofrasto (Diógenes Laércio, IV, 29): depois passou à Academia e foi discípulo de Crântor, primeiro, e depois de Pólemon e de Crátes. Estudou, ademais, a dialética da escola megárica e talvez tenha conhecido Pirro. Sucedeu a Crátes na direção da Academia, onde deu lições com muito sucesso. Escreve Diógenes Laércio (IV, 37): "Era extraordinariamente inventivo, afrontando com sucesso as objeções, reconduzindo o curso da discussão ao tema proposto e adaptando-se a qualquer situação. Tinha uma incomparável força de persuasão: por isso muitos acorriam às suas lições, embora temessem o seu espírito pungente. Mas suportavam de bom grado as suas provocações, porque era muito bom e correspondia às expectativas dos seus ouvintes". Morreu em torno a 240 a.C.

2. Cf. Brochard, *Les sceptiques grecs*, pp. 99-122; Goedeckemeyer, *Die Geschichte des griechischen Skeptizismus*, pp. 30-47; Dal Pra, *Lo scetticismo greco*², I, pp. 115ss. Ainda muito útil é L. Credaro, *Lo scetticismo degli Accademici*, 2 vols., Roma 1889-1893; Milão 1985².

3. Cf. Diógenes Laércio, IX, 114.

em uma de suas obras, ele foi obrigado a apoiar Arcesilau[4]. E além de toda polêmica, Sexto Empírico reconhece expressamente não ver diferenças essenciais entre Arcesilau e o ceticismo:

> Arcesilau [...] parece-me compartilhar dos raciocínios pirronianos, *a ponto de serem idênticos o seu e o nosso objetivo*. E, com efeito, ele não se pronuncia sobre a existência nem sobre a não existência das coisas, nem julga preferível, com relação à credibilidade ou não credibilidade, uma coisa à outra, mas em tudo suspende o seu juízo[5].

Ademais, é claro que Arcesilau chegou ao ceticismo por influxo do pirronismo. Em Sócrates e em Platão, existem seguramente traços aporéticos, posições de dúvida, bruscas suspensões do juízo: mas são quase sempre de maneira irônica e maieuticamente finalizadas ao encontro da verdade ou, em todo caso, à preparação mediada desse encontro. E em Sócrates e Platão a dúvida é sempre meio e jamais fim. Certamente um acadêmico podia extrair dos diálogos platônicos um verdadeiro catálogo de expressões, momentos e passagens dubitativos: mas estes, em todo caso, não poderiam assumir um significado *cético*, no sentido que aqui damos ao termo, a não ser prescindindo de toda a *parte construtiva e positiva*, que não é pequena em Sócrates, e é até mesmo preponderante em Platão. A motivação para operar tal anulação só podia vir do exterior, isto é, de instâncias novas que respondessem a uma lógica nitidamente heterogênea com relação à do socratismo e do platonismo. Arcesilau, portanto, inspirou-se nas instâncias do ceticismo pirroniano e fundiu-as com os elementos do socratismo e do platonismo dos quais agora falamos, fazendo-os perder completamente o seu significado original. E é muito indicativo o fato de Arcesilau considerar dever rejeitar até mesmo a única certeza da qual Sócrates se gloriava, isto é, *o saber de que não sabia*: Arcesilau negava até o *saber de que não sabia*[6]. Tal inversão de rota era o preço que a Academia pagava para entrar no cerne das discussões filosóficas da nova era, mas era também a renúncia à fidelidade com relação ao próprio passado[7].

---

4. Cf. Diógenes Laércio, IX, 115.
5. Sexto Empírico, *Esboços pirronianos*, I, 232.
6. Cícero, *Acad. post.*, I, 12, 45.
7. É, portanto, impossível afirmar, com Brochard (*Les sceptiques grecs*, p. 97), que "se Pirro não tivesse existido, a Academia seria praticamente a que foi" (cf.

2. Enfoque dialético do ceticismo de Arcesilau

O método irônico-confutatóno, que Sócrates e Platão usam para buscar o verdadeiro, foi largamente utilizado por Arcesilau no novo sentido cético, e foi por ele empenhativamente dirigido contra os estoicos, particularmente contra Zenão[8]. Tratava-se de confutar o Pórtico com as suas próprias armas e reduzi-lo ao silêncio. De modo particular, Arcesilau submeteu a cerrada crítica o critério estoico da verdade, que os filósofos do Pórtico identificavam, como sabemos, com a representação cataléptica. O núcleo da sua crítica consistia no seguinte:

> Se a apreensão é o assenso da representação cataléptica, então ela é insustentável, em primeiro lugar porque o assenso não se dá com relação à representação, mas com relação à razão (de fato, os assensos são juízos), em segundo lugar porque não se encontra nenhuma representação verdadeira que seja tal, de modo a não poder ser falsa[9].

Se assim é, quando assentimos, corremos o risco de assentir a algo que pode também ser falso. O que nasce do assenso, portanto, nunca pode ser certeza e verdade, mas apenas opinião. E então, de duas, uma: ou o sábio estoico deverá contentar-se com opiniões ou, se isso é inaceitável para ele, dado que só é sábio quem possui a verdade, ele deverá *suspender o assenso*, ser "acataléptico":

> Dado que todas as coisas são inapreensíveis pelo fato de não existir o critério estoico, então, se o sábio der o seu assenso, terá meras opiniões: de fato, uma vez que nada é apreensível, se o sábio der o seu assenso a algo, dá-lo-á ao que é inapreensível, e o assenso ao que é inapreensível é, justamente, opinião. Consequentemente, se o sábio é daqueles que dá o assenso, ele é dos que possuem simples opiniões. Mas o sábio não é dos que possuem simples opiniões (com efeito, para os estoicos, a opinião é estultice por causa dos erros); portanto, o sábio deverá abster-se de dar o assenso a todas as coisas.

---

também Robin, *Pyrrhon...*, pp. 42ss.), justamente porque as deduções céticas, que Arcesilau extrai do socratismo e do platonismo, são *contra* o espírito de Sócrates e de Platão e pressupõem o deslocamento sobre outro plano. É verdade, ao invés, que, inserindo-se na tradição acadêmia, o ceticismo, de ético, torna-se dialético.

8. Cícero, *Acad. post.*, I, 12, 44s.

9. Sexto Empírico, *Contra os matem.*, VII, 154.

Mas abster-se de dar o assenso não é senão suspender o juízo: portanto, o sábio suspenderá o juízo sobre todas as coisas[10].

3. A *epoché* de Arcesilau

A "suspensão do juízo", que o estoico recomendava somente nos casos de falta de evidência, é assim generalizada por Arcesilau, uma vez estabelecido que não há nunca absoluta evidência. Sobre a *epoché*, Arcesilau insistiu efetivamente de modo muito particular:

> Arcesilau diz que *o fim é a suspensão do juízo* [...]; e, ademais, que bens são as singulares suspensões do juízo, males são as singulares afirmações[11].

Já chamamos a atenção para o fato de que o termo, senão o conceito, *epoché* parece ser invenção de Arcesilau e não de Pirro, adquirido justamente no contexto dessa polêmica antiestoica[12]. Como vimos, porém, Pirro já falava de "abstenção do juízo" e de "adoxia". Arcesilau, portanto, aprofundou e desenvolveu o conceito pirroniano, aplicando-o habilmente na polêmica antiestoica.

4. A doutrina do "eulogon" ou do "razoável"

Naturalmente, os estoicos reagiram vivamente e objetaram que a suspensão radical do assenso implicava a impossibilidade de resolver o problema da vida (o único problema que, como sabemos, interessava à filosofia da época) e tornava impossível qualquer ação. E Arcesilau respondeu com o argumento do *eulogon* ou do "razoável". Eis o argumento:

> Mas dado que depois disso é preciso também ocupar-se do que concerne à conduta da vida, a qual não se dá sem um critério de verdade, do qual

10. Sexto Empírico, *contra os matem.*, VII, 156s.

11. Sexto Empírico, *Esboços pirronianos*, I. 232s.

12. Sobre o problema cf. P. Coussin, "L'origine et l'évolution de l'époché", in *Revue des études grecques*, 42 (1929), pp. 373-397; cf. também, do mesmo autor, "Le stoïcisme de Ia nouvelle Académie", in *Revue d'histoire de la philosophie*, 1929, pp. 241-276.

também a felicidade, ou seja, o fim da vida, extrai a própria credibilidade, Arcesilau afirma que quem suspende o seu assenso sobre tudo regulará suas escolhas e suas rejeições e, em geral, suas ações, *com o critério do razoável ou plausível* (τῷ εὐλόγῳ); e procedendo segundo esse critério realizará ações retas (κατορθώματα): de fato, alcança-se a felicidade mediante a sabedoria, e a sabedoria (φρόνησις) está nas ações retas, e a ação reta é a que, uma vez realizada, tem uma justificação razoável ou plausível. Portanto, quem se atém ao plausível agirá retamente e será feliz[13].

Deve-se observar, a propósito dessa passagem, que a terminologia fortemente estoica revela claramente que, mais que de um argumento positivo, trata-se de um raciocínio dialético contra os estoicos. O seu sentido parece ser o seguinte. Não é verdade que, suspendendo o juízo, a ação moral torna-se impossível. De fato, os próprios estoicos, para explicar as comuns ações morais, como vimos, introduziram os *kathékonta*, considerando-os como ações dotadas de plausível e razoável justificação. E enquanto só o sábio era capaz de *ações morais perfeitas*, todos eram capazes de realizar os *kathékonta*. Mas, então, fica demonstrado que a ação moral é possível *mesmo sem o encontro da Verdade e sem a certeza absoluta*, dado que os *kathénkonta* são possíveis também sem a verdade e a certeza absolutas. Antes — e isso parece ser o sentido do argumento lido —, o razoável ou plausível basta até mesmo para realizar "ações retas" (*katorthómata*). Com efeito, quem realiza ações razoáveis é feliz, mas a felicidade implica a sabedoria (*phrónesis*), e, portanto, as ações feitas com o critério do razoável são sábias e verdadeiras ações retas. Com isso demonstra-se, com as próprias armas dos estoicos, ser suficiente o *razoável*, e serem absurdas as pretensões do Sábio e da sua moral superior[14].

5. O pretenso "dogmatismo esotérico" de Arcesilau

A Arcesilau, enfim, é atribuído um *dogmatismo esotérico*, ao lado do ceticismo exotérico. Ele, com outras palavras, teria feito profissão de ceticismo para fora e de dogmatismo platônico no interior da Academia, com os discípulos mais íntimos.

---

13. Sexto Empírico, *Contra os matem.*, VII, 158.

14. Cf. Robin, *Pyrrhon...*, pp. 61ss. e Dal Pra, *Lo scetticismo greco*, 1, pp. 147ss.

Eis o testemunho de Sexto Empírico, que, para alguns, parece decisivo:

Se devemos dar fé também ao que dele se conta, dizem que, à primeira vista, mostrava-se um pirroniano, mas, na verdade, era um dogmático; e porque punha à prova os companheiros por meio da aporética, para ver se tinham boa disposição para aprender os dogmas de Platão, parecia um aporético, mas com os companheiros bem dispostos pela natureza, lançava mão da doutrina de Platão. De onde também contam que Aristo dizia dele: "Na frente Platão, atrás Pirro, no meio Diodoro", justamente porque utilizava a dialética de Diodoro, mas era sem dúvida um platônico[15].

Na verdade, o próprio Sexto Empírico, como é evidente, não dá fé a essa opinião e transcreve-a logo depois de dizer claramente que, para ele, Arcesilau é um cético[16].

Por outro lado, deve-se observar que o testemunho de Diógenes Laércio, que relata o mesmo dito do estoico Aristo, presta-se a uma interpretação totalmente diferente:

> Segundo alguns, por causa da suspensão do juízo sobre qualquer coisa, não escreveu sequer um livro [...]. Todavia, segundo a opinião de outros, foi também rival de Pirro. Dedicou-se também ao estudo da dialética, seguindo o método da escola de Erétria. É por isso que Aristo dizia dele: "Na frente Platão, atrás Pirro, no meio Diodoro"[17].

O dito mordaz do estoico Aristo, que é uma paródia do verso da *Ilíada* no qual se descreve a Quimera[18], queria dizer isso: a face com que se apresentava Arcesilau era a de um platônico (enquanto continuador e dirigente da escola de Platão); atrás dessa face, isto é, na substância, era um pirroniano; no meio, isto é, nos instrumentos que usava, era um dialético megárico (a escola de Erétria — recordemo-lo — tomou o próprio método dos megáricos)[19].

Tal exegese é confirmada pelo testemunho do cético Tímon (contemporâneo de Arcesilau), o qual, com a sua pungente ironia, sublinha os laços de Arcesilau com Pirro e com os megáricos:

---

15. Sexto Empírico, *Esboços pirronianos*, I, 234.
16. Cf. Sexto Empírico, *Esboços pirronianos*, I, 232ss.
17. Diógenes Laércio, IV, 32s.
18. *Ilíada*, VI, 181.
19. Cf. vol. V, pp. 69ss.

Com Menedemo sob o peito à guisa de chumbo, correrá para Pirro — toda carne — ou para Diodoro[20].

E ainda:

> Nadarei para Pirro ou para o tortuoso Diodoro[21].

Como nasceu, então, a opinião sobre o "dogmatismo esotérico" de Arcesilau?

Temos documentos que permitem estabelecer que ela nasceu, por assim dizer, de opostas margens. De um lado, alguns adversários acusaram Arcesilau de ser um desleal, ou seja, um cético só por conveniência, e de permanecer, na realidade, um dogmático. Por outro lado, quando a Academia retornou, como veremos, ao dogmatismo, tentou redimensionar a fase cética, dando lugar à tese do "dogmatismo esotérico".

A acusação dos adversários nos é reportada por Numênio, que, ademais, expressamente a declara não acreditável:

> Na realidade, Arcesilau era um pirroniano, exceto no nome; não era acadêmico senão porque era chamado tal. De fato, não creio que Diócles de Cnido, o qual diz, nos seus livros intitulados *Diatribes*, que Arcesilau, temendo os seguidores de Teodoro e de Bíon, que atacavam os que filosofavam e não hesitavam em confutá-los com todos os meios, para evitar as dificuldades, guardou-se de afirmar algum dogma abertamente, lançando diante de si a "suspensão do juízo", como faz o polvo com a tinta preta[22].

Note-se que tanto Sexto Empírico como Numênio, mesmo reproduzindo a opinião sobre o "dogmatismo esotérico", não creem que seja verdadeira.

Ao invés, Cícero, que é porta-voz da Academia eclética, parece acreditar na opinião, mas não está absolutamente em condições de dizer em que consistiam esses "dogmas ocultos"[23]. Ora, é evidente que, se verdadeiramente existiram, ninguém melhor do que ele seria capaz de conhecê-los e referi-los. A verdade é que era cômodo a certos acadêmicos, em vista de poder sustentar a unidade da própria

20. Tímon, fr, 31 Diels.
21. Tímon, fr. 32 Diels.
22. Numênio, *apud* Eusébio, *Praep. evang.*, XIV, 6, 6 (= fr. 25 des Places).
23. Cf. Cícero, *Acad. pr.*, 11, 18, 60; cf. também Agostinho, *Adv. Acad.*, 111, § 43.

tradição, acreditar nesses "domas ocultos", para poder preencher o grande hiato que se constituiu com a fase cética. Por isso Cícero apenas repete uma tese que ouviu dos seus mestres, sem ser capaz de prová-la.

A impossibilidade de atribuir a Arcesilau "dogmas ocultos", enfim, emerge não só dos documentos e das circunstâncias acima examinados, mas também do exame objetivo da progressiva perda do núcleo metafísico do platonismo, que caracterizava a Academia antiga, a partir já de Espêusipo, e que chega ao limite com Crátes, Pólemon e Crântor[24], que foram mestres de Arcesilau. Para poder professar e ensinar "dogmas ocultos", Arcesilau deveria recuperar o sentido da "segunda navegação", que os seus mestres perderam e, por muito tempo ainda, como veremos, a Academia será incapaz de recuperar.

6. Aporeticidade e limites do ceticismo de Arcesilau

O ceticismo de Arcesilau difere notavelmente do pirroniano, seja pelos motivos dos quais nasce, seja pela sua consistência especulativa, seja pela têmpera espiritual que cria em torno de si.

O ceticismo de Pirro, como vimos, é um ceticismo que nasce para resolver o problema da vida e da felicidade: nasce de um sentimento da vida que vê na renúncia, na imperturbabilidade e na impassibilidade o segredo da felicidade. A formulação e o desenvolvimento das doutrinas pirronianas, como vimos, são apenas a formulação e a motivação daqueles pressupostos e corolários que se seguem à intuição fundamental do sentido da vida.

Ao contrário, o ceticismo acadêmico, inaugurado por Arcesilau, esvaziar-se daquela carga e se empobrece no sentido "dialético", enquanto tende a tornar-se puro *elenchos*, mera confutação do adversário estoico. Em substância, o ceticismo de Arcesilau acaba por reduzir-se, em última análise, a uma tentativa de inversão dos dogmas do Pórtico, sem nenhuma capacidade de propor alternativas positivas de qualquer gênero. O ceticismo de Arcesilau é de pouco fôlego e de

---

24. Cf. vol. V, pp. 102ss.

vida limitada: vive só na medida em que destrói o adversário, e depois, morto o adversário[25], cai com ele, exânime, sobre o campo deserto.

25. Ver as observações (a nosso ver exatas) que Dal Pra fazia na primeira edição de *Lo scetticismo greco*, p. 117 (na nova edição foram eliminadas).

III. ULTERIORES AFIRMAÇÕES DO CETICISMO NA ACADEMIA COM CARNÉADES

1. A "Terceira Academia"[1]

Durante cerca de meio século, a Academia moveu-se preguiçosamente na via aberta por Arcesilau[2]. Veio dar-lhe novo impulso Carnéades, dotado de notável inteligência e excepcional capacidade dialética unida a uma habilidade retórica surpreendente[3]. Também Carnéades não escreveu nada e confiou seu magistério inteiramente à palavra; todavia, não foram razões de tipo socrático nem razões de tipo pirroniano que motivaram esse seu comportamento, mas, antes, a natureza intrínseca do seu próprio pensamento, que era puramente negativo e destrutivo, assim como o modo dialético e erístico com que esse pensamento se explicitava: de fato, posto por escrito, o que dizia Carnéades teria perdido todo o fascínio derivado da hábil e persuasiva palavra falada.

O método carneadiano seguia substancialmente duas linhas diretoras. De um lado, segundo o procedimento dialético já adotado por Arcesilau, tentava reduzir os adversários ao absurdo, utilizando os

---

1. Adotamos a distinção dos períodos da Academia referida por Sexto Empírico, *Esboços pirronianos*, 1, 220.

2. Cf. Dal Pra, *Lo scetticismo greco* [2], I, pp. 165s.

3. Carnéades nasceu em Cirene, em torno a 219 a.C. (cf. os documentos dos quais se extraia data em Brochard, *Les sceptigues grecs*, p. 124, nota 2). Tendo ido para Atenas, estudou a fundo o pensamento filosófico das escolas então no auge e, em particular, o pensamento de Crísipo, mas em chave crítica. As suas preferências orientaram-se, de fato, muito cedo, para a Academia, da qual tornou-se seguidor, e, morto Egésia, tornou-se dirigente da escola. Cícero (*Acad. post.*, I, 12, 46) recorda com admiração a sua grande cultura filosófica (cf. também Diógenes Laércio, IV, 62). Em 156/155 foi enviado como embaixador a Roma, junto com dois outros dirigentes das maiores escolas atenienses (Critolau, do Liceu, e Diógenes de Babilônia, do Pórtico). Em Roma, Carnéades conquistou sucesso e admiração, proferindo, em dois dias sucessivos, dois discursos de teor oposto a respeito da justiça, oferecendo assim um ensaio exemplar da sua dialética (cf. Plutarco, *Cato maior*, 22). Morreu quase aos 90 anos, em 129 a.C. (ef. Cícero, *Acad. pr.*, 11, 6, 16).

elementos que se podiam extrair do seu próprio pensamento, com hábeis jogos de contraposição interna. De outro, ele utilizava também o típico procedimento sofístico baseado na contraposição de teses opostas e razões opostas, também extraídas de sistemas opostos. O célebre ensaio de dialética que proferiu em Roma[4] ante o atônito estupor dos velhos e a entusiasmada surpresa dos jovens, baseou-se, justamente, neste segundo princípio: no primeiro dia, Carnéades sustentou sobre a justiça determinadas teses apoiadas em determinadas motivações, no segundo dia sustentou teses exatamente opostas com as relativas motivações opostas.

Vítimas dessa dialética foram, mais uma vez, os estoicos, sobretudo Crísipo, que levou o Pórtico a novo sucesso. Antes, é possível mesmo dizer que, excluída a polêmica antiestoica, de Carnéades não resta quase nada. Ele mesmo confessou-o honestamente, segundo o que relata Diógenes Laércio:

> Leu com muita atenção as obras dos estoicos e, particularmente, as de Crísipo e contradizia com tanta habilidade as suas teses e alcançava tanto sucesso que costumava dizer: "Eu nada seria se Crísipo não existisse Crísipo"[5].

De Crísipo e do estoicismo, Carnéades criticou a totalidade do sistema, da lógica à física e à ética. Da lógica criticou a doutrina da representação cataléptica, a doutrina da demonstração e a dialética; da física criticou sobretudo a parte referente à existência de Deus, a sua natureza e o politeísmo, a doutrina da Providência, a crença na adivinhação, assim como a doutrina do destino; e da ética criticou o próprio fundamento, como logo veremos, assim como a doutrina do sumo bem e da justiça[6].

Essas críticas, por mais sutis e engenhosas, restam fundamentalmente vazias, porque destroem sem construir. Elas não abrem novas vias ao pensamento nem subentendem qualquer mensagem que não seja a simples negação do adversário. Portanto, tais críticas em uma *História da filosofia antiga*, entendida como história dos grandes problemas especulativos do pensamento greco-romano, as-

---

4. Cf. nota precedente.
5. Diógenes Laércio, IV, 62.
6. Pode-se encontrar uma boa exposição dessas questões em Brochard, *Les sceptiques grecs*, pp. 127ss., e em Dal Pra, *Lo scetticismo greco*, I, pp. 174-270.

sumem importância relativa e soam prioritariamente como acadêmicas, no sentido moderno e negativo do termo, ou seja, escolásticas, enquanto reduzem-se, em grande medida, ao nível de conflitos entre diferentes correntes. Limitar-nos-emos, pois, a abordar o que nelas é essencial.

2. Crítica do critério estoico da verdade

Em primeiro lugar, falemos da *crítica do critério de verdade*. Segundo Carnéades, não existe qualquer critério de verdade em geral:

> Carnéades, no que concerne ao critério da verdade, opôs-se não só aos estoicos, mas a todos os filósofos precedentes. De fato, o seu primeiro argumento, dirigido ao mesmo tempo contra todos os filósofos, é o que estabelece a não existência absoluta de qualquer critério de verdade: nem o pensamento nem a sensação nem a representação nem qualquer outra das coisas que são; com efeito, todas essas coisas, no seu conjunto, nos enganam[7].

Se existisse um critério, deveria consistir ou na sensação ou na representação (e, em particular, na representação cataléptica) ou na razão. Ora, os sentidos não podem nos oferecer qualquer garantia de verdade, porque amiúde nos enganam (o bastão aparece-nos quebrado na água, o pescoço da pomba aparece-nos multicor, enquanto na realidade tem só uma cor, e assim por diante)[8].

E nem mesmo a apreensão e a representação compreensiva são garantias de verdade. De fato, a representação enquanto representação não pode ser critério, mas só a representação *verdadeira*, isto é, a representação correspondente ao objeto do qual é representação. Mas nenhuma representação é tal, que garanta a própria verdade (ou seja, a própria correspondência ao objeto); com efeito, as representações verdadeiras e as falsas não diferem entre si *enquanto representações*; dito de outro modo, ao lado das representações verdadeiras, existem sempre as falsas que, mesmo sendo tais, não possuem sinais especiais que as distingam das primeiras[9]. Consequentemente, nenhuma repre-

---

7. Sexto Empírico, *Contra os matem.*, VII, 159.
8. Cf. Cícero, *Acad. post.*, II, 25, 79.
9. Sexto Empírico, *Contra os matem*, VII, 159ss., 411ss.

sentação se nos apresentará provida de caracteres tais, que mereçam o assenso[10].

Enfim não oferece garantia de verdade nem mesmo a razão enquanto tal, porque ela deriva da representação e dela depende[11].

A atitude correta será, pois, negar todo assenso às representações e *suspender o nosso juízo*. A *epoché*, também para Carnéades, permanece como última palavra.

3. A doutrina do "pithanón" ou do "provável"

Compreende-se que, faltando o critério geral da verdade, desapareça também toda possibilidade de encontrar qualquer verdade particular. Mas nem por isso desaparece a necessidade da ação. É justamente para resolver o problema da vida que Carnéades excogita a sua célebre doutrina do "provável" (πιθανόν), claramente referida por Sexto Empírico na seguinte passagem:

> Assim raciocinava Carnéades, contrastando com os outros filósofos, para demonstrar a inexistência do critério. Interrogado, porém, sobre algum critério para a conduta da vida e para a aquisição da felicidade, foi constrangido, de certo modo, a assumir, também ele, por sua vez, posições a respeito disso, afirmando 1) a *representação provável*, 2) a *provável e não contradita* e 3) a *examinada em todas as partes*[12].

1) A representação, com relação ao objeto, *é* ou verdadeira ou falsa; ao invés, com relação ao sujeito, *aparece* como verdadeira ou falsa. Posto que a verdade objetiva escapa ao homem, não resta senão ater-se ao que *aparece como verdadeiro*. Portanto, a representação que aparece como verdadeira com suficiente evidência é critério de verdade. Ora, a representação que *aparece como verdadeira é o provável*[13].

2) Porque as representações são sempre relacionadas e ligadas entre si, um grau mais elevado de probabilidade oferece a representação que é acompanhada de outras que lhe são conexas, de maneira a

---

10. Cf. Cícero, *Acad. pr.*, 11, 31, 99.
11. Cf. Sexto Empírico, *Contra os matem.*, VII, 165.
12. Sexto Empírico, *Contra os matem.*, VII, 166.
13. Cf. Sexto Empírico, *Contra os matem.*, VII, 166-175.

não ser contradita por nenhuma delas (por exemplo, se penso reconhecer de longe a figura de um homem, tenho uma representação que me parece verdadeira; mas se noto que todo o complexo de representações ligadas a ela, como a roupa, o gesto, a estatura, o modo geral, etc., não desmentem aquela representação, então tenho a representação *persuasiva e não contradita*, que possui, obviamente, um grau maior de probabilidade)[14].

3) Enfim, a representação persuasiva não contradita *e examinada por todas as partes* é a que, às características das duas precedentes, acrescenta também a garantia de um metódico *exame completo de todas as representações conexas*:

> Na representação examinada por todas as partes, *submetemos atentamente a exame cada uma das representações concorrentes*, como se faz nas assembleias populares, quando o povo examina cada um dos que se apresentam à eleição para governar ou para julgar, a fim de ver se é digno de que lhe seja confiado o ofício de governador ou de juiz[15].

E aqui temos um grau ainda maior de probabilidade:

> Do mesmo modo que na vida, quando indagamos sobre um fato de pouca importância, interrogamos só a uma testemunha, quando o fato é de máxima importância, a mais de uma testemunha, e, se a coisa nos diz respeito, examinamos, também, a cada uma das testemunhas, com base nas deposições dos outros; assim, diz Carnéades, nas coisas de pouca importância usamos como critério a representação apenas provável, nas de alguma importância a não contradita, nas que concernem à felicidade, a representação examinada por todas as partes[16].

Nas circunstâncias em que for preciso decidir com urgência, deveremos nos contentar com a primeira representação, se tivermos mais tempo busquemos a segunda, e se tivermos à disposição todo o tempo para proceder ao exame completo, a terceira[17].

Com base nessa doutrina, falou-se do *probabilismo carneadiano* e considerou-se esse probabilismo como uma via intermediária entre o

---

14. Cf. Sexto Empírico, *Contra os materm.*, VII, 176-181.
15. Sexto Empírico, *Contra os matem.*, VII, 182.
16. Sexto Empírico, *Contra os matem.*, VII, 184.
17. Cf. Sexto Empírico, *Contra os matem.*, VII, 185-189.

ceticismo e o dogmatismo[18]. Recentemente a crítica mostrou que a doutrina do provável de Carnéades, mais do que uma profissão de dogmatismo mitigado, deve ser entendida como argumentação dialética dirigida a inverter o dogmatismo dos estoicos, analogamente ao que vimos a propósito da doutrina do razoável ou do plausível de Arcesilau[19].

A favor dessa nova exegese, um argumento muito forte afirma que, assim como o *eulogon* (razoável), também o *pithanón* (provável) é um conceito tipicamente estoico. Eis as definições estoicas:

> É razoável (*eulogon*) um juízo que tem várias possibilidades de ser verdadeiro. Exemplo: amanhã estarei vivo[20].
>
> É juízo provável *aquele que induz ao assenso*. Exemplo: "Quem gerou algo é a sua mãe". Este, todavia, não é *necessariamente* verdadeiro, porque a galinha não é mãe do ovo[21].

Dessas afirmações fica evidente que Arcesilau explorou o *eulogon*, Carnéades, ao contrário, o *pithanón*: o primeiro para mostrar que o sábio estoico, contra as próprias pretensões, uma vez que não existia um critério absoluto de verdade, na realidade regulava-se pelo critério do *eulogon*; o segundo para mostrar, do mesmo modo, que o sábio estoico, dado que não existia o critério absoluto da verdade, como todos os homens comuns, regulava-se pelo critério do *provável*.

Se não existe representação compreensiva, tudo é *incompreensível* (acataléptico) e a posição consequente a ser assumida é: *a*) ou a *epoché*, isto é, a suspensão do assenso e do juízo, *b*) ou o assenso dado ao que, todavia, é incompreensível. Se, teoricamente, a primeira posição é a correta, é a segunda que, praticamente, como homens, somos obrigados a abraçar para viver. Os estoicos não constituem uma exceção: o seu agir fundar-se-á não sobre o imaginário critério absoluto da verdade, mas sobre o critério da probabilidade, que não

---

18. Para a antigas posições da crítica a respeito, cf. Zeller, *Die Philosophie der Griechen*, 111, 1, pp. 531ss.; mais nuançado é Brochard, *Les sceptiques grecs*, pp. 127ss.

19. Cf. Coussin, *Le stoïcisme de la nouvelle Académie*, pp. 259ss.; Robin, *Pyrrhon...*, pp. 95ss.; Dal Pra, *Lo scetticismo greto*², I, pp. 270ss.

20. Diógenes Laércio, V11, 76.

21. Diógenes Laércio, V11, 75.

é objetivo, mas subjetivo, e, em todo caso, o único do qual o homem dispõe. Confirma essa interpretação dialética da argumentação carneadiana o fato de que também a distinção e a formulação dos três graus de probabilidade são feitos através de uma terminologia de origem estoica[22].

4. Avaliação da posição de Carnéades

Carnéades, portanto, não mitigou o ceticismo da Academia, mas, ao contrário, desenvolveu-o e articulou-o mais sistematicamente, e não em sentido positivo, mas só em sentido negativo, com a precisa intenção de desmantelar completamente a doutrina estoica.

Como já o ceticismo de Arcesilau, também o de Carnéades destrói sem construir nada e, por isso, tem vida efêmera. A característica exclusivamente dialética desse ceticismo, ou seja, o fato de ter como fim principal o desmantelamento de todos os dogmas do Pórtico, comporta, fatalmente, a consequência de esgotar-se quase totalmente nessa obra de destruição. Depois de Carnéades, a Academia não só fica de mãos vazias, porque não tem mais conteúdos nos quais acreditar, mas não tem mais nem sequer instrumentos para reconstruí-los, pois a destruição do estoicismo foi buscada com as mesmas armas lógicas do estoicismo[23].

---

22. Cf. Coussin, *Le stoïcisme de la nouvelle Académie*, pp. 264ss.; Dal Pra, *Lo scetticismo greco*², I, pp. 270-281.

23. Dal Pra, na primeira edição de *Lo scetticismo greco* (p. 217) avaliava, a nosso ver muito bem, a posição de Carnéades da seguinte maneira: "A atitude cética é uma posição-limite, que só pode se determinar como negação. A própria crítica do estoicismo só pode assumir um valor hipotético; não se lhe pode conferir um valor absoluto sem remetê-la ao terreno do dogmatismo estoico. Como pura crítica, o ceticismo encontra-se, pois, a ponto de se pôr como renúncia à filosofia, na medida em que repudia todo dogmatismo e, de outro lado, não vê que a instância filosófica possa resolver-se senão com *soluções dogmáticas*. O ceticismo não vive, pois, de vida própria, mas apresenta-se como parasita, pela sua própria constituição, destinado a morrer com o organismo no qual reside e destrói. Este é o limite da posição de Carnéades; ela enxerta-se no estoicismo, até destruí-lo; e depois? Carnéades não vai além do estoicismo, a não ser enquanto o destrói; mas não há diante do fundador da nova Academia senão um horizonte vazio; e vazia é, na verdade, também a destruição do estoicismo, enquanto ela não pode assumir qualquer significado construtivo".

Acrescentaremos ainda um destaque sobre a posição moral de Carnéades (e de Arcesilau) como dirigente da Academia, isto é, de uma escola que não só não renuncia a si mesma, mas quer competir com todas as outras: em substância, Carnéades e a Academia cética filosofam com a absurda pretensão de que a destruição do credo das outras escolas seja razão suficiente para motivar a existência de uma escola. Porém, sobre o credo do nada, nada se sustenta. O grande sucesso de Carnéades explica-se, fundamentalmente, pela sutil habilidade e pelo gosto que os gregos sempre tiveram e ainda tinham pela dialética, mesmo nas suas efervescências erísticas, e mesmo quando ela se apresentava como puramente destrutiva. Assim, enquanto o pirronismo é um ceticismo totalmente privado de elementos sofísticos, o ceticismo acadêmico assume numerosos elementos sofisticos, e até retóricos (recordemos os dois discursos opostos sobre a justiça, feitos por Carnéades em Roma, repropondo métodos protagorianos e gorgianos). São, em todo caso, elementos formais que, se tornam o ceticismo acadêmico metodologicamente mais ágil do que o pirroniano, não o ajudam, todavia, a dar-se um conteúdo. O ceticismo acadêmico é, em última análise, a exasperação da componente negativa do ceticismo pirroniano, isto é, daquela componente que resta, se excluirmos o novo sentimento da vida constitutivo da autêntica motivação das instâncias do ceticismo pirroniano, e que resulta extremamente débil no ceticismo acadêmico[24].

24. Para os expoentes da Academia cética entre Carnéades e Filo, cf. as indicações que damos no vol. VII.

SEGUNDA SEÇÃO

O ECLETISMO DA ACADEMIA, E CÍCERO

"Non enim sumus i quibus nihil verum esse videatur, sed i qui omnibus veris falsa quaedam adiuncta esse dicamus tanta similitudine ut in is nulla insit certa iudicandi et adsentiendi nota. Ex quo exsistit et illud, multa esse probabilia, quae quamquam non perciperentur, tamen, quia visum quendam haberent insignem et inlustrem, his sapientis vita regeretur."

"Não somos dos que negam em absoluto a existência da verdade: limitamo-nos a sustentar que a cada verdade une-se algo que não é verdadeiro, mas tão semelhante a ela, que não pode nos oferecer qualquer sinal distintivo que permita formular um juízo e dar o nosso assenso. Daí deriva a existência de muitos conhecimentos prováveis que, mesmo não sendo plenamente certificados, se mostram tão nobres e elevados a ponto de poderem servir de guia para o sábio."

Cícero, *De natura deorum*, 1, 5, 12

Célebre busto de Cícero conservado nos Museus Capitolinos de Roma.

I. RAZÕES E CARACTERÍSTICAS DO ECLETISMO

Todas as correntes espirituais da era helenística até agora examinadas têm uma fisionomia bem precisa, motivações bem determinadas, um significado histórico de primeira importância e, também, um valor que não se esgota no âmbito dos séculos nos quais floresceram. Falta ainda falar de uma corrente, se assim podemos chamá-la, da qual já antecipamos algumas características, sobretudo quando falamos do médio Pórtico de Panécio e de Possidônio.

Aludimos ao *ecletismo*, isto é, a tendência que, a partir do século II a.C., mostra-se sempre mais forte, até se tornar dominante no século I a.C., e ainda mais tarde. Ecletismo é termo derivado do grego *ek-leghein* (ἐκλέγειν) que significa *selecionar* e *reunir* de várias partes. Ele foi, portanto, escolhido com muita propriedade, porque indica perfeitamente o traço característico dessa tendência que, em certo momento, contagia em grande parte todas as escolas: marginalmente o epicurismo, acentuadamente o estoicismo, profundamente a Academia e, em certa medida, também o Perípato[1].

As causas que produziram esse fenômeno são numerosas: a exaustão da carga vital das escolas, a unilateral polarização da sua problemática, a erosão das muitas barreiras teóricas operada pelo ceticismo, o probabilismo difundido pela Academia, o influxo do espírito prático romano e a revalorização do senso comum.

Examinemos cada uma dessas causas de maneira analítica.

1) Além do epicurismo, do estoicismo e do ceticismo, a era helenística, na era pagã, não produziu mais nada de novo no campo do pensamento filosófico. Epicuro fundou o Jardim em 307/306 em Atenas, Zenão fundou o Pórtico em 301/300, e antes mesmo de nas-

---

1. Naturalmente, a denominação é devida à moderna historiografia. Os filósofos que nós chamamos "ecléticos", se autodenominavam com o nome tradicional da escola a que pertenciam. Diógenes Laércio fala de escola eclética, mas referindo-se unicamente à que foi fundada pelo obscuro Potamon Alexandrino, "o qual escolheu de cada uma das escolas as máximas que lhe agradaram" (1, 21). Um ponto fundamental deve ser destacado a esse respeito: ecléticos em sentido próprio e verdadeiro *não* são todos os pensadores que denotam *influxos ecléticos*, mas somente aqueles nos quais falta uma unitária inspiração de fundo capaz de contrabalançar aqueles influxos.

cerem o Jardim e o Pórtico, por volta de 323, Pirro proclamou o discurso cético. Já no final do século IV a.C., portanto, as novas filosofias das quais se nutriu toda a era helenístico-romana tinham vindo à luz. No século III, prosseguiu a intensa elaboração paralela dessas doutrinas; basta pensar na importância da obra de Crísipo na reelaboração e consolidação da doutrina estoica, na contribuição de Tímon para a sistematização e difusão do ceticismo e no significado da inversão de rota que Arcesilau imprimiu à Academia. Mas, a partir do século II, mais ainda no curso do século I a.C., em todas as escolas filosóficas manifesta-se o *processo de lise que insensivelmente as desgasta e, pouco a pouco, as esvazia do significado original, sobretudo, da energia criativa*, que é o verdadeiro sustento de todo sistema, substituindo-se a ela o estéril jogo da repetição escolástica. Ora, é claro que, nessas condições, não só cada um dos sistemas perde aos poucos a capacidade de manter firmes e inabaláveis as barreiras ideais contra as infiltrações das ideias provenientes dos outros sistemas, mas é até mesmo levado a buscar pontos de apoio, motivos de confirmação ou ampliações teóricas e inovações nos outros sistemas, em sentido eclético.

2) Para a rápida erosão das barreiras ideais que na origem dividiam os novos sistemas helenísticos, contribuíram também a comum *polarização ética da problemática filosófica* e a redução da lógica e da física a meros suportes da ética. Em substância, todas as correntes filosóficas helenísticas, como vimos, não buscavam senão a ataraxia, a paz do espírito. E as fontes para alcançar essa paz, todas as escolas encontravam-nas, não em princípios e valores transcendentes, nem nas coisas ou no mundo externo, mas unicamente no sujeito, numa particular atitude de espírito, que, de modo idêntico, levava Epicuro, o estoico e o cético a dizerem que o sábio pode ser feliz mesmo entre as chamas. E foi justamente essa polarização ética da problemática filosófica um dos fatores que contribuiu para tornar sempre menos notáveis as oposições tipicamente teóricas entre as partes adversárias, favorecendo os acomodamentos ecléticos.

3) Mas quem atuou como verdadeiro *disuasor contra todas as barreiras ideais* foi o *ceticismo com as suas críticas dissolventes de todos os dogmas*. Tímon já começara a criticar todos os sistemas. E

se os acadêmicos visaram prioritamente aos estoicos, isso aconteceu porque eles constituíam o mais temível adversário do tempo; todavia, não deixaram de dirigir farpas também contra as outras escolas. E assim o ceticismo, pirroniano ou acadêmico, acabou por reduzir todos os sistemas a um mesmo denominador comum de não-validade e não-verdade. Mas, nesse momento, como observou perfeitamente Zeller, o ceticismo, para o qual *nem isso, nem aquilo* valia, pois era impossível encontrar a verdade, seja de um, seja de outro, podia ser exatamente invertido e entendido como justificação, *seja disso, seja daquilo*: de fato, se todas as posições teóricas são igualmente não-verdadeiras, todas podem, por isso mesmo, ser igualmente rejeitadas, ou acolhidas, justamente pela falta da verdade absoluta como critério discriminante[2].

4) *O critério do "razoável" de Arcesilau e o do "provável" de Carnéades ofereceram uma plataforma sobre a qual o ecletismo devia constituir-se.* Carnéades apresentou o seu "probabilismo" originalmente em sentido irônico-dialético, como vimos, ou seja, principalmente com a finalidade de inverter a posição do adversário estoico. Mas logo, atenuando-se o objetivo polêmico e enfraquecendo-se a posição do adversário, o probabilismo foi entendido na Academia em sentido *positivo*, como o que é próximo do verdadeiro ou faz as vezes de verdadeiro, tal como a seguir veremos. E é exatamente sobre a *categoria do provável* que a Academia, depois de Carnéades, constrói o seu ecletismo.

5) Enfim, foi de notável incidência, para a consolidação das tendências ecléticas, *a introdução e difusão da filosofia grega em Roma.* E em Roma a filosofia foi acolhida só na medida em que podia ser suscetível de aplicações práticas e educativas, isto é, na medida em que podia completar a cultura e a formação espiritual do homem. Em vista desse objetivo, evidentemente, uma filosofia que unificasse (ou, pelo menos, acreditasse unificar) as instâncias das várias escolas, apresentava-se como o *optimum.* E, com efeito, Panécio, que, como vimos, introduziu no Pórtico aberturas ecléticas, desenvolveu grande parte da sua atividade em Roma. Em Roma, como veremos, Filo de

2. Cf. Zeller, *Die Philosophie der Griechen*, III, 1, p. 549.

Lárissa muda a orientação da Academia, com um escrito que provoca indignação até no seu discípulo Antíoco de Ascalônia, já decididamente voltado para o dogmatismo ecletizante. E em Roma nasce a que se pode considerar a forma mais típica do ecletismo, vale dizer, a filosofia de Cícero.

6) Para justificar a escolha das várias doutrinas a serem acolhidas, o ecletismo encontra o seu próprio princípio (como bem destacou Zeller): *o princípio da consciência e da autoconsciência interior*. Acontece algo análogo ao que acontecerá na escola escocesa como reação ao ceticismo de Hume: reavalia-se o sentido comum, o consenso. E, nota Zeller, por essa via não se funda um conhecimento da verdade, mas a crença na probabilidade; pois bem, depois da crise do ceticismo, essa fé no provável é considerada satisfatória. E assim, saímos da dúvida apelando para o conhecimento de cada um e de todos, estabelecendo que existem convicções sobre as quais muitos convergem, constatando, como dirá Cícero, que existe um *consensus gentium*[3].

7) Como já dissemos, sendo não simplesmente acidentais, mas estruturais as razões que produziram o fenômeno do ecletismo, todas as escolas foram contagiadas por ele. O epicurismo foi pouco afetado por causa da posição fechada a qualquer discussão ou possibilidade de modificação dada pelo mestre. O Perípato aristotélico foi moderadamente afetado. Mais acentuadamente o foi o Pórtico, que, ademais, soube sempre conservar o original espírito autêntico que o sustentava. Ao invés, a total disponibilidade à instância eclética deu-se na Academia, que, mais uma vez, inverteu a rota repudiando o radical ceticismo. De resto, estava na lógica das coisas que, justamente, a Academia se tornasse a tribuna do discurso eclético: já com Arcesilau ela renunciara à fidelidade ao próprio patrimônio espiritual e ao próprio passado e, portanto, não tinha nada a conservar como razão da própria existência: tanto mais que o ceticismo dialético que ela abraçou, tal como se configurou, segundo o que acima notamos, era fatalmente levado a desembocar no ecletismo.

Vejamos, em síntese, algumas das ideias fundamentais do ecletismo acadêmico.

---

3. Cf. Zeller, *Die Philosophie der Griechen*, III, 1, pp. 560ss.

II. FILO DE LÁRISSA E A QUARTA ACADEMIA

1. As cinco Academias

Pretendendo indicar as diferenças entre a filosofia cética e a acadêmica, Sexto Empírico escreve:

> Como dizem muitos, existiram três Academias: a primeira e mais antiga foi a de Platão, a segunda, ou do meio, a de Arcesilau, discípulo de Pólemon, a terceira e nova, a de Carnéades e Clitômaco. Alguns acrescentam *uma quarta, a de Filo* e Cármides, e outros contam *uma quinta, a de Antíoco*[1].

É claro, a partir dessas afirmações, que já os antigos deram-se perfeitamente conta de que com Filo e com Antíoco a Academia deixou de ser aquela primeira, e de que a linha de Filo e a de Antíoco eram diferentes da de Arcesilau e de Carnéades. A distinção de ulteriores fases da Academia, posteriores ao momento cético, tem, na realidade, uma justificação: de fato, é objetivamente impossível pôr no mesmo plano o ceticismo dialético e o ecletismo, embora o segundo derive em grande parte do primeiro[2].

2. A novidade de Filo

Quais são as novidades de Filo de Lárissa e da "quarta Academia"?

Convém notar que Filo, sucessor de Clitômaco, iniciou o seu ensinamento seguindo a linha de Carnéades. A mudança de rota aconteceu com dois livros que ele publicou em Roma (c. 87 a.C.), para onde se dirigiu depois do início da primeira guerra de Mitrídates, e

---

1. Sexto Empírico, *Esboços pirronianos*, 1, 220.

2. Cícero (*De oratore*, III, 18, 67; *Acad. post.*, I, 12, 46; *De finibus*, V, 3, 7) distinguia apenas duas Academias e se reconhecia seguidor da "nova". Ele não podia, pois, ter aquela distância "histórica" que lhe permitiria reconhecer que, na realidade, como veremos, a história da Academia era assaz complexa.

onde abriu com sucesso uma escola[3]. A mudança deve ter sido notável, se o discípulo Antíoco de Ascalônia, que leu aquelas obras em Alexandria, escandalizou-se com elas e reagiu com indignação, surpreso com a brusca mudança de pensamento do mestre, com o qual já rompera as ligações pelas razões que veremos[4].

A novidade introduzida por Filo foi, indubitavelmente, aquela à qual acena Sexto Empírico na seguinte passagem:

> Filo afirma que, *segundo o critério estoico*, isto é, a representação cataléptica, *as coisas são incompreensíveis; porém, segundo a natureza das próprias coisas, compreensíveis*.

A passagem é suscetível de duas interpretações diferentes: *a*) uma restritiva e *b*) uma extensiva. *a*) Segundo a primeira, ela diria o seguinte: o critério de verdade estoico (a representação cataléptica) não se sustenta e, dado que não se sustenta o critério estoico, que é o mais refinado, *nenhum critério se sustenta*; isso *não implica*, todavia, que as coisas sejam *objetivamente incompreensíveis*; elas são simplesmente *incompreendidas por nós*. *b*) Segundo uma interpretação extensiva a passagem poderia, ao invés, dizer o seguinte: o critério estoico da verdade não se sustenta, *mas pode haver outro critério que se sustente* (por exemplo, o platônico), porque, *quanto à sua natureza, as coisas são susceptíveis de compreensão, são inteligíveis*[6].

Se ficamos no testemunho de Cícero, que é muito próximo de Filo, a interpretação correta da passagem parece ser a primeira. Mas, mesmo acolhendo essa interpretação restritiva, Filo[7] situa-se fora do

3. Filo nasceu em Lárissa em torno à metade do II século a.C. Tendo ido para Atenas, entrou na Academia, onde foi discípulo de Clitcômaco e, à morte deste, tornou-se dirigente da escola (em tomo a 110 a.C.). Em consequência da guerra de Mitrídates contra os romanos, Filo deixou Atenas e refugiou-se em Roma, onde, provavelmente, permaneceu até a morte. O seu ensinamento foi muito apreciado em Roma e muitos ilustres romanos frequentaram as suas lições: Cícero, que foi seu discípulo, chamou-o "magnus vir" (*Acad. post.*, I, 4, 13) e apreciou-o notavelmente, de modo a considerar-se seu continuador (cf. Cícero, *Ad famil.*, IX, 8).

4. Cícero, *Acad. pr.*, II, 11, diz que Antíoco, que era homem calmíssimo, à leitura daqueles livros ficou "nauseado".

5. Sexto Empírico, *Esboços pirronianos*, I, 235ss.

6. Cf., para um aprofundamento, Dal Pra, *Lo scetticismo greco* [2], I, pp. 306ss.

7. Mas, na verdade, com muitas simpatias por Arcesilau e Carnéades; ef. Cícero, *Acad. pr., passim.*

ceticismo. De fato, dizer que as coisas são *compreensíveis* quanto à sua natureza significa afirmar algo cuja pretensa intencionalidade ontológica, segundo os cânones céticos, é "dogmática". Significa, com efeito, *admitir uma verdade ontológica, mesmo que se negue a possibilidade do seu respectivo lógico e gnosiológico*[8]. O cético não pode dizer: *a verdade existe, eu é que não a conheço*; mas só pode dizer: *eu não sei se a verdade existe, sei, em todo caso, que não a conheço.*

3. Do probabilismo dialético ao probabilismo positivo

Filo foi levado a tal inovação, como os historiadores da filosofia notaram há tempo, por uma objeção de Antíoco, que pôs em xeque a doutrina de Carnéades. Carnéades afirmou: *a*) existem representações falsas (que, portanto, não dão lugar a qualquer certeza), *b*) não existem representações verdadeiras, que se distingam perfeitamente das falsas por uma característica específica (e, portanto, não se podem distinguir representações certas e não certas). Mas Antíoco objetou o seguinte: a primeira proposição contradiz a segunda e vice-versa; de modo que, se aceitamos a primeira, cai a segunda, e, se assentimos à segunda, cai a primeira; em todo caso, fica abalada pela base a posição carneadiana. Eis o testemunho de Cícero:

> Não descuidaste, ó Lúculo, aquela crítica de Antíoco (e não me maravilha, porque, em primeiro lugar, ela é nobre), pela qual Antíoco costumava dizer que Filo foi extremamente conturbado. De fato, se assumimos, em primeiro lugar, que algumas representações são falsas e, em segundo lugar, que as representações falsas não diferem das verdadeiras, não nos damos conta de que com isso concedemos o pressuposto de que existiriam algumas diferenças nas representações, proposição esta que é anulada pela outra, que nega serem as representações verdadeiras diferentes das falsas; e nada é mais contraditório. Seria assim, se eliminássemos totalmente o verdadeiro, Mas isso não fazemos, porque discernimos tanto o verdadeiro como o falso[9].

A passagem seguinte de Cícero, se não reporta literalmente palavras de Filo, muito provavelmente inspira-se nele:

---

8. Não tem, pois, fundamento a tese de Brochard de que Filo teria sido discípulo fiel de Carnéades (*Les sceptiques grecs*, p. 204).
9. Cícero, *Acad. pr.*, II, 34, 111.

Embora todo conhecimento seja circundado por muitas dificuldades e exista nas coisas tanta obscuridade e nos nossos juízos tanta fraqueza a ponto de, não sem razão, homens muito doutos e antigos terem duvidado de poder descobrir o que desejavam, todavia, nem eles desistiram nem nós deixaremos, exaustos, o empenho da pesquisa. E as nossas disputas não visam senão, falando e ouvindo de uma parte e de outra, extrair e exprimir algo que seja verdadeiro ou que se aproxime o máximo possível da verdade. Não há outra diferença entre nós e os que pensam saber, senão que estes duvidam que seja verdade o que defendem, enquanto nós consideramos muitas coisas prováveis às quais podemos facilmente seguir, mas com dificuldade afirmar[10].

E eis, então, a resposta de Filo, que o próprio Cícero assume: não é preciso *suprimir totalmente a verdade* e é preciso admitir a *distinção do verdadeiro e do falso*; todavia não temos um critério que nos leve a essa verdade e, portanto, à *certeza*, mas temos apenas aparências que nos dão a *probabilidade*. Não chegamos à percepção certa da verdade objetiva, mas aproximamo-nos dela com a *evidência do provável.*

Nasce assim um novo conceito do "provável", que não é mais o irônico-dialético com o qual Carnéades confutava os estoicos, porque é carregado de valor nitidamente positivo, ausente no contexto carneadiano. Com efeito, a admissão da *existência da verdade* dá intencionalidade ontológica ao provável, e este, por consequência, torna-se o que para nós está no lugar da verdade e se distingue do não provável, justamente na medida em que se aproxima da verdade. Em suma: Filo compreendeu que *sem a admissão da verdade nem mesmo o provável tem sentido* ou, se queremos, compreendeu que existe o provável porque existe o verdadeiro.

Das duas proposições estoicas: *a*) *existe o verdadeiro*, *b*) *existe um critério para captar o verdadeiro*, Carnéades nega uma e outra; Filo só a segunda. Mas a admissão da primeira muda de sentido com a negação da segunda e, sobretudo, modifica o valor do "provável", o qual, posto ao lado de uma verdade objetiva, torna-se de algum modo o seu reflexo positivo.

10. Cícero, *Acad. pr.*, II, 3, 78.

4. Origem da evidência

Há tempo os historiadores da filosofia assinalaram algumas expressões usadas por Cícero, segundo parece, referindo-se à concepção de Filo, que pareceriam aludir a um saber inato. Filo, portanto, admitiu, ao que parece, um verdadeiro "*impressuna in animo atque in mente*", que, ademais, não podemos perceber e compreender no nível da absoluta certeza[11].

Filo pode ter-se inspirado em Platão; embora, evidentemente, não tenha podido assumir a anamnese platônica. Dito de outro modo: esse verdadeiro *impressum in animo atque in mente* seria que Filo podia assimilar de Platão, sem ter operado previamente uma recuperação da "segunda navegação", com a qual a anamnese está em estrutural conexão, como vimos.

Se assim é, deve-se dar razão a Zeller quando escreve que, diante de tal doutrina, não podemos pensar "senão naquele *saber imediato* que desempenha um papel muito importante no seu discípulo Cícero"[12].

E se Filo não podia atribuir a esse conhecimento impresso na alma e na mente um valor de certeza verdadeira, era porque encontrava-se entre a negação da possibilidade do critério estoico da verdade e a impossibilidade, pelas razões assinaladas, de recuperar o critério platônico.

E, a meio caminho, ele acreditou, com boa fé, poder sustentar que só existiu uma única Academia[13]: o parâmetro acima examinado da verdade objetivamente existente e subjetivamente alcançável no nível de absoluta certeza permitia-lhe acreditar que podia pôr juntos Platão e Carnéades, enquanto estava bem aquém de Platão e nitidamente além de Carnéades, em posição *claramente eclética.*

5. Ética

Com base na reavaliação claramente positiva do provável, é evidente que Filo podia propor uma ética bem diferente da de Arcesilau

11. Cf. Cícero, *Acad. pr.*, II, 11, 34.
12. Zeller, *Die Philosophie der Griechen*, III, 1, p. 617.
13. Cícero, *Acad. post.*, I, 4, 13.

e de Carnéades, e podia até mesmo chegar a propor concretos preceitos de moral.

Ele dividia a ética em seis partes e comparava o filósofo moral ao médico. O médico, em primeiro lugar, deve convencer o doente a aceitar o remédio proposto; e assim o filósofo deve convencer o homem a aceitar a filosofia. Depois, o médico deve confutar eventuais convicções equívocas, geradas nos doentes por maus conselheiros; e assim o filósofo deve confutar as falsas doutrinas e as falazes opiniões. O médico mostra as causas da doença, enquanto o filósofo mostra as causas dos males morais e, positivamente, mostra em que consiste o sumo bem. Ainda, como o médico tem por objetivo final a cura e a saúde do paciente, assim o filósofo tem por escopo final a felicidade. Por último, o médico tende a conservar a saúde e, analogamente, o filósofo prescreve regras gerais e particulares para manter a felicidade[14].

Deve-se notar uma novidade na ética de Filo. Ele, sabendo que a maioria dos homens não se aproxima da filosofia e não lê livros filosóficos, preocupa-se em fornecer, no último livro da sua obra moral, alguns preceitos e indicações breves e acessíveis à maioria, úteis à boa conduta na vida comum.

Borchard, que no mais não consegue captar a novidade de Filo, sobre esse ponto soube pôr perfeitamente em foco a peculiar contribuição do filósofo, sublinhando que, nessa preocupação com o homem comum, Filo dá um passo adiante com relação à ética estoica: "[...] os estoicos não tinham pelo comum dos homens, pelos humildes e pelos simples, essa consideração e essa benevolência que Filo testemunha por eles, consagrando-lhes todo um livro. Aqueles contentavam-se com qualificá-los de insensatos, e os menosprezavam. É, talvez, a primeira vez que, com Filo, a filosofia recordou-se de que no mundo existem também outros homens que não são os filósofos e os sábios"[15].

---

14. Estobeu, *Anthol.*, II, 40.
15. Brochard, *Les sceptiques grecs*, p. 207.

III. ANTÍOCO DE ASCALÔNIA E A QUINTA ACADEMIA

1. A posição de Antíoco

Antíoco, discípulo de Filo por muito tempo, afastou-se do ceticismo carneadiano antes que o mestre partisse para Roma e, como vimos, com os dois livros publicados em Roma, mudasse as posições céticas da Academia. Como vimos, as críticas de Antíoco foram essenciais para abalar o ceticismo original de Filo. Mas enquanto Filo limitou-se a afirmar a existência da verdade objetiva *sem ter a coragem de declará-la cognoscível ao homem*, pondo em lugar da certeza a probabilidade positiva, Antíoco deu o grande passo com o qual se fechou definitivamente a história da Academia cética, *declarando a verdade não só existente, mas também cognoscível, e, substituindo à probabilidade a certeza verdadeira*[1].

Com base em tais afirmações, Antíoco podia apresentar-se como o restaurador do verdadeiro espírito da Academia: um espírito que estava em antítese com o que inspirava as tendências inauguradas por Arcesilau e Carnéades e que, contra o parecer de Filo, ele não considerava conciliável com ele.

Todavia, às aspirações de Antíoco não corresponderam efetivos resultados. Na Academia de Antíoco, não renasceu Platão, mas uma

1. Antíoco nasceu em Ascalônia (Estrabão, XVI, 2, 29) entre o final dos anos trinta e início dos anos vinte do século II a.C. (cf. G. Luck, *Der Akademiker Antiochos*, Bern-Stuttgart 1953, p. 13). Foi por muito tempo discípulo de Filo (cf. Cícero, *Acad. pr.*, II, 22, 69). Não sabemos se, deixando Atenas junto com Filo, esteve com ele em Roma. Sabemos, contudo, que foi para Alexandria entre 87 e 84 a.C., junto com Lúculo. Retornou em seguida a Atenas e tornou-se dirigente da Academia Em 79 a.C. Cícero (durante a ditadura de Silas) foi para Atenas, onde seguiu, por alguns meses, as lições de Antíoco (cf. Cícero, *Brut.*, 91, 315). Depois, Antíoco seguiu a Lúculo à Síria, por ocasião da segunda guerra mitridática, e em 69 a.C. assitiu à batalha de Tigranocerta. Morreu pouco depois (ef. Plutarco, *Luc.*, 28; Cícero, *Acad. pr.*, II, 19, 61). Cícero, mesmo inclinando-se para Filo, foi sincero admirador de Antíoco (ef. *Acad. pr.*, II, 2, 4; 35, 113). Não nos chegou nenhuma obra de Antíoco. Os testemunhos nos quais o nosso filósofo é expressamente nomeado foram recolhidos por Luck no volume acima citado, pp. 73-94.

mistura eclética de doutrinas verdadeiramente acéfala, sem alma e sem autonomia de vida. Contudo, ele estava convencido de que platonismo e aristotelismo eram uma idêntica filosofia e simplesmente exprimiam os mesmos conceitos com nomes e linguagens diferentes[2]. Mas, o que é ainda mais indicativo, Antíoco *chegou mesmo a declarar a própria filosofia dos estoicos substancialmente idêntica à filosofia platônico-aristotélica, diferenciando-se dela apenas na forma.* E certas inegáveis novidades dos estoicos foram por ele julgadas apenas melhorias, complementos e aprofundamentos de Platão, a ponto de Cícero poder escrever:

> Antíoco, chamado de acadêmico, era, na realidade, se apenas tivesse mudado pouquíssimas coisas, um verdadeiro estoico[3].

Sexto Empírico confirma:

> Antíoco introduziu o Pórtico na Academia, de modo que dele disseram que tratava a filosofia estoica na Academia: demonstrava, com efeito, que em Platão encontram-se dogmas dos estoicos[4].

Antíoco pretendeu levar a cabo a obra de restauração da antiga Academia, recuperando Crísipo e não Platão, de modo que não hesitou em rejeitar a gnosiologia platônica e, portanto, também a doutrina das Ideias sobre a qual ela se funda, como fica claro dessa passagem de Cícero:

> Platão [...] sustentava que todo juízo da verdade e a própria verdade, separados das opiniões e dos sentidos, são próprios do pensamento e da mente. Ora, qual dessas doutrinas o nosso Antíoco aprova? [...] Ele não se afasta sequer um passo de Crísipo[5].

Ora, é absurda qualquer pretensão de recuperar Platão sem acolher a doutrina das Ideias, e o leitor desta *História da filosofia antiga* pode muito bem avaliar as razões disso: a doutrina das Ideias, que é a conquista da "segunda navegação", constitui a base sobre a qual

---

2. Cf. Cícero, *Acad. post.*, I, 4, 17; 6, 22; Id., *Acad. post.*, II, 5, 15; Id., *De finibus*, V, 3, 7; 5, 14; 8, 21.
3. Cícero, *Acad. pr.*, II, 43, 132.
4. Sexto Empírico, *Esboços pirronianos*, 1, 235.
5. Cícero, *Acad. pr.*, II, 46, 142s.; cfr, *Acad. post.*, I, 8, 30s.

repousa todo o platonismo, assim como a base do aristotelismo é constituída pela doutrina da substância suprassensível. Portanto, o que Antíoco recuperou de Platão e de Aristóteles foi algo extremamente anódino e, justamente por isso, conciliável *ad libitum* com o estoicismo. O espírito de Platão, para ganhar nova vida, devia ainda esperar.

2. Crítica do ceticismo acadêmico

Antíoco, que, por certo tempo, na escola do primeiro Filo, ouviu as ideias céticas da Academia, encontrava-se nas melhores condições para criticá-las, conhecendo-as por dentro, nas suas motivações internas.

Ele observa substancialmente que os dois objetivos fundamentais, cuja possibilidade de consecução todos os céticos contestaram, ou seja, *o critério da verdade* e a doutrina do *sumo bem, são, na realidade, irrenunciáveis para quem quer que pretenda apresentar-se como filósofo e ter algo a dizer aos homens.*

O cético, com a sua dúvida sobre as nossas representações (isto é, sobre o critério da verdade), inverte aquilo sobre o qual se apoia a existência humana. De um lado, negado o valor da representação, fica comprometido também o valor da memória e da experiência (que dependem das representações) e, portanto, fica comprometida a própria possibilidade das diferentes artes (que nascem da memória e da experiência). De outro lado, negado o valor do critério, desmorona qualquer possibilidade de determinar o que é o bem, desaba a possibilidade de estabelecer o que é a virtude e, portanto, cai a possibilidade de fundar uma autêntica vida moral. Sem uma firme certeza e uma sólida convicção sobre o fim da vida humana e sobre as tarefas essenciais a cumprir, o empenho moral torna-se vão.

Segundo Antíoco, não podemos nem sequer nos entrincheirar no âmbito do mero provável porque, sem o critério distintivo do verdadeiro, será impossível encontrar também o do provável. De fato, se entre as representações verdadeiras e as falsas não é possível operar uma distinção, elas carecem de uma diferença específica, e não será nem mesmo possível estabelecer qual é a representação próxima do verdadeiro ou menos distante dele. Portanto, para salvar o provável, será preciso reintroduzir o verdadeiro porque, *para estabelecer se uma coisa é mais ou menos próxima ou distante do verdadeiro, é preciso saber o que é o verdadeiro.*

E nem mesmo será possível suspenderem qualquer caso o assenso. Com efeito, a evidência de certas percepções naturalmente comporta o assenso e, em todo caso, sem o assenso não poderemos ter nem memória nem experiência e, em geral, não poderemos realizar qualquer ação e, por consequência, toda a vida ficaria bloqueada.

Não poderemos nem sequer culpar os sentidos por nos enganarem. Quando os órgãos sensoriais não estão prejudicados e as condições externas são adequadas (como já Aristóteles sublinhara), os sentidos não nos enganam e, portanto, não nos enganam as representações. E não se pode invocar, como argumento contrário, os sonhos, as alucinações e semelhantes: estas representações, de fato, não são portadoras da mesma *evidência* com relação às normais representações sensoriais.

Também é inegável a validade dos conceitos, das definições e das demonstrações: atesta-o a própria existência das artes, inconcebível sem eles. No limite, demonstram-no os raciocínios dos próprios céticos, que só podem ter sentido na medida em que têm sentido conceitos e demonstrações[6].

Enfim, já vimos o dilema com o qual Antíoco levou Filo a uma crise, obrigando-o a abandonar Carnéades. Não se pode admitir ao mesmo tempo: *a*) que algumas representações sejam falsas e *b*) que entre representações verdadeiras e representações falsas não exista uma diferença específica que as distinga: se admitimos a primeira afirmação, cai a segunda; se sustentamos a segunda, desaba a primeira[7].

Em suma, segundo Antíoco, posto à prova, o ceticismo deve pouco a pouco reconhecer inexoravelmente as verdades negadas.

3. Lógica, física e ética

Infelizmente, se Antíoco mostra-se agudo na crítica ao ceticismo (e o que acima referimos é apenas uma amostra dos numerosos argu-

---

6. Cf. Cícero, *Acad. pr.*, 11, 615 e *passim.*

7. Cf. o capítulo precedente, § 3.

mentos por ele adotados), mostra-se, ao invés, decepcionante na proposta da alternativa positiva que deveria preencher o vazio aberto pelo ceticismo.

Na lógica ele não se afasta substancialmente dos estoicos e, em particular, de Crísipo[8].

Também na física Antíoco repropõe ideias estoicas. Ele fala, com efeito, do duplo princípio ativo e passivo da realidade, fala do cosmo em sentido monista, do princípio divino imanente que anima ó mundo, da Providência. Mas o que mais causa admiração é a sua pretensão de que estas sejam também, substancialmente, as convicções de Platão e de Aristóteles[9].

As coisas não mudam quando se passa à ética. O homem deve viver seguindo a natureza, antes, em conformidade com a natureza, que consiste na razão. Nisso está a virtude, que é o sumo bem[10]. Erram, porém, os estoicos ao subvalorizar o corpo e tudo o que está relacionado com ele: a virtude basta para a felicidade, mas não para a perfeita felicidade; portanto, em parte têm razão os peripatéticos ao considerar que também os bens materiais concorrem para a perfeita felicidade[11]. Ademais, Antíoco atenua os paradoxos da ética estoica[12] e tempera a pretensão de que o sábio seja impassível.

Este é um típico exemplo de ecletismo dogmático, que aproxima ideias de origens diversas, sem saber sintetizá-las; justapõe e sobrepõe, mas não unifica. Por isso a Academia restaurada não podia ter longa vida nem ir muito longe: na realidade, Antíoco não soube fazer renascer a antiga Academia e não fez senão mascarar, sob as suas próprias, as insígnias do Pórtico[13].

---

8. Cf. Cícero, *Acad. pr.*, II, 46, 142s.
9. Ver sobretudo Cícero, *Acad. post.*, *passim.*
10. Cf. Cícero, *De fin.*, V, 9, 26.
11. Cf. Cícero, *Acad. pr.*, II, 43, 134ss.; *De fin.*, V, 24, 72.
12. Cf. Cícero, *Acad. pr.*, II, 43, 133ss.
13. Sobre Antíoco deve-se ver a excelente reconstrução recente de J. Glukker, *Antiochus and the Late Academy*, Gõttingen 1978. Para as relações entre Antíoco e o médio-platonismo cf. o que dizemos no vol. IV.

IV. CÍCERO E O ECLETISMO ACADÊMICO EM ROMA

1. A posição filosófica de Cícero

Assim como Filo e Antíoco são os mais típicos representantes do ecletismo na Grécia, Cícero é o mais característico representante do ecletismo em Roma. Antíoco situa-se nitidamente à direita de Filo, para usar uma metáfora moderna, enquanto Cícero continua a linha de Filo. O primeiro elabora um ecletismo claramente dogmático, o segundo um ecletismo com prudentes e moderadas tendências céticas. Ademais, não há dúvida de que, do ponto de vista especulativo, Cícero é inferior a ambos, não representando qualquer novidade comparável às formulações do *probabilismo positivo* do primeiro ou da sagaz *crítica anticética* do segundo[1].

Se nos ocupamos de Cícero numa história da filosofia antiga, é por motivos mais culturais que estritamente especulativos. Em primeiro lugar, Cícero oferece, em certo sentido, o mais belo paradigma de pensamento eclético, de que é como dizer o mais belo para-

1. Cícero nasceu em 106 a.C. em Arpino. Aproximou-se desde jovem da filosofia, cultivando-a com interesse e constância. Todavia, o amor pela filosofia não absorveu por inteiro todas as energias e interesses de Cícero. Ele, com efeito, foi prioritariamente levado à vida pública, à vida forense e à vida política. Por isso a sua escolha de fundo foi pela retórica, pela oratória. Sua carreira oratória começa já em 81 e em 76/75 inicia sua atividade política, com a eleição para questor. Daí em diante Cícero ligou amiúde o seu nome a clamorosos processos e a importantes acontecimentos políticos. Morreu em 43 a.C., assassinado pelos soldados de Antônio. Dos seus mestres de filosofia já falamos, e falaremos ainda no texto. As numerosas obras filosóficas de Cícero que nos chegaram foram escritas no último período da sua vida. Em 46 escreveu os *Paradoxa Stoicorum*; em 45 os *Academica* (dois diálogos intitulados a Catulo e a Lúculo, dos quais fez uma segunda edição, na qual apareciam como interlocutores Ático e Varrão: dos *Academica priora* restou-nos o livro II [*Lucullus*], dos *Academica posteriora* o livro I e fragmentos). De 45 é também o *De finibus bonorum et malorum*. Em 44 foram publicadas as *Tusculanae disputationes* e o *De natura deorum*, e em 44 foi escrito o *De officiis*. A estas obras acrescentem-se: o *De fato*, o *De divinatione*, o *Cato maior de senectute* e o *Laelius de amicitia*. Recordemos ainda as obras políticas *De re publica* e *De legibus*. Do *De re publica* chegaram-nos os dois primeiros livros, não completos, fragmentos do III, do IV, do V e grande parte do livro VI, que já na antiguidade teve vida autônoma com o título *Somnium Scipionis*. Pela sua praticidade usaremos a edição bilíngue preparada pelo Centro Studi Ciceroniani, publicada por Editore Mondadori, Milão.

digma da mais pobre das filosofias e, de algum modo, a mais antiespeculativa das especulações. Em segundo lugar, Cícero é a mais eficaz, a mais vasta e a mais conspícua ponte através da qual a filosofia grega foi introduzida na área da cultura romana e, posteriormente, em todo o Ocidente: e mesmo isso não é um mérito teórico, mas de mediação, de difusão e de divulgação cultural. Isso não implica que Cícero tenha intuições felizes e até agudas sobre problemas particulares, especialmente os problemas morais (o *De officiis* é, provavelmente, a sua obra mais vivencial), e tenha também análises penetrantes: mas trata-se de intuições e análises que se situam, por assim dizer, nos vales da filosofia; sobre os problemas que estão nos cimos, ele tem pouco a dizer, como, de resto, todos os representantes da filosofia romana.

Já os mestres frequentados por Cícero indicam claramente a geografia do seu pensamento: quando jovem ouviu o epicurista Fedro e, mais tarde, Zenão, o epicurista; ouviu também as lições do estoico Diodoro, conheceu a fundo o pensamento de Panécio e estabeleceu estreitas relações de amizade com Possidônio; foi influenciado por Filo de Lárissa de modo decisivo e, ademais, ouviu por certo tempo também as lições de Antíoco de Ascalônia. Leu Platão, Xenofonte, o Aristóteles exotérico, alguns filósofos da antiga Academia e do Perípato, mas sempre com os parâmetros da filosofia do seu tempo. De todos tomou algo e em todos buscou confirmações sobre determinados problemas, com exceção, talvez, apenas dos epicuristas, com os quais polemizou vivamente[2].

2. O probabilismo eclético ciceroniano

Dizíamos acima que Cícero rejeitou o tipo de ecletismo de Antíoco e assumiu, ao invés, uma posição semelhante à de Filo: o dogmatismo de Antíoco parecia-lhe incauto, enquanto o probabilismo filoniano era-lhe plenamente satisfatório.

Como fizeram os neoacadêmicos, Cícero adota o método da discussão do pró e do contra sobre qualquer questão. Esse método oferece-lhe grandes vantagens: em primeiro lugar, oferece-lhe a posibilidade de dar a conhecer as várias posições dos filósofos a respeito do proble-

2. Cf. Zeller, *Die Philosophie der Griechen*, III, 1, 672s. e Goedeckemeyer, *Die Geschichte des griechischen Skeptizismus*, pp. 130ss., onde se encontram todas as indicações das fontes.

ma, fazendo grande exibição da sua erudição; em segundo lugar, oferece-lhe a possibilidade de avaliar a consistência das teses opostas; em terceiro lugar, o confronto oferece-lhe a possibilidade de escolher a solução mais provável; e, enfim, como bom orador e advogado, vê que esse método constitui um perfeito exercício de eloquência. Portanto, o confronto não deve levar à suspensão do juízo, mas ao encontro do provável e do verossímil e, também, ao exercício retórico. Eis as palavras do nosso filósofo, que evidenciam este ponto:

> Sempre me agradou o hábito dos peripatéticos e dos acadêmicos de discutir, de todos os problemas, o pró e o contra: não só porque esse sistema é o único apto para descobrir em qualquer situação o elemento de verossimilhança, mas também pelo ótimo exercício que isso constitui para a palavra[3].

Mas esta passagem permite-nos fazer também outra reflexão. Cícero põe e resolve os problemas filosóficos sempre em chave culturalista e nunca diretamente, isto é, de maneira puramente especulativa. As questões consideradas por ele são as que outros já levantaram e, também, as soluções escolhidas são, normalmente, as que já foram propostas, no todo ou em parte, por outros. Assim explica-se perfeitamente que o seu moderado ceticismo, pela sua própria confissão, não derive tanto das dificuldades que intrinsecamente levantam os problemas do conhecimento e do critério da verdade (por exemplo, os erros dos sentidos e semelhantes), quanto das dificuldades que brotam do dissenso sobre as soluções daqueles problemas, propostas pelos diferentes filósofos. Assim fica também claro que, na medida em que o dissenso dos filósofos o desconcerta, conforta-o o consenso, quando existe, a ponto de não hesitar em fazer de tal consenso um critério de probabilidade.

O verdadeiro, portanto, é inalcançável, como o prova o dissenso dos filósofos; todavia, resta o provável e o verossímil, que se não são o próprio verdadeiro, são o que dele mais se aproxima. Diz Cícero no *De natura deorum*:

> Não somos dos que negam em absoluto a existência da verdade: limitamo-nos a sustentar que a cada verdade está unido algo que não é verdadeiro, mas tão semelhante a ela, de modo que ela não pode nos oferecer qualquer sinal distintivo que nos permita formular um juízo e dar o nosso assenso. Daí deriva a existência de muitos conhecimentos prováveis que, mesmo não sen-

---

3. *Tusc. disput.*, II, 3, 9.

do plenamente certificados, mostram-se tão nobres e elevados a ponto de poderem servir de guia para o sábio[4].

No *De officiis* Cícero reafirma:

> Perguntam-me porém, homens de letras e cultos, se creio agir com suficiente coerência quando, ao mesmo tempo que observo que nada pode ser conhecido com certeza, costumo disputar sobre outras questões e, com isso, busco dar regras sobre o dever. A estes gostaria de esclarecer o meu pensamento. Pois não sou daqueles cuja alma vaga na incerteza e não têm nunca um princípio a seguir. Que seria, com efeito, da nossa mente, ou antes, da nossa vida, se fosse excluída toda norma, não só de raciocínio, mas também de vida? *Como os outros afirmam a certeza de algumas e a incerteza de outras coisas, nós, ao invés, discordando deles, sustentamos a probabilidade de algumas coisas e a improbabilidade de outras.* Que, portanto, me pode impedir de seguir o que me parece provável e desaprovar o que me parece improvável, e assim fugir, evitanto a presunção de nítidas afirmações, à temeridade, que está muito longe da verdadeira sabedoria?[5]

Chega-se a esse "provável" não se prendendo dogmaticamente a qualquer escola, mas permanecendo livre para escolher ecleticamente o que parece mais verossímil. Nas *Tusculanas* lemos:

> Há liberdade de pensamento, e cada um pode sustentar o que quiser, quanto a mim, atermeei ao meu princípio, e buscarei sempre em todas as questões a máxima probabilidade, sem estar ligado às leis de nenhuma escola particular à qual deva forçosamente seguir na minha especulação[6].

O probabilismo de Cícero está assim estruturalmente ligado ao seu ecletismo: um é o fundamento do outro e vice-versa, e ambos têm a mesma raiz, mais do que teórica, cultural e histórica. O que explica bem, entre outras coisas, que, segundo os problemas que trate, o provável torne-se de tal maneira sutil a ponto de se tornar dúvida, ou, ao contrário, consolide-se até se tornar quase certeza.

3. Lógica: o critério da verdade

Também Cícero, como todos os filósofos do seu tempo, considera que a tarefa precípua da filosofia consiste em estabelecer o *fim do*

---

4. *De nat. deorum*, I, 5, 12; cf. *Acad. pr.*, II, 31, 98ss.
5. *De officiis*, II, 2, 78.
6. *Tusc. disput.*, IV, 4, 7.

homem, isto é, a natureza do sumo bem, e, para poder fazer isso, é preciso estabelecer o *critério da verdade*:

> Estas são as maiores questões da filosofia: *o critério da verdade* e *o fim dos bens*, e não pode ser sábio quem ignore ou o princípio do conhecimento ou o termo do apetite, de modo a ignorar de onde se deve partir ou onde se deve chegar[7].

Começamos pelo exame do critério da verdade, que é o ponto de partida.

Em primeiro lugar, Cícero acolhe *o testemunho dos sentidos*. Não o acolhe no nível de certeza absoluta, ou seja, no nível de certeza tal que mereça o total assenso, mas no nível de probabilidade (recordemos a posição de Filo e a de Antíoco). A evidência dos sentidos e da experiência é, pois, um primeiro critério: quem nega tais evidências subverte a própria possibilidade da vida[8].

Cícero encontra um segundo critério no *sentido comum*, no *consenso universal dos homens* (não apenas no consenso dos doutos). Ele usa inclusive expressões que evocam certa forma de inatismo, o qual remete, muito vagamente, ao inatismo[9] platônico e, mais proximamente, à doutrina da "prolepse" que, como vimos, é comum ao Jardim e ao Pórtico. Assim Cícero — para ficar no âmbito que mais interessa — admite não só que a natureza humana tenha nos dado *semina innata* das virtudes[10], isto é, disposições naturais para a virtude, mas que tenha também gerado *sine doctrina noticias parvas, rerum maximarum*[11], para alcançar as mesmas virtudes. É precisamente esse genérico matismo a verdadeira motivação que o leva a considerar como probante o senso comum e o consenso de todos os homens.

Naturalmente, Cícero nada mais nos diz a esse respeito: passa do senso comum e do consenso universal a noções que nos foram dadas naturalmente, isto é, inatas, e com isso crê ter alcançado um critério dotado de tal evidência que não tem necessidade de ulterior fundação.

---

7. *Acad. pr.*, II, 9, 29.
8. Cf. *Acad. pr.*, II, 31, 99.
9. Cf. Zeller, *Die Philosophie der Griechen*, III, 1, p. 683.
10. *Tusc. disput.*, III, 1, 2.
11. *De finibus*, V, 21, 59.

4. Física, teologia e psicologia

Pelos problemas "físicos", isto é, pela maior parte dos problemas cosmo-ontológicos que as filosofias helenísticas incluíam na doutrina da *physis*, Cícero mostra pouquíssimo interesse; e isso conforma-se com o sentimento tipicamente romano, que só se interessa por problemas especulativos se neles vir valor prático. Naturalmente, ele abre exceção para os problemas de Deus e da alma, que estão estreitamente ligados à ética, enquanto condicionam, em última análise, o seu sentido último.

Quanto às soluções dos problemas metafísico-ontológico-cosmológicos, ele nutre um ceticismo muito mais agudo do que com relação a todo o resto: não sabe resolvê-los e, sobretudo, não lhe interessam existencialmente. Por isso lhe é mais confortável, sobre a natureza das coisas, afirmar que é muito mais fácil dizer como não é a verdade do que como é, e que tudo é tão circundado de trevas que não pode ser esquadrinhado:

> Todas as coisas permanecemnos ocultas, ocultadas e circundadas de densas trevas, a tal ponto que nenhuma perspicácia da humana inteligência é tão grande que possa penetrar no céu ou entrar na terra[12].

Todavia ele, prudentemente, considera que não se deve excluir totalmente as questões físicas, porque a consideração da natureza é, em todo caso, alimento e sustento da nossa mente, força que nos sustenta e nos eleva e, elevando-nos, permite-nos olhar com nova ótica as coisas humanas e, portanto, redimensioná-las: considerando as coisas celestes e sublimes, compreende-se que as coisas terrenas são pequenas e mesquinhas. Sem contar, ademais, a alegria espiritual que experimentamos quando nos defrontamos, se não com o inatingível verdadeiro, com algo verossímil:

> Não penso [...] que se devam excluir essas questões físicas. Com efeito, a consideração e a contemplação da natureza é como natural alimento das almas e das mentes. Elevamo-nos, parece que nos engrandecemos, desprezamos as coisas humanas e, pensando nas coisas superiores e celestes, desdenhamos as nossas como pequenas e vis. A própria investigação das coisas grandes e ocultas nos dá alegria. Se, depois, acontece que algo nos pareça verossímil, então a alma se enche de humano prazer[13].

---

12. *Acad. pr.*, 11, 39, 122.
13. *Acad. pr.*, 11, 41, 127.

Como se vê, é sempre em chave ética e antropológica que Cícero considera os problemas.[14]

Sobre a *existência* de Deus, Cícero não parece, ao invés, nutrir dúvidas. O consenso de todos os povos é, para ele, a prova mais sólida:

> Quanto à existência dos deuses, a prova mais sólida que se pode aduzir é esta, ao que parece: não há povo, por mais bárbaro, não há homem no mundo, por selvagem que seja, que não tenha na mente pelo menos uma ideia da divindade. Sobre os deuses, muitos têm convicções erradas e isso, normalmente, é devido à influência corruptora do hábito: mas todos creem na existência de uma força e de uma natureza divina, e tal convicção não é efeito de uma precedente troca de ideias entre os homens e de um acordo geral, nem encontrou apoio em instituições ou leis: ora, em qualquer questão, o consenso dos povos deve ser considerado lei da natureza[15].

Cícero não tem dúvidas sobre a Providência: tanto as coisas externas demonstram estar finalizadas em função do homem, como a forma e a estrutura do próprio homem e dos seus órgãos confirmam uma organização finalista. E dizer organização finalista é dizer Providência[16]. Nada repugna mais a Cícero do que a concepção mecanicista própria do atomismo epicurista: um casual e mecânico ajuntamento das letras do alfabeto não poderá nunca — diz sensatamente Cícero — gerar os Anais de Ênio[17].

Mais incerto mostra-se, ao invés, Cícero, quando deve tomar posição sobre a natureza de Deus. No entanto, ele crê na unidade de Deus. Mas como conceberemos, do ponto de vista ontológico, esse Deus uno? Quem nos seguiu até aqui não pode duvidar de que a tal pergunta só poderemos obter uma resposta ambígua e oscilante entre

---

14. *Ibidem.*

15. *Tusc. disput.*, 1, 13, 30.

16. Cf. *De nat. deorum, passim.*

17. No *De natura deorum*, 11, 37, 93 se lê: "Como não se maravilhar, nesse ponto, se alguém considera que corpos sólidos e invisíveis são arrastados pela força do seu peso e que da sua fortuita união tenha derivado o mundo com todos os seus esplendores e belezas? Quem estivesse disposto a admitir coisa desse gênero, não vejo por que não deveria também admitir que, se se encontrassem nalgum lugar em número muito elevado as vinte e uma letras do alfabeto, forjadas em ouro ou outro material, e se as lançassem à terra, deveriam reconstituir-se todos os Anais de Ênio já prontos para a leitura: um resultado que o acaso não conseguiria realizar nem mesmo limitando-se a um único verso".

espiritualismo e materialismo. E isso, não por razões contingentes, mas por motivos estruturais. Ou se recuperavam os resultados da "segunda navegação" platônica e o sentido do transcendente, ou as afirmações sobre a espiritualidade de Deus deviam permanecer sem qualquer sentido teórico. Nas *Tusculanas* lemos:

> E a própria divindade, tal como a representamos, não pode ser concebida senão como um espírito independente, livre (*mens soluta quaedam et libera*), e isenta de qualquer elemento corruptível: um espírito que tudo sente e tudo move, e é, por sua vez, dotado de eterno movimento[18].

Mas a expressão "mens soluta quaedam et libera" não deve nos levar a engano, porque essa *mens soluta et libera* não pode ser pensada por Cícero em função da categoria do suprassensível. Tanto isso é verdade, que ele acaba aceitando a hipótese estoica de que se trata de ar e fogo, ou mesmo do aristotélico éter[19].

Analogamente, ele não duvida da imortalidade da alma, já que essa convicção foi posta em nós pela própria natureza. Tanto isso é verdade, que todos se preocupam com o que será depois da morte[20]. Este é, para Cícero, o mais válido argumento a favor da imortalidade, embora ele não hesite em retomar, como reforço, as tradicionais provas de origem platônica[21]. A alma é o que nos liga com Deus e é como o ponto de tangência que o homem tem com Deus:

> Nada do que existe sobre a terra pode explicar a origem da alma, porque nela não há nada que seja misturado ou composto, nada que se possa considerar derivado ou formado da terra, nada que tenha a natureza da água, do ar ou do fogo. Com efeito, na composição desses elementos, não entra nada que tenha a propriedade da memória, da inteligência, do pensamento, nada que possa reter o passado, prever o futuro, abraçar o presente: estes são atributos exclusivamente divinos, e nunca se poderá encontrar para eles outra proveniência senão a divindade. A alma, em suma, tem uma essência e uma natureza toda especial, e bem distinta da dos outros elementos comuns por nós conhecidos. Portanto, qualquer que seja a natureza da entidade que sente, conhece, vive, age, ela deve ser necessariamente celeste e divina e, consequentemente, eterna. E a própria divindade, tal como a representamos, não

18. *Tusc. disput.*, I, 27, 66.
19. Cf. *Tusc. disput.*, I, 26, 65.
20. *Tusc. disput.*, I, 14, 31.
21. Cf. *Tusc. disput.*, I, 12, 50ss.

pode ser concebida senão como um espírito independente, livre e isento de qualquer elemento corruptível: um espírito que tudo sente e tudo move, e é, por sua vez, dotado de eterno movimento. Dessa espécie e dessa mesma natureza é a alma humana[22].

Naturalmente, também sobre o problema da natureza da alma notam-se as mesmas incertezas e oscilações que notamos a propósito do problema da natureza de Deus. E a raiz dessas incertezas é a mesma: a natureza da alma só é filosoficamente determinável em função da categoria do suprassensível; do contrário caise inexoravelmente no materialismo. E, com efeito, pouco antes da passagem citada, Cícero escreve:

E, sem dúvida, se a divindade é ar e fogo, do mesmo modo é feita a alma do homem: aquela substância celeste não tem em si nem terra nem líquido, e esses dois elementos estão igualmente ausentes da alma humana. Se existe uma quintessência, a que foi introduzida por Aristóteles, ela se encontra, seja na divindade, seja na alma[23].

Porém, ar, fogo e a própria quinta essência são, justamente, sempre e somente matéria.

5. Ética

A parte da filosofia que mais interessa a Cícero, como já observamos mais de uma vez, é a ética (e não é, pois, sem razão que as suas obras mais vivas são *Sobre o fim dos bens e dos males* e, sobretudo, a *Sobre os deveres*): mais do que nunca é verdade, para Cícero, que, não a aristotélica atividade contemplativa pura, mas a atividade social prática é a rainha. Eis uma passagem muito eloquente:

Considero que sejam mais conformes à natureza os deveres que emanam do sentimento social, não os que emanam da sabedoria, e isso pode ser afirmado pelo seguinte argumento: se a um homem sábio coubesse uma condição de vida tal que, afluindo-lhe as mais variadas riquezas, ele pudesse dedicar-se com plena tranquilidade ao estudo e à contemplação de todas as coisas dignas de serem conhecidas, todavia, se a solidão fosse tão grande que a ninguém pudes-

22. *Tusc. disput.*, 1, 27, 66.
23. *Tusc. disput.*, 1, 26, 65.

se ver, ele preferiria morrer [...]. Efetivamente, o conhecimento e a contemplação (da natureza) seriam de certo modo inacabados e imperfeitos, se não se lhes seguisse alguma atividade concreta; e essa atividade manifesta-se especialmente em assegurar a utilidade dos homens; refere-se, pois, à sociedade do gênero humano; por isso ela deve ser anteposta à ciência[24].

Mas, mesmo nesse âmbito específico, busca-se em vão novidades em Cícero. Ele discute as éticas dos sistemas epicurista, estoico, acadêmico e peripatético; rejeita em bloco a moral epicurista e procede a ecléticos acomodamentos entre as outras. De um lado, ele é levado a admirar sobretudo a moral estoica, de outro, faz concessões à moral acadêmica e à peripatética (por ele consideradas substancialmente idênticas). Cícero não pode, com efeito, aceitar o princípio estoico de que só o sábio é bom e todos os outros são viciosos, porque, observa ele, a sabedoria do sábio estoico é tal, que "nenhum mortal ainda a alcançou", e, por isso, ele propõe que se considere o que existe no costume e na vida comum, não o que existe nas puras aspirações e nos puros desejos[25].

Também para ele o princípio fundamental da moral é *seguir a nossa natureza individual no respeito pela grande natureza humana*[26].

Essa remissão à natureza do homem, que é alma e corpo, permite-lhe temperar a moral estoica e reivindicar também os direitos do corpo, pois é necessário viver biologicamente, isto é, satisfazer as exigências do corpo, justamente para poder ulteriormente satisfazer as da razão. E, assim, por este aspecto, ele se alinha da parte dos peripatéticos, como já Panécio e Possidônio em parte fizeram.

Mas, depois, volta aos estoicos, ao remeter a virtude inteiramente à razão, discordando da típica concepção aristotélica da virtude ética como via intermediária entre paixões opostas. E como os estoicos, considera a virtude autárquica e bastante para a vida feliz. Ele parece aliar-se aos estoicos também na concepção do sábio como isento de paixões e imperturbável.

Enfim, também as reivindicações da humana liberdade, na obra *Sobre o Destino*, vão muito pouco além da pura afirmação de uma liberdade intuitivamente captada: os movimentos voluntários da alma

---

24. *De officiis*, I, 43, 153 (na passagem omitida entre colchetes Cícero fala da superioridade da sophia sobre a *phrónesis*, mas contradizendo-se de modo impressionante).

25. *De amicitia*, 5, 18.

26. Cf. *De officiis*, 1, 31, 110.

não têm causas externas, mas dependem de nós, no sentido de que a própria natureza da nossa alma é a sua causa.

E quando Cícero desce dos princípios à análise dos deveres intermediários (os *kathékonta* dos estoicos), então revela todo o seu senso prático; mas aqui não estamos mais no campo da filosofia em sentido estrito, mas, antes, no da fenomenologia moral. Assim é inevitável que todas as notações e observações originais encontradas em Cícero, no âmbito das análises morais, não ultrapassem o plano fenomenológico e fiquem teoricamente informes. As ambíguas respostas aos problemas ontológicos e antropológicos do ecletismo não lhe permitem, por razões estruturais, lançar-se mais além.

Como justamente disse Marchesi[27], "Cícero não deu novas ideias ao mundo [...]. O seu mundo interior é pobre *porque dá abrigo a todas as vozes*". A sua maior contribuição está, pois, na difusão e divulgação da cultura antiga e, nesse âmbito, ele é verdadeiramente uma figura essencial na história espiritual do Ocidente. "Mesmo aqui — escreve ainda Marchesi — manifesta-se a força divulgadora e animadora do gênio latino: porque nenhum grego teria sido capaz de difundir, como fez Cícero, o pensamento grego pelo mundo"[28].

---

27. C. Marchesi, *Storia della letteratura latina*, Milão 1978[8], 1, p. 317.

28. Homem de vastos conhecimentos filosóficos foi também Varrão Reatino (116-27 a.C.). Ele foi propriamente um enciclopédico (já os seus contemporâneos julgavam-no o mais culto dos romanos). Mais que de uma filosofia de Varrão, pode-se falar de implicações filosóficas da sua cultura geral. Contrariamente a Cícero, que, como vimos, segue a Filo, ele se alinha da parte de Antíoco e permanece em grande medida fiel a ele. A sua concepção da alma como *pneunia* e do Divino como *alma do mundo* estão em perfeita sintonia com o ecletismo estoicizante antiocano. Também as suas ideias morais não apresentam novidades importantes. A doutrina filosófica pela qual ele é mais conhecido consiste na distinção das três formas de teologia (uma distinção que tem raízes muito antigas): a) a *teologia fàbulosa* ou *mítica* própria dos poetas, b) a *teologia natural* própria dos filósofos e c) a *teologia civil*, que se exprime nas crenças e nos cultos da Cidade. Não há dúvida de que Varrão considera a segunda forma como a mais verdadeira. Todavia Boyancé observa o seguinte: "[...] há tempo alguns filósofos esforçavam-se por dar um lugar à teologia dos poetas e das Cidades. Tratava-se da tradição histórica dos gregos e de Roma, e Varrão tinha um respeito romano por esta tradição. O erudito, nele, respeitoso em particular da história das palavras, acreditava poder fundamentar a verdade dos filósofos. [...] Tudo isso não se passava em Varrão sem hesitações, dúvidas e fracassos, dos quais tinha consciência. Mas ele era sustentado pelo fervor das suas convicções e pela vastidão dos seus conhecimentos [...]" (*Les implications philosophiques des recherches de Varron sur Ia religion romaine*, in "Atti dei Congresso Intemazionale di Studi Varroniani", Rieti 1976, 1, p. 161).

CONCLUSÕES SOBRE OS SISTEMAS FILOSÓFICOS DA ERA HELENÍSTICA

"Epicurus quoque ait sapientem, si in Phalaridis tauro peruratur, exclamaturum: 'dulce est, ad me nihil pertinet'[...] 'dulce esse torreri'."

"Também Epicuro dizia que o sábio, mesmo ardendo no touro de Fálaris, gritará: `É doce, não me atinge' [...] 'é doce arder entre as chamas'."

Sêneca, *Epístola 66, 18* (= Epicuro, Usener, fr. 601)

«(οἱ ἀπὸ τῆς Στοᾶς) μηδὲν κωλύειν φασὶ πρὸς εὐδαιμονίαν τὰ ἔξωθεν, ἀλλ'εἶναι τὸν σπουδαῖον μακάριον, κἂν ὁ Φαλάριδος ταῦρος ἔχῃ καιόμενον.»

"Os estoicos dizem que as coisas externas não são impedimento para a felicidade, e que o sábio é feliz mesmo que o touro de Fálaris o queime."

Crísipo (von Arnim, S.V.S., III, fr. 586)

«Φασὶ δὲ καὶ σηπτικῶν φαρμάκων καὶ τομῶν καὶ καύσεων ἐπί τινος ἕλκους αὐτῷ προσενεχθέντων, ἀλλὰ μηδὲ τὰς ὀφρῦς συναγαγεῖν.»

"Narra-se, ademais, que quando por alguma ferida foram-lhe [a Pirro] aplicados medicamentos corrosivos e teve de submeter-se a cortes ou cauterizações, não contraiu sequer as pálpebras."

Diógenes Láercio, IX, 67

Esse baixo-relevo é uma esplêndida expressão de Diógenes e da sua mensagem filosófica. A barrica representa o que ele, como é sabido, escolheu para morada. O cão acima da barrica é o símbolo do cinismo. A personagem à direita é Alexandre Magno. Conta-se que Alexandre disse a Diógenes, que estava tomando sol: "Pede-me o que queres e eu te darei". E Diógenes lhe respondeu: "Não me faças sombra, deixa-me o meu sol". Emblemática resposta que resume o sentimento de uma época, assim como o exprimem também os textos que apresentamos na página precedente. O baixo-relevo encontra-se na Vila Albani de Roma.

I. OS PRECONCEITOS QUE IMPEDIRAM A CORRETA COMPREENSÃO E A ADEQUADA AVALIAÇÃO DOS SISTEMAS HELENÍSTICOS

Sobre a filosofia das escolas da era helenística, que floresceram no arco de tempo que vai da morte de Aristóteles ao nascimento do neoplatonismo, gravaram por muito tempo pesados preconceitos de diferente natureza, que condicionaram e até comprometeram a sua justa compreensão. Essas correntes de pensamento foram amiúde designadas em bloco como "filosofias pósaristotélicas", em sentido negativo, significando filosofias de epígonos, filosofias que, medidas com as alturas especulativas às quais tinha-se elevado o Estagirita, resultavam de qualidade nitidamente inferior. Elas foram interpretadas como produtos de um espírito e de uma cultura já exausta e, portanto, como expressão de decadência. Ademais, insistiu-se em reportar a diferentes fontes as várias componentes dessas filosofias, diminuindo assim a sua originalidade. E, enfim, insistiu-se nas suas contradições internas, mitigando assim a sua validez.

No nosso século, caíram um a um os preconceitos que distorciam a exata compreensão do significado dessas escolas filosóficas e está em ação uma radical reavaliação delas.

Tentemos, em primeiro lugar, individuar de modo específico esses preconceitos.

a) Uma primeira causa, de incalculável alcance, que comprometeu por muito tempo a compreensão e a correta avaliação do pensamento das escolas helenísticas deve-se ao desaparecimento da maior parte da sua imponente produção. De nenhum dos fundadores dessas escolas possuímos obras inteiras, mas apenas fragmentos e, na maioria, indiretos. Possuímos obras integrais só dos discípulos, que, no entanto, suprem apenas em parte a falta das primeiras, pelas razões que oportunamente destacamos.

De Epicuro possuímos três cartas e duas antologias de máximas, epítomes que não fornecem mais que um resumo de um pensamento que devia ser muito mais exatamente motivado nas obras científicas, enquanto os fragmentos que delas nos chegaram são na maioria breves. A única obra completa que nos chegou da escola epicurista é o

De rerum natura de Lucrécio; porém, é obra de poesia, repleta de elementos e ressonâncias particulares. Dos estoicos antigos possuímos numerosos testemunhos indiretos e pouquíssimos fragmentos diretos; dos estoicos do médio Pórtico possuímos, igualmente, apenas testemunhos indiretos; ao invés, possuímos obras integrais dos estoicos romanos: mas estas já são expressão de um espírito em parte transformado e, além disso, exprimem uma problemática reduzida apenas à ética. O mesmo acontece com os céticos. Pirro não escreveu nada; de Tímon possuímos apenas fragmentos; a imponente obra de Sexto Empírico é expressão do pensamento da última fase do ceticismo, que, com relação ao pensamento cético das origens, deslocou o seu interesse mais para os problemas metodológicos do que para os problemas éticos. Testemunhos indiretos possuímos apenas da Academia cética, e também da Academia eclética, exceção feita a Cícero.

Há mais, porém. Os fragmentos e testemunhos que nos chegaram dos filósofos das escolas helenísticas só recentemente foram compilados e sistematizados.

Os *Epicurea* de Usener, que recolhem os fragmentos e testemunhos do fundador do Jardim, são de 1887 e os *Stoicorum veterum fragmenta* foram publicados no início deste século (1903-1905). Faltam ainda antologias sistemáticas dos testemunhos dos antigos céticos, dos acadêmicos céticos e ecléticos.

Consequentemente, também as reconstruções historiográficas exatas e originais do pensamento dessas escolas surgiram no final do século passado, sobretudo no nosso século.

E assim só lentamente estamos nos libertando da convicção acrítica de que, no fundo, se nos chegaram apenas obras de Platão, de Aristóteles e de Plotino, e não dos antigos epicuristas, dos antigos estoicos e dos antigos céticos, o fato dependa do seu intrínseco valor, mais do que do acaso.

b) Estreitamente ligado às circunstâncias acima esclarecidas está o preconceito que podemos chamar de "teoricismo", o qual, na compreensão e avaliação das escolas helenísticas, assim como, em geral, de toda a filosofia antiga, assumiu a Platão e Aristóteles como *parâmetros exclusivos*. Do primeiro chegaram-nos todas as obras; do segundo a maioria das obras esotéricas; dos pré-socráticos, assim como dos fundadores das escolas helenísticas, chegaram-nos apenas fragmentos. Ademais, os pré-socráticos foram lidos e, em grande parte, o são ainda hoje, segundo os cânones fixados por Aristóteles no primeiro livro da *Metafísica*, que deles propõe uma primeira sistematização. Por isso era quase fatal que a vertente teórica platônico-aristotélica aparecesse como a única cifra do filosofar grego. E mesmo os vários renascimentos das propostas filosóficas dos gregos foram sempre e apenas renascimentos de Platão e de Aristóteles: desse modo aquela convicção pareceu por muito tempo um dogma inabalável.

Mas, na realidade, o influxo que Platão e Aristóteles tiveram na Grécia e sobre os gregos, antes do neoplatonismo, não foi de modo algum comparável ao influxo que eles tiveram nos primeiros séculos da era cristã, na Idade Média, no Renascimento e na era moderna. Como tentamos demonstrar, Platão e Aristóteles não foram entendidos *a fundo* nem sequer nas suas escolas e já a geração sucessiva quase não os entendia. O Aristóteles esotérico, ademais, permaneceu quase desconhecido até a edição de Andrônico de Rodes.

E, também, tudo o que de Platão e de Aristóteles circulou nos três últimos séculos da era pagã foi entendido só no sentido do filosofar próprio da era helenística.

Ao contrário, incomparavelmente superior foi o influxo que tiveram as escolas helenísticas na vida espiritual dos gregos: influxo que atravessou séculos inteiros, durando ininterruptamente cerca de meio milênio.

É, portanto, historicamente errado pretender ler todo o arco da filosofia antiga exclusivamente em função de parâmetros platônicos e aristotélicos. Em Platão e em Aristóteles predominam, com efeito, nitidamente, as componentes ontológica e lógico-gnosiológica, enquanto a ética é uma consequência que brota dessas componentes: *a visão do ser domina e regula em notável medida a visão da vida.* Vice-versa, nos sistemas filosóficos da era helenística, verifica-se a situação exatamente oposta: predomina absolutamente a componente ética, enquanto as componentes ontológica e lógico-gnosiológica são indagadas, na maioria dos casos, como pressupostos para fundar e sustentar as componentes éticas: *a visão da vida domina e regula em notável medida a visão do ser.*

É verdade, e chamamos frequentemente a atenção do leitor para esse fato no curso desta obra, que o enfraquecimento da componente teórica e da sua função reguladora (e, em particular, o esquecimento da "segunda navegação" platônica e das aquisições aristotélicas conexas com ela) constitui um limite notabilíssimo; todavia, em sede hermenêutica, isso só pode ser entendido como observação de estrutura, e não como juízo de valor absolutamente condicionante. Efetivamente, se ao ler os filósofos da era helenística, não captamos e não aceitamos o enfoque peculiar da sua perspectiva sobre o filosofar e se nos obstinamos em querer encontrar o momento teórico predominante e autônomo, esses filósofos ficam em grande parte mudos. E é também verdade que, em sede de avaliação, pode-se, antes, deve-se criticar aquela inversão da perspectiva filosófica, assim como se pode e se deve destacar toda uma série de aporias e contradições às quais ela dá lugar; mas isso não tira que *in primis et ante omnia* é preciso captar o seu sentido e as suas razões. Se nos pusermos na ótica correta, esses sistemas da era helenística tornam-se incomparavelmente mais ricos, mais vivos e mais verdadeiros do que por muitos séculos se acreditou.

c) Outro preconceito que obstaculizou por muito tempo a correta leitura da filosofia das escolas helenísticas é o que podemos denominar de "classicístico". Não há dúvida de que o espírito grego da era clássica é dominado por um senso da harmonia, do limite e da medida, provavelmente único na história espiritual do Ocidente. E é igualmente certo que o senso grego da harmonia e da medida, na era helenística, muda e assume proporções que, nalguns momentos, são ou parecem ser de ruptura com relação ao da era clássica. De resto, chamamos a atenção para isso várias vezes: contrariamente à filosofia clássica, a filosofia da era helenística é muitíssimo aberta aos influxos do Oriente, aos quais absorve e, de maneira grega, recompõe, mas reconstruindo pouco a pouco novos e diferentes equilíbrios que, com base nos parâmetros clássicos, podem ser ou parecer desequilíbrios.

Pirro, fundador do ceticismo, aprendeu muito com os magos e faquires do oriente ao seguir a expedição de Alexandre, Zenão, fundador do Pórtico, era um semita, e trouxe consigo, da pátria nativa, elementos do patrimônio espiritual hebreu, os quais soube fazer frutificar; também Crísipo, segundo fundador do Pórtico, era de origem semita.

É evidente o influxo do espírito da romanidade sobre o médio estoicismo, e tal influxo é ainda mais evidente sobre o ecletismo.

O próprio Epicuro, de sangue grego, antes, ateniense, rompe com o sentimento clássico de modo clamoroso, negando a componente política e cívica que, para a era clássica, era o *eixo* de sustentação de todos os *valores*, e, portanto, invertendo a clássica tábua de *valores*.

Mas é justamente este o ponto a *ser retido*: o pensamento filosófico da era helenística é um pensamento revolucionário, subversivo da maioria dos valores que o grego considerava intangíveis. Mas é um pensamento que sabe alcançar o *seu* equilíbrio, a *sua* medida, o seu *peras* (limite), graças a uma quase ilimitada confiança no *lógos*.

d) Outro impedimento para a correta compreensão da filosofia das escolas da era helenística pode derivar de um excessivo destaque dos elementos que elas retomam dos pré-socráticos, dos socráticos menores e, mais limitadamente, da Academia e do Perípato. É verdade que, passando por sobre Aristóteles e Platão, as escolas helenísticas retomam as instâncias das escolas socráticas menores, e, além delas, categorias da especulação física pré-socrática.

Epicuro retoma o hedonismo dos cirenaicos e o atomismo dos abderianos; Zenão retoma a ideia cínica da autarquia da virtude e o repúdio dos assim chamados bens físicos e exteriores e, também, a ideia heraclitiana do *lógos*-fogo; Pirro e, sobretudo, os céticos posteriores retomam em chave dissolvente a dialética dos megáricos e alguns elementos da sofística. Mas é igualmente verdade que na base dessas retomadas estão intuições originais e fecundíssimas, que em larga medida transfiguram os elementos extraídos da precedente especulação, fazendo-os assumir novos valores e novos significados.

Efetivamente, de um lado, as categorias da pré-socrática *physis* são retomadas, não só no seu significado ontológico, mas também e sobretudo no seu inédito significado deontológico, isto é, com a finalidade de fundar uma ética, enquanto nos pré-socráticos elas serviam exclusivamente a uma reconstrução do cosmo finalizada em si mesma. De outro lado, os ideais éticos das escolas socráticas menores são retomados, mas corrigidos, entre outros, num dos pontos mais importantes: contrariamente às escolas socráticas, de fato, as escolas helenísticas consideram que o momento teórico ontológico e lógico-gnosiológico é irrenunciável, embora não o considerem como um fim em si mesmo, mas somente como fundamento da ética.

II. SIGNIFICADO DA FILOSOFIA DA ERA HELENÍSTICA

Desimpedido o terreno dos principais preconceitos, é mais fácil formular uma avaliação mais correta do significado da filosofia das escolas helenísticas.

A filosofia das escolas helenísticas quis essencialmente ser, e foi, efetivamente, uma *filosofia da vida*, uma filosofia que queria ensinar a *arte de viver*, isto é, não uma *sophia* em sentido aristotélico, mas uma *phrónesis*, uma sabedoria, um conhecimento finalizado à atividade moral prática.

Uma atenta análise de estrutura das posições das várias escolas, como vimos amplamente, revela de fato um *predomínio* da ética sobre a ontologia e sobre a lógica, não só de caráter quantitativo, mas também qualitativo. Quantitativamente a ética predomina sobre a física e sobre a lógica, porque constitui o objeto de maior interesse, enquanto, qualitativamente, a ética predomina pela novidade, pela liberdade com relação às próprias premissas lógico-ontológicas e pela genialidade.

As éticas dos sistemas da era helenística não derivam diretamente dos dogmas ontológicos e lógicos que, contudo, são invocados como fundamentos, como tentamos demonstrar, mas derivam fundamentalmente de *originais intuições do sentido e do significado da vida*. Para usar uma terminologia moderna, como tal anacrônica, mas muito esclarecedora, se oportunamente entendida, na base dos sistemas helenísticos (como, de resto, na base de toda forma de filosofia entendida como filosofia e arte de viver) está um imediato sentimento da vida, uma visão da vida intuitivamente captada e, em seguida, racionalmente desenvolvida, fundada e motivada. Exprimindo-nos em termos schelerianos, diremos que o núcleo fundamental do qual, seja o ceticismo, seja o epicurismo e o estoicismo se desenvolvem é uma *intuição emocional dos valores*. Diremos mais. A conhecida tese que Jean Piaget acreditou poder sustentar para toda a filosofia, sem distinção, acomoda-se perfeitamente aos sistemas da era helenística. São formas de *sabedoria*, ou seja, de *fé razoável*, são *vitais tomadas de posição racionalmente desenvolvidas*: são *sínteses razoáveis entre as originais intuições do sentido da vida e dos valores e as condições do ser e do saber*.

Epicuro descobre por intuição emocional o sentido da vida no prazer catastemático, isto é, na aponia física e na imperturbabilidade do espírito, e depois desenvolve essa intuição e tenta fundá-la racionalmente com o atomismo e com o sensismo. Zenão descobre intuitivamente o sentido da vida na virtude como reta e autárquica atuação do *lógos*, e depois constrói um sistema do *lógos* em sentido ontológico e lógico. Pirro descobre por intuição emocional, em contato com o mundo do Oriente, o sentido da vida como renúncia e indiferença, e depois embasa essa intuição com as oportunas motivações lógicas de caráter cético.

Este ponto que acabamos de precisar (e note-se que simplificamos o problema, reduzindo-o ao essencial, mas o leitor deve, rigorosamente, evitar entender de modo simplista) dá razão também da vitalidade verdadeiramente excepcional que tiveram esses sistemas, seja na difusão, seja na intensidade das convicções que souberam comunicar, seja na duração que, como muitas vezes dissemos, alcança e supera meio milênio. São, com efeito, filosofias com o vigor e a força de crenças leigas, de fé imanente, de fé circunscrita à *physis*, isto é, à natureza, fé que nega o sobrenatural, mantendo, contudo, sempre a força própria de toda fé. E explica, também, o motivo pelo qual todos os fundadores dessas escolas foram elevados pelos seus seguidores a alturas sobre-humanas e declarados semelhantes a Deuses: são os santos leigos de uma fé imanente, são os paradigmas encarnados do perfeito modo de vida, o que dá a felicidade total.

É vã toda filosofia que não saiba medicar alguma paixão da alma humana, dizia Epicuro. E, sobre este conceito, todos os filósofos da era helenística concordam. Em substância, essas escolas filosóficas compreenderam, como poucas, que são, justamente, as afecções da alma a determinar a felicidade do homem. E, concordemente, essas escolas compreenderam também que as paixões não são curadas ou lenidas quando desafogadas; que, antes, o desafogo as amplia e revigora; e compreenderam que, consequentemente, a liberação das paixões não pode dar a felicidade, justamente porque a paixão liberada gera ulteriores e mais fortes paixões ou, no máximo, concede só uma breve trégua, que prepara o seu ulterior desencadeamento, mas nunca a paz da alma. Assim o remédio só pode consistir num radical redimensionamento das paixões ou até na eliminação e no esvaziamento total das mesmas. A serenidade e a tranquilidade do espírito consistem, justamente, no cerceamento das paixões, e a felicidade é a *paz do espírito*.

É certo que podemos nos perguntar se essa paz que os estoicos, epicuristas e céticos propõem não é uma paz de morte antes que uma paz da vida. Mas aqui entraremos no mérito das aporias daqueles sistemas, sobre as quais já falamos e não vamos repetir. Contudo, deve-se notar que as aporias nascem do conflito entre a ilimitada confiança no *lógos* professada por esses sistemas, que exigiria premissas espiritualistas, e os seus pressupostos materialistas e imanentistas, como já observamos outras vezes.

Chegamos assim ao ponto essencial na filosofia das escolas helenísticas. Os epicuristas não acreditam num além e proclamam tenazmente a mortalidade da alma. Os céticos, naturalmente, eliminam pela base o problema. Os estoicos admitem a sobreviência da alma até certo ponto (até a conflagração universal como limite extremo), mas não lhe dão um significado moralmente relevante, enquanto negam que o sentido do aquém dependa do além: antes, para eles, a verdadeira vida é só a que vivemos no aquém. Portanto, a sorte do homem decide-se totalmente sobre a terra: aqui é o inferno e aqui o paraíso, pois aqui estão toda a infelicidade e toda a felicidade possíveis.

Pois bem, a tese sobre a qual todos os filósofos concordam é a seguinte. *Todas as forças que levam à felicidade estão no homem, entendido como indivíduo.*

Com a derrocada da *polis* e, com ela, todos os valores civis, a estrutura social mudou profundamente. O homem grego clássico não acreditava poder viver fora da *polis* e da relativa estrutura social; o homem helenístico quer demonstrar, ao contrário, que o homem pode bastar a si mesmo como indivíduo, pode ser totalmente autárquico.

Ademais, depois da grande aventura de Alexandre, no período de instabilidade política que se lhe seguiu, o homem helenístico compreende a fundo, também, a não essencialidade dos bens exteriores, das posses materiais, que podem ser a qualquer momento destruídas e subtraídas repentinamente. Portanto, uma vida, para poder ser feliz, não deve ter necessidade deles. Longe de dar-nos a paz do espírito, os bens exteriores trazem-nos preocupações, ânsias e perturbações. Assim, concordemente, os filósofos da era helenística concluem que *todas as coisas exteriores são privadas de autêntico valor, ou têm um valor muito escasso*. Rico não é quem possui muito, mas quem soube libertar-se da necessidade de possuir. A verdadeira riqueza é a riqueza da alma, isto é, interior ao indivíduo, uma riqueza que ninguém pode tirar, porque é possessão estrutural e inalienável do eu.

Enfim, as escolas helenísticas compreenderam que não eram essenciais nem mesmo os bens do corpo, como saúde, beleza, força e semelhantes, *porque é possível ser feliz, isto é, ter a paz da alma, mesmo sem eles.*

Portanto, o homem, para ser feliz, não tem necessidade nem de um Deus, que do alto o ajude, nem de uma alma imortal e de uma vida no além, nem de uma sociedade politicamente organizada que o tutele, nem das coisas exteriores (como posses e riquezas), que lhe deem segurança e, no limite, nem mesmo de dotes físicos especiais. O homem tem necessidade unicamente da sua razão, do *lógos* que raciocine retamente, do *lógos* que lhe mostre que a via para a paz do espírito, que é a verdadeira felicidade, está, justamente, na *renúncia, operada na medida do possível, a todas as coisas que não dependem de nós, está em voltar-nos para nós mesmos e para as coisas que dependem de nós, na inexpugnável fortaleza do nosso* lógos.

O homem ideal dessas escolas é o homem que sabe pôr-se acima de todas as coisas: é o homem que se convenceu profundamente de que o verdadeiro bem e o verdadeiro mal não derivam das coisas, mas unicamente da *opinião* que se faz delas. Os Deuses, os outros homens, todas as coisas e, por fim, o destino, na realidade, *tocam-nos somente se e na medida em que a opinião que deles fazemos torna isso possível. A justa avaliação das coisas torna-nos invulneráveis.*

O eu entendido como *lógos* e como reta razão é, pois, o verdadeiro Absoluto dessas filosofias. E uma prova disso encontra-se nas reiteradas afirmações de todas as escolas helenísticas de que *o sábio não tem nada a invejar a Zeus*, mas é um mortal que vive a vida divina.

E mesmo tendo presente as numerosas aporias às quais essas posições de pensamento dão lugar, e sobre as quais chamamos a atenção do leitor ao longo desta obra, não é possível desconhecer a sua grandeza.

Para além dos séculos diretamente influenciados por elas, essas escolas reservam uma mensagem também para o homem de hoje: para o homem que é esmagado pelas "estruturas", que se escravizou às coisas e às leis das coisas, que acreditou poder ser feliz possuindo o mundo e os objetos com a "ciência", e, ao invés, corre o risco de ser por ela devorado. A sua mensagem diz-nos que a rota seguida pelo homem moderno deve ser invertida. Efetivamente, continua sendo profundamente verdadeiro o princípio segundo o qual, muito mais que as coisas e a posse delas, incide sobre a nossa felicidade *a opinião que fazemos delas*, e que o verdadeiro domínio não é o do mundo e das coisas, mas o *domínio de nós mesmos* e que, em todo caso, não é possível dominar as coisas sem dominar a nós mesmos.

CIDADES DA FILOSOFIA HELENÍSTICA

Calce
Lâmpsac
Larissa
Assos
Ereso
Pitane
Tebas
Éretria
Teos
Megara
Élide
Atenas
Samos
Mileto
Fliunte
Cnido
Megalópolis
ILHA DE RODE
Cirene

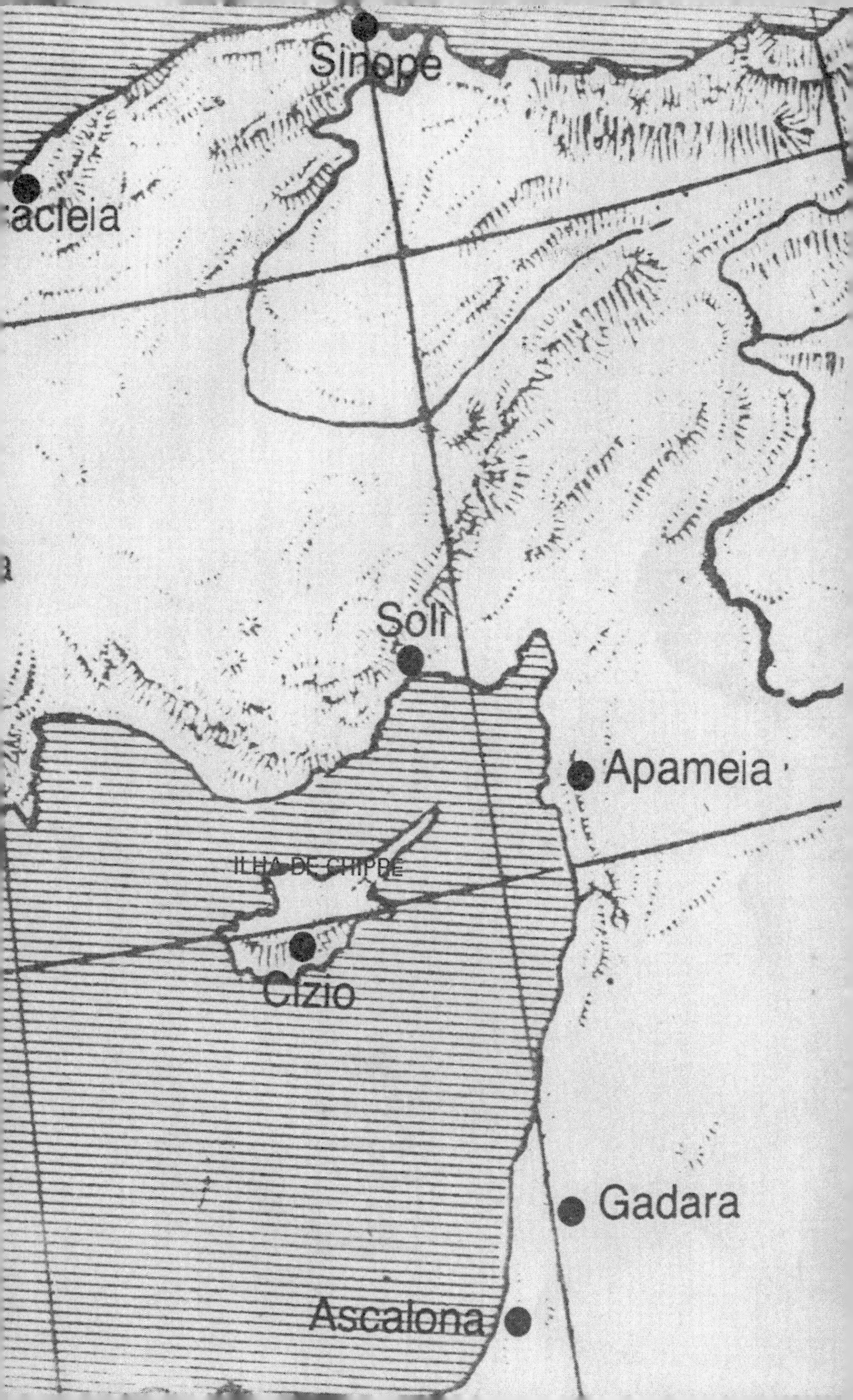
Sinope
acleia
Soli
Apameia
ILHA DE CHIPRE
Cizio
Gadara
Ascalona

Edições Loyola é uma obra da Companhia de Jesus do Brasil e foi fundada em 1958. De inspiração cristã, tem como maior objetivo o desenvolvimento integral do ser humano. Atua como editora de livros e revistas e também como gráfica, que atende às demandas internas e externas. Por meio de suas publicações, promove fé, justiça e cultura.

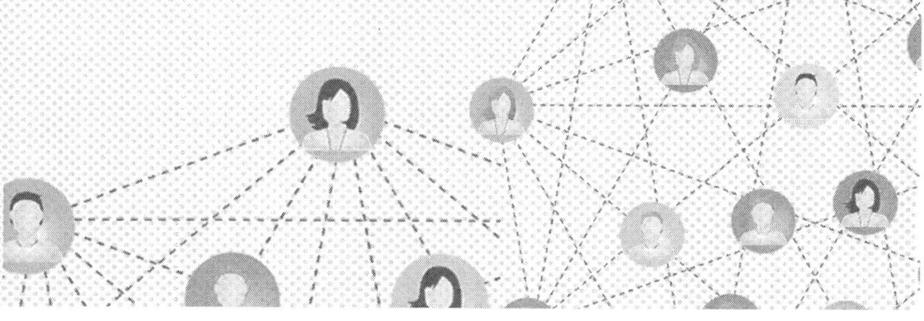

Edições Loyola

editoração impressão acabamento

rua 1822 nº 341
04216-000 são paulo sp
T 55 11 3385 8500/8501 • 2063 4275
www.loyola.com.br